SÓ NOS RESTA VOLTAR

POSTULADO DOS FATORES NATURAIS: UMA PROPOSTA DE DEUS

Adhemar Ramires

SÓ NOS RESTA VOLTAR

POSTULADO DOS FATORES NATURAIS: UMA PROPOSTA DE DEUS

© 2010, Editora Isis Ltda.

Supervisor geral:
Gustavo L. Caballero

Revisão de textos:
Juliana Mendes

Capa e diagramação:
Décio Lopes

Grafia atualizada segundo o Acordo Ortográfico da Língua Portuguesa de 1990, que entrou em vigor no Brasil em 2009

Proibida a reprodução total ou parcial desta obra, de qualquer forma ou por qualquer meio seja eletrônico ou mecânico, inclusive por meio de processos xerográficos, incluindo ainda o uso da internet sem a permissão expressa da Editora Isis, na pessoa de seu editor (Lei nº 9.610, de 19.02.1998)

Direitos exclusivos reservados para Editora Isis

ISBN: 978-85-88886-61-2

ÍNDICE

PREÂMBULO 7

PRIMEIRA PARTE – RELIGIÃO E RELIGIOSIDADE 11

Capítulo I – Deus com religião 13

Capítulo II – Necessitamos de religião? 20

Capítulo III – Religião: pomo de discórdia 33

Capítulo IV – A Bíblia 41

Capítulo V – Messianismo e profetas 59

Capítulo VI – Dispersão das religiões 65

Capítulo VII – Mosaico de religiões 69

Capítulo VIII – Cristianismo: uma babel 80

Capítulo IX – Ética e comportamento dos religiosos 83

Capítulo X – Facetas da intolerância religiosa 88

Capítulo XI – Práticas religiosas singulares 98

Capítulo XII – Os seres do Além 105

Capítulo XIII – Religião e ciência 112

Capítulo XIV – Necessidades materiais para gerir as espirituais 122

SEGUNDA PARTE – POSTULADO DOS FATORES NATURAIS 127

Capítulo XV – Deus sem religião 130

Capítulo XVI – O universo 154

Capítulo XVII – A origem da vida na Terra 162

Capítulo XVIII – Evolução e darwinismo 170

Capítulo XIX – Vida, morte, existência e progressão 184
Capítulo XX – Reflexões decorrentes do
              Postulado dos Fatores Naturais 194
TERCEIRA PARTE – REGIME.. 253
Capítulo XXI – Religião e Estado.. 254
Capítulo XXII – Governo.. 260
Capítulo XXIII – Eleição de representantes do povo 265

PREÂMBULO

O planeta Terra está para o Universo assim como um grão de areia para o imenso deserto. Até que se supere, o homem é um ser social vivendo na superfície dessa partícula esférica de pó suspensa no espaço sideral. Aceitar essa realidade é fundamental para que a proposição contida neste livro e os preceitos dela decorrentes possam parecer convincentes.

O Postulado dos Fatores Naturais é uma concepção filosófico-religiosa que contém essencialmente duas assertivas: a primeira é a de que somos parte de Deus; a segunda, que está implícita na primeira, é a de que não necessitamos de religiões para nos ligar (ou "religar") a "uma coisa" da qual fazemos parte. Deus é definido como uma *Vontade Primordial Criadora* presente no Universo sob a forma de infinitas frações infinitesimais ou *Fatores Naturais*. Deus, aqui, não é fruto de reverência religiosa. Como no Confucionismo (em sua pureza), Deus é Tudo, é a Natureza, não um pano de fundo místico.

O Postulado dos Fatores Naturais é um modelo simples de cunho espiritual que tem como cerne a cooperação fundamentada no bem entre todas as criaturas, em que ajudar é um gesto de amor e pedir ajuda é um gesto de grandeza, de uma forma ou de outra, o único caminho.

Estamos materializados tendo como finalidade o crescer pelo enriquecimento do Eu pelo amor, num jogo da vida em que os amados crescem e os que amam promovem o próprio crescimento, sem que tenham de pedir a Deus para vencer, sem que se regozijem com a derrota de um lado antagonista. Todos ganham, com maior rapidez os mais amados e aqueles que mais amam.

Defendo que o ser humano não é o ápice e o propósito da Criação e que o Universo não existe por acaso, mas tem um propósito, resultando em que tudo, e não só o homem, tem de atender a esse propósito. Em nenhum momento arrogo-me a pretensão de revelar uma verdade em particular. Apenas, como resultado de uma forte intuição, sugiro caminhos de reflexão para a conquista de uma vida mais feliz aqui neste mundo mesmo, e não em algum lugar paradisíaco que nos venha esperar após a morte. Não pretendi escrever uma obra de autoajuda, mas dividir a ideia de que, se vivemos com uma finalidade, temos de saber como devemos viver, sem nos aprisionar nas teias ardilosas de crenças desarrazoadas. Com esse enfoque, as inúmeras possibilidades que se apresentam na senda dos livres caminheiros facilitam a eles entender quem são para saber o que serão.

Minha concepção de um Deus presente em tudo é diferente daquela do Deus ausente e incontentável criado pelos mistérios das religiões, e do qual elas nos têm feito temerosos vassalos. Creio que sou parte de Deus, assim como todas as criaturas o são. Creio que o Criador está (situado) numa transcendência inatingível por nós, e que ao mesmo tempo Ele é nós e todas as coisas. Impedir que esse "meu Deus" desapareça da minha consciência – não possuo outro – tem muito a ver com a minha felicidade. Se eu estiver errado, se o Deus das crenças religiosas existir, haverá de apreciar a minha autenticidade na busca da verdade com Ele e me receberá de braços abertos no Céu, e não àqueles que O adulam em exercícios de fervor egoístico, consagram-se, morrem e matam por Ele. Como acredito que a minha felicidade tenha tudo a ver com a felicidade dos outros, proponho que caminhemos juntos, livres dos grilhões impostos por hipócritas pseudoirmandades que nos amarram a um Deus injusto e a textos sagrados em regra despropositados, contraditórios, de interpretação dúbia, causadores de discórdias sem fim.

Religião é um rótulo. Sou católico em face do contexto social no qual nasci, mas tanto me sinto fascinado sob o teto da Capela Sistina, na Cidade do Vaticano; como impregnado de místicos fluidos no interior da Igreja Panaghia Kapnikarea, em Atenas; tanto reverencioso no sagrado centro da grande mesquita de Meca, na Arábia Saudita; como emocionado diante da fé reinante num centro espírita do Brasil. Meu ambiente familiar fez que em igreja católica eu fosse batizado e crismado, que cumprisse o sacramento da Eucaristia e o do Matrimônio. Então, sou católico. Acho.

Admito que serei tendencioso nas passagens em que exploro conceituações do tipo que possa consolidar a ideia da necessidade de adotarmos o Deus de um postulado. Mas suponho que a sugestão de uma opção não religiosa de Deus, embora possa ser despropositada para os fundamentalistas, seja uma ideia interessante para os crentes racionais e, sobretudo, um desafio para aqueles que ainda não permitiram o controle absoluto das suas consciências e não temem que diferentes ideias venham debilitar as suas ou anular o seu pensamento crítico.

Esta obra, ao mesmo tempo que incita o leitor a defender-se da religiosidade opressora, impele à visão de que somos partes divinas em progressão para nos tornarmos inteiramente Deus.

Na primeira parte deste livro, exponho a incompatibilidade das religiões com a racionalidade. O Deus convencional sustentado pelas religiões – que têm a pretensão de ser as muletas Dele – está agonizando, porque a ortodoxia religiosa vive um notório conflito com a razão, ficando ainda mais desacreditada nestes tempos em que a Ciência, progressivamente, vai fazendo desmoronar baluartes místicos, rechaçando proposições que não têm de ser justificadas, e em que os juízos clamam por respostas racionais. Pois, se Deus está morrendo – na consciência do homem de espírito –, recuso-me a ficar de braços cruzados: tento salvá-Lo, defendendo-O da defesa que as religiões fazem Dele.

Numa segunda parte, apresento o Postulado dos Fatores Naturais – assim o chamo porque parte de premissas –, que pode ser considerado uma ideia original, embora combine conceitos de religiões e tradições espirituais consagradas O postulado refere-se a um Deus princípio supremo e fim supremo, presente em todas as coisas – vivas e inanimadas –, potência absoluta e impulsora que se manifesta por meio da LEI que rege o mundo, uma LEI única e geral, comprometida com um processo evolucionário e que não pode ser alterada por nenhuma prática ritualística em benefício ou malefício de um indivíduo ou de grupos de indivíduos em particular.

Como última parte, imagino um sistema político justo e realmente laico e exponho uma fórmula inovadora de eleição dos governantes, de modo que se tenha um governo sem política partidária, que exclua o monopólio do capital e confira aos cidadãos um poder de veto, permitindo-lhes a participação mais ativa na regência do Estado, e consequentemente, a possibilidade de uma vida social digna, que não inclua a resignação às injustiças e a crença no engodo da promessa de uma futura compensação divina.

Mesmo entendendo Deus como sendo tudo, o Universo, o Cosmo, o Mundo, empregarei esses mesmos termos, com inicial minúscula, para designar o espaço sideral e tudo o que está disseminado nele – a Terra, os demais astros, as galáxias –, resguardando a ideia de que são sinônimos estritos de Deus, conforme justificarei.

O autor

PRIMEIRA PARTE

RELIGIÃO E RELIGIOSIDADE

O universo não existe por acaso, mas tem um propósito, resultando em que tudo – e não só o homem – atende a esse propósito. O ser humano não é o propósito exclusivo, sequer o ápice da Criação. Defender essa premissa implica expor os pensamentos religiosos que se contrapõem a ela, daí a razão desta primeira parte do livro.

Diante dos tempos atuais, as religiões estão em apuros. Por não conseguirem apresentar-se com racionalidade, estão perdendo parte dos fiéis; se inovarem, negando os seus dogmas fundamentais, perderão outra parte. O poder das religiões está se mostrando transitório, porque o homem moderno deseja ser piedoso sem medo das penas do inferno e ter Deus sem temê-Lo. Que pai desejaria aterrorizar o filho? Quando ouço fiéis nos templos clamando em coro, repetidamente, "Deus, tende piedade de nós", pergunto-me: "Por que haveria de não ter?".

Estou questionando as religiões de modo geral, não uma ou outra em particular para defender "a minha", como fazem muitos devotos. Não ignoro que as religiões trazem em seu bojo preceitos de acentuado valor ético e uma história com passagens tão lindas quanto as dos contos árabes de *As mil e uma noites*, mas estranho que se defenda especificamente uma ou outra, já que a adesão das pessoas a uma crença nunca é voluntária, e sim imposta pelo meio cultural em que vivem. Um cristão que vive no Ocidente poderia achar o Catolicismo uma grande mentira, se tivesse nascido e educado no Afeganistão. Ou poderia ser um fervoroso budista, se nascido no seio de uma família do Ceilão. Dependeu do acaso a crença que um devoto tem e defende, em detrimento de outra qualquer que poderia haver tido para defender.

Algumas passagens sarcásticas, até provocativas, contidas neste livro referem-se a fatos sobejamente conhecidos de todos, portanto não devem denunciar ideias próprias desrespeitosas deste autor.

CAPÍTULO I

DEUS COM RELIGIÃO

O Dalai Lama costuma dizer que a melhor tradição religiosa é a que faz as pessoas se tornarem melhores; e que não interessa a sua religião ou se você não tem religião, se está empenhado em aprender a prática da benevolência, da tolerância e do perdão.

As lendas de todos os tempos possuem muita coisa em comum. Temas, crenças e deuses se repetem em culturas diferentes: a criação do mundo, o surgimento de deuses e a criação do primeiro homem, a necessidade de um deus que sustente a terra para que ela não caia, o desfecho em um final dos tempos. Na mitologia grega, Zeus, a divindade suprema do Olimpo, incumbiu dois Titãs de criar todos os animais e o homem, tendo este sido formado do barro. A mulher, Pandora, foi criada com a responsabilidade de guardar uma caixa fechada contendo todos os males, mas abriu-a sem a permissão dos deuses e tornou-se a culpada por todo o mal que nos aflige. É notável a similitude desse mito com a Queda de Adão e Eva, do Cristianismo. Os deuses, muitas vezes, nada mais são que plágios: Baco, o deus grego, tem como equivalente romano Dioniso; este tem como equivalente Kurent, um deus esloveno. Em várias mitologias, perto do fim dos tempos surgirá um salvador; em outras há um deus zangado com o comportamento dos humanos e que decide destruir os mortais num dilúvio. O que há de pernicioso em algumas dessas belas lendas é a crença de que temos uma dívida para com os deuses e devemos pagá-la, ou de que temos de pedir graças oferecendo algo em troca. A maioria dessas crenças mitológicas – a sua qualidade sagrada – é ambígua e demasiadamente fantasiosa, mas algumas possuem certo grau de refinamento porque o pensamento filosófico através dos tempos foi burilando tais histórias e seus personagens, de modo que foram se tornando menos irracionais. Religião nada mais é que mitologia requintada.

As crenças religiosas têm atribuído à divindade múltiplas funções. A principal missão divina tem sido a de castigar o homem, mas também, em troca de oferendas, de ajudá-lo, por exemplo, trazendo chuva para garantir uma colheita abundante, fenômeno de vital importância nos tempos em que o fracasso na agricultura matava de fome populações inteiras. Hoje temos aprendido a nos virar sozinhos para proteger-nos das catástrofes que nos mandam os céus – se não para evitá-las, pelo menos para amenizar os seus efeitos – e contamos com o serviço de Meteorologia que nos orienta sobre o clima e a melhor época de plantio. Não necessitamos mais suplicar a nenhum deus para que controle os fenômenos atmosféricos.

Deus tem estado em variados lugares, dependendo do momento histórico. Ele já foi múltiplo, e existiam os terrestres, os oceânicos e os celestes. Na mitologia grega, as montanhas mais altas eram ótimos lugares sagrados, mas hoje, intrusos alpinistas e helicópteros bisbilhoteiros diminuíram a privacidade dessas moradas. Refugiar-se nas águas não é uma boa opção agora que elas são varridas por embarcações de todos os tamanhos e submarinos xereteiam nas profundezas dos mares. Aeronaves esquadrinham os céus, e até no espaço sideral a qualidade de vida dos deuses foi agravada com o advento das naves espaciais, e nem os eclipses não os podem mais esconder. Resta o ígneo centro da Terra – a ideia de Mundo Subterrâneo, morada de deuses, existente em muitas mitologias para explicar o que acontece quando morremos –, mas que é hoje de direito do demônio, por usucapião, conquanto essa entidade diabólica começa também a ser incomodada com as sondas da Petrobrás. A inovação é que os inúmeros deuses, via de regra caprichosos e malevolentes, que semeavam a discórdia, tinham-se como adversários e urdiam entre si conspirações, foram substituídos por um único Deus, que não precisa invejar e disputar, porque está sozinho. Mas esse novo Deus, como palavra, perde um pouco da sua importância pelo uso banal – apesar da recomendação bíblica de não tomar o seu santo nome em vão –, e embora continue sendo único, aumenta o número de crenças que consideram o seu Deus em particular, que têm Deus demais e amor de menos.

As religiões sempre ensinaram às pessoas que há um Deus preocupando-se com elas individualmente, por isso temos repetido que, se Deus não existisse, teria de ser inventado para atender a uma necessidade emocional nossa. De fato, a maioria de nós acha ser Deus imprescindível como símbolo inerentemente referencial em nossa vida, e para que a vida não se revele inútil quando nos surpreender a morte. Com os versos a seguir, tento demonstrar essa necessidade que para mim é também imperiosa, uma ilustração do que sinto quando penso na inevitabilidade do fenecimento corporal e da morte.

> *Quando eu morrer, que alguém melhor me substitua,*
> *que se deleite com a luz do amanhecer*
> *e não veja sombras ao anoitecer,*
> *mas as estrelas que a vida perpetua.*
> *Que plante uma árvore para o seu descendente,*
> *e num livro com o coração escrito,*
> *possa estender ao infinito*
> *Tudo o que fala, pensa e sente.*

São versinhos do tipo que saem da minha cabeça quando me brotam pensamentos de homem de terceira idade, de fim de terceira idade.

E você, caro leitor, como são os seus versinhos?

Digamos que se abata sobre a pessoa que você mais ama uma grande tragédia, uma dessas terríveis a que nenhum de nós está imune, dessas dores cujas dimensões só podem ser avaliadas por quem passa por elas. Melhor – o efeito é ainda mais devastador –, suponhamos que, de repente, você se veja condenado pelo câncer a viver apenas mais alguns meses. Tenta encontrar conforto nas Escrituras e reza por um milagre? À medida que se convence de que o milagre não acontece, de que se aproxima o fim, vem-lhe a inconformidade: está prestes a perder tudo o que tem e todos os que ama. "Tenho sido bom, seguido os ensinamentos da minha religião, por que eu?" Apesar das tentativas de conforto vindas dos amigos – aquelas palavras consoladoras que agora não consolam –, você estará sozinho, entregue ao seu infortúnio, porque é impossível que alguém possa compreender a sua dor, a dor de cada um é pessoal, é única. Em algum momento, deixar-se-á levar olhando as nuvens no céu, as árvores farfalhando, sentindo o murmúrio de alguma água cascateando, acariciando um gato modorrento, invejando os pássaros festivos trinando cheios de vida. Tudo o que acontecia antes do drama que se abateu sobre você continua acontecendo agora e continuará acontecendo depois da sua morte. Talvez você possa estar observando o amanhecer de uma criança indo para a escola; uma pessoa passando de bicicleta; alguém numa janela, sonolento perscrutando o tempo; o caminhão do gari recolhendo o lixo; o lojista abrindo as portas; uma mulher atentando descuidada para um chapéu exposto na vitrina. Quer apoiado em ombros imaginários, quer solitário escoltado por alguma brisa fresca, você caminha ouvindo folhas outonais crepitando sob seus pés, a natureza que antes você não escutava, de acolá chegando os acordes daquela música que traz recordações... É possível que você entre num templo e suplique, mas nenhuma divindade responderá, ser-lhe-á audível apenas o inexorável silêncio apático de Deus. Os altares estarão mudos, os ícones permanecerão fitando o vazio, como sempre estiveram, e a sua dor aumentará ainda mais se você passar a achar tolices aquelas liturgias que o fascinavam e a sentir avultada a dúvida que sempre teve sobre o que lhe pode acontecer depois da morte. E pensará: "Vou me tornar o nada, meu túmulo será cada vez menos visitado, e tudo ficará igual para os que continuam vivos. Mesmo aqueles que mais me amam acabarão por se tornar alheios à minha ausência". A essa altura, você poderá ter passado por aqueles primeiros estágios relatados pelos psiquiatras (negação, raiva, negociação), mas certamente entrará em depressão, sendo pouco provável que se torne um exemplo daqueles raros casos de sincera resignação.

Não só você, mas a humanidade inteira se recusa a aceitar esse vácuo espiritual. Por isso inventou-se Deus. Temos uma necessidade psicológica de Deus. Num momento em que perdemos tudo, desejamos, pelo menos, que nos reste um Deus que nos receba de braços abertos. Porque, sem acreditar que continuaremos existindo, não suportamos essa efêmera vida que se descobre ser não mais que uma sequência de rotinas sem um objetivo real.

Penso que a humanidade está condenada para sempre a necessitar de Deus, mas acho que é preciso descobrir Aquele responsável pela evolução espiritual de todas as criaturas, que não seja algo perseguido somente por um projeto humano. Não vejo sentido ter de esforçar-se para acreditar num deus e ao mesmo tempo lutar contra a desconfiança de que ele não exista. Se não tentarmos substituir esse Deus que está cuidando de cada um de nós em particular, as religiões, paradoxalmente, nos tornarão todos céticos.

Que tenhamos, então, um Deus que nos fale pela natureza, sem qualquer outra intermediação, que não esteja circunscrito a uma fé religiosa, que faça parte das suas criaturas, que tenha o Seu poder expresso na existência de todas elas, e não somente na do homem.

As religiões são inconciliáveis – as cristãs, o Islamismo, o Judaísmo, assim como as inúmeras doutrinas religioso-filosóficas orientais –, e, presumo, equivocadas quando seus fundamentos se contrapõem (apenas "a minha" contém a verdade espiritual). É fato que algumas pregam o ecumenismo, entretanto sem abrir mão da sua verdade particular. Como os esforços ecumênicos são improfícuos – a história da humanidade comprova que a convivência e o diálogo entre as diferentes confissões religiosas são impossíveis –, somente apagando todas as religiões e adotando um "esperanto de fé" haveria a possibilidade de transcender culturas e territórios para fundamentar-se numa única e global doutrina (religiosa?) que abarcasse com coerência um Deus universal.

Segundo o Postulado dos Fatores Naturais que vamos apresentar, somos predestinados a evoluir espiritualmente, e o amor é a mola propulsora que nos eleva a todos concomitantemente. A prática do bem – da qual não podemos prescindir segundo uma LEI – confere os mesmos resultados, quer seja em nome de nós mesmos, de Deus, Alá, Jeová, Ahura Mazda, Brahma, Kami, Júpiter, Zeus, Ra, Odin, Olodumarê, Tupã, do Grande Espírito ou de quaisquer outros conceitos que levam à mesma consequência. Uma rosa, qualquer nome que se lhe dê, Shakespeare nos lembra, continua a ser uma flor exalando perfume.

Costuma-se distinguir Deus personificando-O, interpretando-O antropomorficamente, quando nos bastaria crer que houve uma Vontade, uma intenção de criar, e que tudo está se criando segundo essa Vontade. O mundo não está acabado, vive um processo de criação em que o homem nada mais é do que um dos elementos da cadeia criativa, segundo uma ordem eterna estabelecida numa Lei perceptível, assim como se percebe a lei da gravidade. Se chamarmos de agnósticos aqueles que não estão seguros de que Deus exista, esse conceito de lei pode facilitar-lhes a se livrarem de questionamentos incômodos de ordem teológica, admitindo simplesmente que a Lei está aí, regendo tudo, a despeito de quem a criou, tenha ou não sido criada. Escapam assim do círculo vicioso da argumentação filosófica, o que não lhes fará mal algum, visto que eles também têm necessidade de reconhecer algum tipo de autoridade para administrar os seus conflitos. Que essa autoridade seja a Lei, uma lei que encerra uma Vontade, uma ordem cósmica que traz em si uma finalidade; uma lei que, porque perfeita, não pode ser derrogada; porque onipotente, não pode ser detida; porque onipresente, de tudo toma parte, sem, entretanto, intervir. É mais razoável acreditar na perfeição da Lei do que num Deus tido como Perfeito, mas que faz coisas imperfeitas; que não fez a coisa certa desde o começo; que vive fazendo correções de rumo na ordem cósmica. É mais consolador o conceito de uma lei justa e infalível que nos permita administrar as nossas dores do que o de um Deus fazendo as coisas boas e más serem como são.

 O Deus proposto na segunda parte deste livro contradiz menos a Ciência, afronta menos a razão. É um Deus Criador que é ao mesmo tempo as suas próprias Criaturas e, por isso, não se volta contra algumas delas ou a favor de algumas delas, porque isso seria o mesmo que voltar-se contra Si mesmo ou a favor de Si mesmo.

CAPÍTULO II

NECESSITAMOS DE RELIGIÃO?

Há pelo menos um milhão de anos, já existia no Vale do Nilo o homem artífice, como comprovam os vestígios de uma primitiva indústria lítica. Sem a fé do homem atual, eram bárbaros em todos os sentidos aqueles seres humanos do período Paleolítico, mas, obviamente, possuíam o dom de Deus que possuímos. Embrutecidos ainda, não tinham os Dez Mandamentos, Jesus Cristo, Maomé nem qualquer religião institucionalizada. Nós somos os seus descendentes civilizados, que têm tudo isso que eles não tinham, mas também bombas atômicas caindo sobre o Japão, o Holocausto e o bando do Osama Bin Laden.

Maria de Lurdes é uma pessoa que conheço, dessas que se podem chamar de virtuosas, de quem ninguém tem raiva, que não tem raiva de ninguém. Sai de casa na madrugada, toma dois ônibus para trabalhar como faxineira diarista, cada dia numa casa, mas sempre para as mesmas cinco famílias, há muitos anos. Assídua no trabalho, de nada reclama, adapta-se bem às diferentes patroas, é muito querida de todos, pela sua bondade comovente. Quando o seu radinho de pilhas incomoda com chiados, alguém lhe dá um novo, e ela continua ouvindo o tempo inteiro músicas evangélicas e pastores vociferantes. De volta para a sua casa à noite, cuida da comida e das roupas dos filhos – adultos sem pai, parasitários à beira da marginalidade –, dorme algumas poucas horas e toma seu ônibus na madrugada do dia seguinte para o trabalho. Tem o fim de semana livre, quando veste a sua melhor roupa para o culto aos sábados e mais atividades na igreja aos domingos. A Igreja, sustentada pelo dinheiro dela e de gente como ela, é tudo o que a Maria possui de realmente seu, é onde se sente de fato feliz, compartilhando da alegria de cantar hinos de louvação e fazer leituras da Bíblia com seus iguais tomados pela ânsia de alcançar algo transcendente, alimentando a alma com a esperança de que há uma vida melhor à sua espera no Reino do Senhor. Nesses vinte e cinco anos que nos conhecemos, ela nunca deixou de me abraçar nos meus aniversários, desejando que eu viva em paz na companhia do Senhor Jesus. Não sei se o "senhor Jesus" tem me acompanhado, mas a companhia de pessoas como Maria, nesta vida, me é inspiradora, é real.

Se Maria acha que a Igreja é importante para ela, se assim se sente confortada, como discordar de tão boa mulher? Desamparar de uma Igreja pessoas como Maria achamos hoje que seria crueldade, mas é o que acontecerá num futuro em que o bem do mundo exigirá novo Iluminismo, promovendo uma espiritualidade livre de religiões, em que a racionalidade predominará na mente humana para que todos se sintam bem sem penduricalhos religiosos, para que tenhamos um mundo mais justo em que os desfavorecidos não necessitem buscar nas suas crenças religiosas o único consolo. À medida que essa transformação for ocorrendo, para que a fé religiosa não seja descartada com dor, que se deixe para essa gente, pelo menos, Deus como suporte psicológico. Esse é o pressuposto do Postulado dos Fatores Naturais: que a fé abstrata e sem nexo seja substituída pelas maravilhas da natureza, as criadas por Deus e as que vêm sendo criadas pelas suas criaturas à medida que elas próprias vão se tornando o Criador.

Em Santiago do Chile visitei a catedral, coincidentemente no horário das confissões, e presenciei, nos vários confessionários – gaiolas ostensivamente abertas sem nenhuma privacidade –, pessoas ajoelhadas no chão perante sacerdotes e vi as expressões de confessores e confessandos (com atenção, poder-se-lhes-ia até ouvir) alheios aos olhares indiscretos dos turistas que fotografavam quase tropeçando nos calcanhares daqueles que, em genuflexão, declaravam os seus pecados. Pobres crentes angustiados! Esperavam pelo quê?

Na Basílica Nossa Senhora de Guadalupe, um dos maiores centros de peregrinação católica do mundo, na Cidade do México, fui testemunha de uma cena que não é incomum, mas que muito me comoveu. Uma jovem mulher penitente com feições indígenas locomovia-se em genuflexão na praça em direção à igreja. Ao lado dessa pagadora de promessa, caminhava o suposto marido, também jovem campesino, contrito, com um bebê no colo. Que estranho poder leva uma criatura a dilacerar os joelhos arrastando-se por mais de cem metros para chegar a um altar? Quanto ao prodígio propriamente dito, aquele do tipo bíblico – "Mulher a tua fé te curou", "Homem, levanta-te e anda" -, nunca soube de um que fosse comprovado, embora em muitos desses pontos de peregrinação os fiéis alimentam a esperança de um milagre ou de se fortalecerem com os fluidos emanados de relíquias.

A exemplo do Santuário de Aparecida, na cidade de Aparecida do Norte, nos lugares santificados há um local destinado ao depósito de muletas, cadeiras de rodas, próteses ortopédicas, fotografias e bilhetes de letras tremidas deixados ali por peregrinos na emoção da graça alcançada. Tais manifestações de fé deixam os incrédulos como eu condoídos, pois temem que nesses devotos se esteja inculcando a religião por alguma forma de coerção psicológica. Desconfiam os agnósticos que os mesmos indivíduos que infligem mitos folclóricos aos ingênuos possam estar disfarçando pura ganância sob o manto de zelo religioso, rindo intimamente desses devotos submetidos a um estado perpétuo de medo e esperança. E, oh! Como esses aproveitadores conhecem a poderosa força que os mitos exercem sobre nós! Oh! Como podemos nos tornar presas fáceis de "mentores espirituais", ser manipulados, especialmente quando revelamos a eles a nossa intimidade com as nossas fraquezas. Nossa expectativa é o prevalecimento da máxima de que é possível enganar alguns o tempo inteiro, e todos por algum tempo, mas nunca todos por todo o tempo. A libertação consistiria em perder o medo de pensar, livrar-se de paradigmas e conceitos que nos são oferecidos como receita de um bolo que não pode ser preparado de outra maneira. Enquanto isso não acontece, esses crentes sem individualidade constituem um bando com os mesmos pensamentos, leem as mesmas coisas, veem somente o que lhes é permitido, adquirem os mesmos hábitos alimentares e de vestimenta, mostram-se com a mesma aparência pessoal, porque mudar seria cair em desgraça na sua comunidade religiosa e, sobretudo, ser castigado por Deus. Todavia, é preciso ter em mente que cada um de nós possui graus de discernimento que não são iguais, por isso, ao se pretender mudar a natureza dos outros, deve-se ter em conta que todos nós, crentes e não crentes, temos uma natureza própria que está à espera de passos evolutivos que nos predisponham a juízos melhores. Quando cremos ser detectores de uma falsa verdade, não temos culpa de estarmos enganados. Permaneceremos iludidos até que uma conquista pessoal possa ampliar a nossa visão de mundo. Todos têm de ter a compreensão de que não conseguimos mudar repentinamente o que pensamos, não há mudanças drásticas nas sociedades. Para aguçar o nosso espírito de tolerância para com aqueles que se deixam iludir e não mudam, nada como um exemplo de sentimento popular profano:

quem teve uma vida inteira de paixão pelo Botafogo jamais passará repentinamente a torcer pelo Flamengo.

É razoável acreditar que práticas espirituais de cura como a oração e a meditação façam bem à saúde, se não considerarmos doença simplesmente a avaria de um aparelho biológico que cabe ao médico consertar, mas um estado que não pode ser avaliado exclusivamente pelo conhecimento racional e por processos de quantificação, porque exige, para ser interpretado, uma visão holística e ecológica de saúde, em que a religião e a magia podem ser importantes no alívio do sofrimento. Essa ação religiosa benéfica cabe dentro de definições consoladoras de doença, como no seio da filosofia espírita, em que saúde é a perfeita harmonia da alma e que, para a obtenção dessa harmonia, muitas vezes há necessidade da contribuição das doenças. Atitudes e estados mentais são importantes nos processos de cura dos que creem, por isso o *johrei* dos messiânicos; o passe dos espíritas e a bênção dos católicos podem ser úteis para o emocional e ajudar no tratamento de alguns males.

Experimentos sérios têm sido feitos para testar a proposição de que orações contribuem para o restabelecimento de doentes. Testes de que se têm notícia realizados com controle de todas as variáveis que possam viciar os resultados demonstram que não há diferenças entre a recuperação do grupo que recebe milhares de orações feitas por muitas pessoas e a do grupo que não é alvo dessas preces. Não podemos duvidar desses resultados chancelados com o rigor da moderna ciência estatística, mas devemos ter em mente que é impossível mensurar o valor de sentimentos subjetivos. Haja vista o efeito placebo das fórmulas farmacêuticas sem atividade que produzem resultados diante da convicção da pessoa de que está sendo medicada. Mesmo concordando que preces intercessoras, em si, não tenham valor algum, não devemos duvidar de que aqueles que acreditam em curas promovidas por xamãs, por ícones de pedra e por abstrações criadas por ideias religiosas possam ter aumentadas as chances, no campo psicológico, de serem curados. Por exemplo, quando uma mãe, transbordando de compaixão, pede pelo seu filho, supondo-se que quem ama tem uma vida mais saudável, é de supor-se que quem é amado também há de receber algum tipo de benefício para a sua saúde.

Mesmo havendo uma religião subjetivamente inscrita no coração de cada um de nós, instituições religiosas não podem sobrepujar as razões ditadas pelo sentimento das nossas experiências existenciais, porque, qualquer que seja a nossa religião, ela nos foi imposta pela cultura a que estamos submetidos por circunstâncias fortuitas. Se em nossos problemas emocionais, morais e sociais estão presentes influências metafísicas, Deus é essencial, e não as religiões, que dificultam uma completa independência do pensamento para a ascensão a planos superiores de espiritualidade.

Somos obrigados por uma LEI a amar. É impossível viver plenamente sem amor. Temos exemplos de pessoas ricas e poderosas, bonitas e famosas, que são infelizes porque perderam as referências, não têm quem amar, a vida sem amor tornou-se impossível para elas, daí as drogas, o suicídio. A LEI nos exige doação incondicional de amor, e quando a nossa cegueira moral não permitir que amemos sequer os que nos cercam, se a nada conseguirmos dar amor, restar-nos-á amar a nós mesmos, partes de Deus, para que não se renuncie à vida. É o que chamo de "egoísmo sábio", no Postulado dos Fatores Naturais.

A cada geração vamos adquirindo uma melhor visão de mundo.

Embora um tanto fora de moda, nos dias atuais ainda há vaticinadores do fim do mundo, catastrofistas geralmente apoiados em argumentos religiosos. Entretanto, as predições apocalípticas estão desacreditadas, e os seus profetas, desmoralizados pelos fatos. Os cristãos esperaram aterrorizados que o mundo tivesse um fim no ano 1.000; muito diferentes estão agora, que na primeira manhã do ano 2.000, levantaram-se tranquilamente das suas camas, escovaram os dentes e saíram para o trabalho, rindo dos poucos que olhavam para o céu esperando a chuva de fogo.

Cito a seguir um exemplo hipotético de como é impossível deter a marcha de novas ideias, de como a religião vai se tornando prescindível, sem que haja prejuízo para uma efetiva transformação espiritual para melhor.

O casal de classe média, já avô, ambos nascidos em berço católico, foi batizado e, ainda criança, fez a primeira comunhão com asas de anjo presas às costas, como mandava o costume da época. Foi unido em matrimônio diante do altar e abençoado pelo padre para que permanecessem juntos até que a morte os viesse separar. Teve filhos, que foram batizados no Catolicismo, mas nada mais que isso, pois esses filhos nunca frequentaram a Igreja. Os netos, filhos desses filhos, nem sequer foram batizados. Certo dia, a neta mais velha, beirando os quinze anos de idade, relatou à mãe que se sentia aborrecida porque a melhor amiga, evangélica, horrorizou-se ao saber que ela não era batizada. A mãe respondeu-lhe: "Minha filha, se essa situação te incomoda, procuremos um padre que borrife água na tua cabeça e diga as palavras convencionais, ou um pastor que te faça imergir nalgum rio para que tu venhas a emergir batizada, mas não creio que isso vá tornar a tua amiga menos escandalizada. Eu e teu pai te amamos, fizemos tudo o que pudesse resultar em bem para ti, e nunca achamos que esse ritual viesse te trazer algum benefício. Entretanto, agora, cabe a ti decidir". Essa história faz-nos lembrar Max Planck, segundo o qual uma nova verdade (científica) não triunfa ao convencer seus antagonistas e fazê-los enxergar a luz, mas sim porque estes morrem e surge uma nova geração já familiarizada com ela. A religião é uma opção para despertar a espiritualidade, mas há outros bons caminhos. Nem todas as pessoas religiosas são espiritualizadas, assim como nem todos os incrédulos são ímpios.

As religiões agradam a Deus? Qual delas? Deus está do lado daquele que foi morto por lealdade à sua religião, ou do que matou em defesa de uma religião diferente? Entre dois combatentes empenhados numa luta mortal entre si, tanto um como outro, desgraçadamente, acreditam que Deus está do seu lado.

Todas as religiões têm um potencial intrínseco para a violência. A causa de muitas guerras foi religião. Conflitos não são exclusividade da religião, mas é mais fácil o consenso em torno de uma ideia não religiosa – política, econômica, social – do que do pluralismo religioso. A justificativa encontrada nos textos sagrados para o exercício da violência em nome da fé; a hostilidade mútua entre as crenças decorrente da intransigência cega; os grupos religiosos fanáticos; os despropositados orgulhos de crenças tribais têm sido mais importantes causas de luta armada do que a disputa por território.

Segundo as religiões, o sagrado diz respeito às coisas divinas. Um lugar sagrado deve ser profundamente respeitado, não pode ser violado. Jerusalém é tida como uma cidade sagrada, tanto por cristãos como por judeus e muçulmanos. Azar de Jerusalém, a Terra Santa, que em vez de ser um local de paz, historicamente tem sido palco de acirradas disputas. (Em 1912, houve séria luta entre muçulmanos e judeus quanto à posse do Muro das Lamentações.) A história de Jerusalém é marcada por sucessivos combates com ímpeto sanguinário e episódios de saques, massacres e destruição. No Brasil, apesar da vocação de conquistas coloniais de Portugal com seu cortejo católico, somos de várias origens, falamos uma só língua e, a despeito de crenças multifacetadas, cantamos juntos o Hino Nacional. Seria lastimável se as religiões e seitas cristãs que hoje aqui proliferam avidamente competindo por devotos viessem a transformar o país numa "terra santa", e o espírito fraterno do brasileiro, em encarniçamento religioso. "Graças a Deus", isso ainda não aconteceu. A ortodoxia dos pontos de vista dos fiéis é que impede a promoção da paz, que cria uma Jerusalém – berço das três religiões monoteístas – marcada pelo ódio e pelo sangue. Tolerância não significa a aceitação cega de tudo, mas implica compreender aqueles que têm ideias diferentes das que aceitamos. E tolerância não é coisa que se vê nos fanáticos que aderem cegamente a uma crença, consideram-se inspirados por Deus e querem incutir no próximo, a qualquer custo, a sua verdade.

Há um evidente reconhecimento da necessidade de adaptar concepções religiosas a uma realidade moderna, mas os esforços ecumênicos e de sincretismo, em vez de incentivar a tolerância e a integração, promovem o surgimento de novas crenças, via de regra, hostis às que já existem. Nunca as diversas religiões se harmonizarão, porque todas se pretendem verdadeiras, e os seus pontos de divergência, fundamentais e não fundamentais, são baseados na palavra de Deus, que cada uma tem reservada para si. Ora, não se pode ir contra a palavra de Deus;, por isso, foi em vão o esforço do papa João Paulo II para melhorar o relacionamento da Igreja Católica Apostólica Romana com os católicos ortodoxos, os protestantes, os islâmicos e os judeus. A palavra de um papa não pode sobrepor-se à palavra de Deus.

O preconceito religioso gerador de conflitos evidencia-se nitidamente com a intenção de "classificar" as religiões. A mais importante religião é a "minha", obviamente a verdadeira. Os menos intolerantes admitem que todas as "religiões" são boas, mas não as "seitas", estas tidas como baseadas numa visão equivocada, quando não, diabólicas. Assim, somente devem ser frutos de autêntica revelação as grandes religiões históricas, ou as mais antigas e praticadas religiões mundiais: Judaísmo, Cristianismo, Islamismo e as tradicionais asiáticas. As milhares de seitas (*secta*, partido, escolha filosófica, dividido) são facções preconceituosamente alienadas do clube divino, tidas como doutrinas ou sistemas que divergem das religiões dominantes, estas, claro, sancionadas por Deus. A irracionalidade desse estereótipo reside no fato de que as religiões, via de regra, nascem a partir de uma seita, movimento minoritário que acaba assimilado e expandido, tornando-se o que se convencionou chamar de religião. Assim foi, por exemplo, com o Cristianismo e a Igreja Cristã, que tiveram o seu início como seita perseguida. Mas o orgulho e o preconceito das religiões institucionalizadas impedem de subsistir a ideia de que toda crença é religião, e de que cada indivíduo tem o direito de escolher livremente a sua, ou de permanecer sem nenhuma.

Fé pode ser definida simplesmente como crença religiosa. Ou como uma expectativa de contrapartida. Mas uma boa maneira de conceituação é a contextual, como a que se faz a seguir, em que fé é acreditar piamente em fato que se supõe real.

1) A vitamina A é antixeroftálmica, um *fato* comprovado cientificamente.
2) Tem-se boas razões para pensar que a morte não é a finitude, que há uma sobrevivência espiritual, que a individualidade é mantida e que o que se fez durante a vida terrena influi de alguma forma nesse novo estado em que vamos nos encontrar numa outra dimensão. Embora isso nunca tenha sido comprovado, tal especulação é um *fato*, faz parte da criatividade humana.
3) Persignar-se diante de um crucifixo, fazer sacrifícios para expiação dos pecados, prostrar-se ao chão cinco vezes por dia orando voltado para Meca e não comer carne às sextas-feiras são *fatos*, particulares manifestações inofensivas de fé.

Todos, em si, são reais, e em matéria de fé, não se distinguem uns dos outros, embora haja os que acreditam que apenas um deles representa uma realidade, os que creem que dois representam realidades e os convictos de que todos três representam realidades. De qualquer modo, nenhum sobrevive sem a fé, mas a pergunta que cabe deixo para o leitor responder: Todos esses fatos indistintamente resultam em obras, produzem frutos por efeito do trabalho? Parece-me interessante essa questão no dizer de São Tiago:

Vedes como o homem é justificado pelas obras e não somente pela fé? Assim como o corpo sem a alma é morto, assim também a fé sem obras é morta. (Tiago 2,24.26)[1]

Possivelmente desde os ensaios heréticos de Bertrand Russell, os escritores ateus nunca estiveram tão em voga como atualmente (Christopher Hitchens, Richard Dawkins, Daniel Dennett, Sam Harris, Michel Onfray, John Allen Paulos), com seus livros de sucesso traduzidos no Brasil e expostos em destaque nas vitrinas das livrarias. Como as obras desses autores tornam-se *best-sellers*, há de se concluir que há mais ateus (escamoteados) e deístas no mundo do que revelam as estatísticas. Não é de se estranhar que as pessoas dotadas de civilidade evitem confronto em matéria de fé com os seus semelhantes. Pessoas incrédulas podem comparecer a uma cerimônia religiosa a convite de um amigo teísta, crente não fanatizado, para se mostrarem solícitas numa missa de sétimo dia, e até rezar solidariamente rezas estranhas em templos exóticos, oportunidades em que, sinceramente, sentem-se fraternais e consoladoras. Essas pessoas incrédulas civilizadas, ateias ou deístas, não objetam que as pessoas teístas suas amigas se sintam

---

1. Cito ao longo deste livro vários excertos bíblicos, uns por achar que não estão coerentes com o espírito verdadeiramente cristão, ou são contraditórios entre si; outros, porque robustecem preceituações do Postulado dos Fatores Naturais.

confortáveis na fé que alimentam, esperançosas da concretização do que tem sido apregoado há mais de dois mil anos: "Arrependei-vos! Arrependei-vos! O Reino de Deus está próximo!" Nada se tem contra os crentes moderados que não fazem uma leitura literal da Bíblia, mas nos surpreende que essas pessoas inteligentes discordem de "alguns" pontos bíblicos, concomitantemente acreditando que todos os pontos sejam a palavra de Deus. É paradoxal. Estamos falando de crentes moderados que acatam as ideias bíblicas, embora não todas. Não é assim que procedem os fundamentalistas. Estes estão comprometidos com os textos sagrados e não querem saber de nada que não se amolde às suas crenças específicas, as quais, em vez de abrirem questionamentos, fecham a visão. São vítimas de uma pronunciada autocensura: os que adoram framboesa jamais quererão provar um sorvete de jabuticaba. A logicidade de Richard Dawkins não muda em nada o pensamento desses religiosos desarrazoados, apenas concentraria a ira deles contra o escritor, se tivessem coragem de ler o seu livro *Deus, um delírio*. (São Paulo: Companhia das Letras, 2007). Esses fanáticos estão satisfeitos com o que lhes impõem as lideranças religiosas e convictos de que cumprem os desígnios de Deus com a mera observância de ritos e cerimônias, discriminando os que não compartilham da sua fé.

Embora se proponham a levar os indivíduos a viver conforme um conjunto de regras de conduta consideradas boas, as religiões não têm cumprido um papel fundamental na construção de uma humanidade inteiramente solidária em que impere no coração de cada um o amor incondicional, não só ao próximo, mas a tudo o que tenha uma centelha divina. A religião legítima seria a que pregasse esse amor absoluto. Talvez, tal apregoação nem seja necessária, já que o amor incondicional não é meramente um dever a ser imposto, é uma necessidade antropológica. Martinho Lutero não pretendia criar uma nova religião (o Protestantismo); ergueu-se contra alguns princípios da Igreja Católica, como ponto de partida para uma reforma. Defendia que a consciência justifica a oposição a certos decretos eclesiásticos, e também que o trabalho honesto, qualquer que seja ele, feito a serviço de Deus, deve ser considerado vida religiosa. Nesse segundo aspecto, fracassou.

CAPÍTULO III

RELIGIÃO: POMO DE DISCÓRDIA.

Examinemos três episódios desagregadores, de conotação religiosa; hipotéticos no sentido de que deles se pode deduzir um conjunto de proposições; reais, porque correspondem a fatos dos quais somos testemunhas em nosso cotidiano; estúpidos suficientes para nos fazerem perguntar se as religiões realmente pacificam os seus fiéis.

EVENTO 1

Na pacata cidadezinha, todo mundo sabia da vida de todo mundo, e fofoca era o principal lazer. Não é de se admirar que o pequeno cortejo fúnebre chegado da roça à igreja não pudesse passar do adro. O padre já houvera sido informado pelas beatas que se anteciparam à chegada do defunto: o falecido tivera uma vida de herege.

Era costume. Antes de seguir para o cemitério, o morto tinha de ser benzido na igreja, consoladoras que eram para a família enlutada aquelas gotículas de purificação aspergidas sobre o ataúde, com os sinos dobrando em lamento. Mas não houve jeito. O pároco, guardião dos bons costumes, agora era sentinela a postos diante do portal santo, de braços cruzados sobre o peito, irredutível: "Aqui não entra!" Humildes ponderações, discussão, ameaças de ir ao prefeito, muito pranto, os sinos mudos esperando, porém o cadáver ímpio não se fez merecedor das graças celestiais. No dia seguinte, foi o assunto na cidade. Todo mundo já sabia do escarcéu puritano – os favoráveis e os contrários ao padre – mesmo antes de aparecer estampada a manchete no pasquim local: "FALECIDO FOI PARA A COVA SEM UNÇÃO".

ANÁLISE DO FATO

Qual seria a importância de benzer o defunto, senão consolar as pessoas? Os turistas que voltam de Roma presenteiam os amigos com cruzes, crucifixos, rosários e toda espécie de santinhos – que se compra nas lojas de artigos sacros e nas barraquinhas de rua – e dizem que tudo foi bento pelo papa. É uma mentirinha que se justifica para curtir aquele momento de emoção do presenteado católico. Ou nem é uma mentira, porque não se sabe exatamente qual é o raio de ação de uma benzedura papal, e é plausível aceitar que aquelas quinquilharias à venda nas imediações da Praça do Vaticano tenham sido benzidas dezenas de vezes.

A um padre, mesmo cego pelo fundamentalismo religioso, não é lícito negar o conforto espiritual a pessoas que acreditam – convencidas que foram disso pela própria Igreja a que pertence o padre – que fazer o sinal da cruz com água benta sobre uma urna funerária chama sobre o morto as bênçãos do Céu. Esse mesmo sacerdote, que provavelmente ridicularize as velhas camponesas benzedeiras – porque só ele está investido na honraria benzer –, julga-se com autorização divina para desdenhar a prática de passes nas sessões espíritas, os enfumaçados rituais xamanísticos e os sonoros cultos do Candomblé. Em contrapartida, é suficientemente insensível às suas próprias ações impiedosas, que resultam em desgostos e animosidades no seio dos seus paroquianos.

EVENTO 2

Uma criança acidentada perdeu muito sangue e necessita urgentemente de transfusão. Enquanto os médicos promovem a transfusão e adotam os demais procedimentos para tentar salvar a vida do paciente, a mãe irrompe subitamente no hospital e, descontrolada diante do quadro que se lhe depara, aos gritos arranca os tubos ligados ao filho e destrói equipamentos, até ser retirada do recinto pelos seguranças. A transfusão é concluída à revelia, a criança sobrevive, os médicos são ameaçados de um processo judicial e os pais da criança desavêm-se, atormentados que passam a ser pelo sentimento de pecado que lhes é infligido pela comunidade religiosa da qual fazem parte e que proíbe seus membros de receberem sangue por transfusão.

Situação idêntica poderia ser assim descrita:

Um bebê de três meses de idade, em decorrência de cardiopatia congênita, estava hospitalizado necessitando de uma correção cirúrgica do coração, só realizável com aporte de sangue. Os pais não autorizam a transfusão – refutando os argumentos médicos de que, sem a operação, a criança morreria -, preferindo entregar o filho às mãos de Deus. O tempo urge. Os médicos, confiantes de que o paciente possa ser salvo se sobreviver à delicada intervenção cirúrgica, requerem à Vara da Infância e da Juventude autorização judicial para que a transfusão seja executada. A decisão prolatada pelo Juiz foi do seguinte teor:

> *Assim, considerando que o direito à liberdade religiosa, assegurado pela Carta Magna, não poderá sobrepor-se jamais ao maior bem tutelado pela Constituição Federal e também pelo Estatuto da Criança e do Adolescente, que é o direito à vida, autorizo a realização da transfusão sanguínea solicitada.*

O ato cirúrgico foi coroado de êxito, e o bebê poderá desfrutar de uma vida normal, embora o júbilo dos médicos fique ofuscado pela real possibilidade de que aquela criança, agora "satanizada", seja rejeitada pelos pais.

ANÁLISE DO FATO

As origens religiosas para turronices desse tipo são:

Somente não comereis carne com a sua alma, com seu sangue. (Gênesis 9,4)

A todo israelita ou a todo estrangeiro, que habita no meio deles, e que comer qualquer espécie de sangue, voltarei minha face contra ele, e exterminá-lo-ei do meio de seu povo. Porque a alma da carne está no sangue, e dei-vos esse sangue para o altar, a fim de que ele sirva de expiação por vossas almas, porque é pela alma que o sangue expia. (Levítico 17, 10-11)

Tecido é uma coleção de células semelhantes e substâncias intercelulares. O sangue pode ser considerado um tecido conjuntivo, e os seus glóbulos chamados de células, que sobrenadam no plasma, um líquido. Sendo a finalidade do sangue principalmente o transporte de nutrientes e gases respiratórios, a forma tecidual não poderia deixar de ser fluídica.

A dificuldade religiosa encontrada hoje para explicar racionalmente a proibição de transfusão de sangue vai ser ainda maior num futuro em que transplantes de órgãos passarão a ser um procedimento médico corriqueiro. Órgãos são constituídos de tecidos e, em última análise, transplantar um órgão (coração, rim, fígado, córnea) é transplantar tecidos, assim como uma transfusão de sangue é transfundir um tecido. Até a recomposição do próprio sangue em doentes gravemente anêmicos pode ser obtida por transplante de medula óssea, uma técnica que permite ao paciente – que de outra forma estaria condenado a morrer exangue – restabelecer-se a partir das células sanguíneas do seu próprio organismo, que voltam a ser fabricadas normalmente após o transplante.

A crença religiosa preconceituosa em questão cria obstáculos ao exercício da Medicina, uma ciência que, mesmo tendo a sua marcha obstaculizada por crendices, avança na descoberta de práticas novas e mais eficazes na recuperação da saúde.

EVENTO 3

"Morte aos infiéis!"

Tanto ódio não é comum no coração de um ateu, entretanto cartazes com dizeres semelhantes a esse foram conduzidos por milhares de fervorosos islâmicos – que têm Alá como deus único e Maomé como o Seu Profeta – em protesto contra algumas caricaturas de Maomé publicadas por um jornal dinamarquês. A tradição do Islamismo proíbe desenhar as feições de Maomé, e a reprodução de imagens do profeta desrespeitou o dogma islâmico, especialmente em se tratando de charges críticas como aquela em que o profeta aparece de turbante encimado por uma bomba. O jornal, pressionado, desculpou-se formalmente pela publicação das charges, mas isso não foi suficiente para desinflamar o mundo muçulmano ofendido. As charges, que poderiam ser coisa banal em outras religiões, provocaram uma reação de surpreendente magnitude e uma crise internacional, acirrando o confronto entre o Islã e o Ocidente. Muçulmanos em vários países passaram a atacar representações diplomáticas, embaixadas foram incendiadas, bandeiras estrangeiras foram raivosamente pisoteadas e queimadas nas ruas, boicotes econômicos contra países da Europa foram iniciados e, se não bastassem os mortos e feridos nos confrontos com a polícia, clamava-se por uma *fatwa* (decreto religioso islâmico) autorizando o assassinato dos autores das caricaturas. As faixas de protesto conduzidas pelas multidões podiam ser vistas nos meios de comunicação de todo o mundo: "BE PREPARED FOR THE REAL HOLOCAUST!" (Estejam preparados para o verdadeiro holocausto!), "BILLION AND FOUR HUNDRED MILLION AT YOUR SERVICE, OH PROPHET MUHAMMAD!" (1,4 bilhões ao teu serviço, ó Maomé!)

ANÁLISE DO FATO

Obviamente, Maomé, assim como Jesus Cristo, nunca foi fotografado. Os retratos de Jesus que proliferam no mundo cristão são a representação imaginária de um homem com traços raciais correspondentes aos dos que viveram na região da Palestina há dois milênios, geralmente baseados em quadros feitos por pintores mil anos depois da morte do Messias. Se cristãos se sentem felizes mantendo esses quadros pendurados nas paredes ou beijando as imagens que trazem devotamente em suas carteiras, não há por que objetar. Todavia, essa veneração de retrato nunca aconteceu entre os muçulmanos em relação ao seu Profeta, porque imagens de Maomé não são permitidas. A alguém não acostumado com as singularidades das religiões, poderiam parecer muito estranhas essas oposições de ideias entre tradições religiosas monoteístas cujo Deus (ou *Alläh*, não importa) diligenciou por expressar à humanidade o desejo de paz entre os homens, por intermédio do Filho ou de revelações feitas ao Profeta do Alcorão. De qualquer modo, conhecer um rosto santo pela visão ou vê-lo pela imaginação são atitudes distintas com um mesmo objetivo que deveriam ser aceitas por todos, mormente por aqueles impregnados mais fortemente de sentimentos religiosos, os quais haveriam de ser os mais tolerantes.

Os incautos caricaturistas dinamarqueses correm risco de morte, e não se está exagerando ao se afirmar isso, pois um ano antes, o cineasta Theo Van Gogh foi assassinado porque, no seu filme, apareciam cenas em que mulheres islâmicas eram maltratadas. Ele, de joelhos, implorou inutilmente pela sua vida ao algoz muçulmano, mas foi degolado. Van Gogh, ingenuamente, pensou que poderia mostrar impunemente uma realidade conhecida de todos: a de como são tratadas as mulheres em alguns países muçulmanos, as quais têm os seus matrimônios arranjados e podem ser punidas pelo simples fato de tirar em público o véu da cabeça. Salman Rushidie, um escritor anglo-indiano, escreveu o livro *Versos satânicos*, considerado blasfemo pelo governo do Irã. Ele teve, em 1989, a sua sentença de morte decretada, necessitando esconder-se aterrorizado por vários anos, protegido por forte esquema de segurança e pela intelectualidade ocidental, pois certamente não faltavam fanáticos candidatos a receber a recompensa oferecida a quem matasse o escritor. O mais assustador, entretanto, é que esses assassinos em potencial não são mercenários, tampouco psicóticos, são pessoas "normais" impregnadas de fé religiosa suficiente para crer que matar em nome de Deus seja um ato de piedade merecedor de recompensa divina.

A par desses exemplos de sentimentos religiosos homicidas comunitários, há as ações individuais insanas inspiradas por convicção religiosa íntima. Embora sejamos frequentemente testemunhas de pessoas que afirmam ter encontrado a paz interior em sua religião, não podemos ignorar os casos em que o fanatismo religioso extremo redunda em tragédias, como as dos atentados terroristas no mundo inteiro em nome da fé; ou incidentes locais que chegam ao nosso conhecimento pela imprensa, à semelhança do que se relata a seguir:

> *Ataíde, 24 anos, era tido como uma pessoa normal pelos que o conheciam, e as investigações apontaram que o rapaz não tinha histórico de distúrbios psicológicos. Era educado e tranquilo, elogiado pela família para a qual trabalhava como*

caseiro. Depois de três meses frequentando cultos evangélicos da Igreja Universal do Reino de Deus, passou a falar da Bíblia e de Deus de forma esquisita, segundo testemunhas. Deixava de trabalhar para orar, afirmava que os patrões estavam com o demônio no corpo, e acabou sendo demitido do emprego. Dias depois, passou pela igreja, pediu uma oração ao pastor, foi atendido, dirigiu-se à casa dos ex-patrões e matou Tatsumiro Iki, 64 anos, e a mulher dele, Iria Ono Iki, a pedradas, pauladas e golpes de machadinha. O psiquiatra consultado pelo jornal disse que o assassino apresentava um quadro possível de esquizofrenia, pois afirmava escutar vozes mandando-o matar o casal. "Pessoas assim não podem ser tratadas em igrejas. Precisam ser encaminhadas a um médico", afirmou o psiquiatra. (Resumido de matéria publicada no jornal Correio Braziliense *de 24 de agosto de 2005.)*

Seria terrível se chegassem ao nosso conhecimento todas as atrocidades ocasionadas pelo fanatismo religioso que ocorrem ainda nos dias de hoje em todas as partes do mundo. Choca-nos apenas casos acontecidos próximos de nós ou que envolvem celebridades, como a morte da atriz Sharon Tate, esposa do famoso diretor de cinema Roman Polanski. Um grupo da seita liderada por Charles Manson invadiu a casa da atriz, grávida de oito meses, e a assassinou. Os membros da seita – *Manson Family* –, que consideravam Manson uma reencarnação de Jesus Cristo, foram acusados de matar várias outras pessoas nos Estados Unidos.

CAPÍTULO IV

A BÍBLIA

Os livros que fazem parte de uma grande coleção de obras literárias mundiais tidas como sagradas – porque realizadas a mando de Deus – são, como não poderia deixar de ser, obras humanas escritas, a rigor, em dialetos que não mais se usam, por pessoas que se basearam em relatos orais, únicas fontes disponíveis na época desses escritores. Os Vedas e os Upanishads, do Vedismo, do Bramanismo e do Hinduísmo, e o Avesta, dos antigos persas (Zoroastrismo), são, entre outros, livros sagrados considerados inspirações vindas de deidades, mas a Bíblia e o Alcorão são os mais conhecidos depositários da Palavra Divina.

A Bíblia é uma obra de ficção das mais importantes da literatura universal, à semelhança dos grandes clássicos dos antigos gregos e romanos, porém muito mais inspiradora. As suas passagens, ora ricamente imaginativas, ora grotescas, ora pacificadoras, ora eivadas de ódio, ora amorais, são lidas diariamente por milhões de pessoas. Os seus trechos belicosos – assim como os do Alcorão – certamente não devem ser textualmente considerados modelo para adoção de princípios de amor e pacificação, mas isso não diminui o seu valor como documento histórico. A primeira parte da Bíblia, o Antigo Testamento, é o livro sagrado dos judeus (a Torá, que conteria um código que, se decifrado, revelaria mensagens ocultas). Para os cristãos, faz parte da Bíblia o Novo Testamento, que contém os quatro Evangelhos e epístolas dos apóstolos. Os inúmeros escritos a mando de Deus que foram encontrados provocaram uma batalha doutrinária dentro da Igreja para selecionar os que deveriam ser oficialmente aceitos, para separar os divinos dos que eram interpretados fora do controle das autoridades religiosas de plantão.

Autoridades diversas do Catolicismo tentaram impor os seus textos preferidos, controvérsias sem fim, as mesmas que acompanham a história de todas as religiões, as mesmas que ainda hoje predominam em quase todas as crenças, fazendo cada uma tomar uma feição própria, mediante modificações que vão sendo nelas introduzidas. Mas finalmente passamos a ter a Bíblia – sem a parte da literatura evangélica que não chegou até nós –, um texto definitivo.

No Alcorão, o livro sagrado dos muçulmanos, Deus teve de corrigir algumas passagens bíblicas que teriam sofrido modificações para atender a interesses humanos inconfessáveis. A Bíblia dos protestantes alemães passou a ser a tradução de Martinho Lutero, que era contrário à inclusão da Epístola de Tiago no cânon e não aceitava uma interpretação bíblica exclusivamente pelos doutores da Igreja.

Melhor seria se pudéssemos ter um livro de moralidade (já o teríamos se os ditos sagrados não se arvorassem guardar a palavra de Deus) organizado por uma assembleia de nível internacional, uma Organização Mundial de Espiritualidade – nos moldes da Organização Mundial de Saúde – em que sábios de todas as áreas, antropólogos e sociólogos recolhessem antologicamente questões morais levantadas por filósofos antigos e modernos e as passagens éticas mais edificantes da literatura universal. Seriam aproveitados os exemplos de vida que nos legaram verdadeiros homens santos ao longo da história da humanidade, e (por que não?) compilados os trechos sublimes dos livros sagrados. Não seria uma obra deontológica com regras a serem obedecidas, mas poderíamos lê-la para os nossos filhos, isentos de proselitismo, não como preceitos rígidos a serem obedecidos, mas como diretrizes morais que podem ou não ser seguidas, respeitado o livre-arbítrio que cada um possui. Claro, tratar-se-ia de um livro polêmico, mas, pelo menos, não conteria ordens imperativas dos Céus, essas falsas moralidades a serem policiadas por divindades e seus arrogantes prepostos na Terra. Esse livro "sagrado" poderia ser revisto, digamos, a cada cem anos, para amoldar-se a novas realidades. Quando falo em homens santos, cujas vidas nos são inspiradoras, refiro-me aos grandes mestres espirituais da História, não necessariamente a personagens bíblicos e sua particular justiça, pois muitos deles não podem servir como exemplos em que se possa espelhar. Também não me refiro aos "santos", aqueles canonizados pela Igreja, mesmo porque, a qualquer momento, podem ser defenestrados, como aconteceu com alguns, entre eles o popular São Jorge, "cassado" pelo papa Paulo VI.

As contradições nos textos bíblicos podem ser encontradas facilmente.

Uma das mais notáveis é que Deus não é tratado como onisciente. Como se não soubesse exatamente o que estava pretendendo, fazia experiências e se surpreendia infantilmente com os resultados. No Gênesis (1,1-31), Deus fez a luz e "viu que a luz era boa"; separou a água do elemento árido e "viu que isto era bom"; criou as plantas e "viu que isto era bom"; criou as aves e os seres vivos que enchem as águas *e* "viu que isto era bom"; produziu os animais terrestres e "viu que isto era bom". Deus contemplou toda a sua obra e "viu que tudo era muito bom".

Às vezes, a Bíblia nos faz pensar que Deus nem sequer é onipotente, pois o demônio "impugna o reino de Deus e é adversário do reino de Cristo". Jesus foi conduzido ao deserto e, por quarenta dias, sofreu terrivelmente sob as tentações do demônio (Mateus

4). As passagens seguintes revelam o demônio nos atormentando sem que tenhamos quem nos proteja, necessitando que nós mesmos nos defendamos.

Revesti-vos da armadura de Deus, para que possais resistir às ciladas do demônio. (Efésios 6,11)

Os que estão à beira do caminho são aqueles que ouvem; mas depois vem o demônio e lhes tira a palavra do coração, para que não creiam nem se salvem. (Lucas 8,12)

Quando um homem ouve a palavra do reino e não a entende, o Maligno vem e arranca o que foi semeado no seu coração. (Mateus 13,19)

Sede submissos a Deus. Resisti ao demônio, e ele fugirá para longe de vós. (Tiago 4,7)

Não quero que sejamos vencidos por Satanás, pois não ignoramos as suas maquinações. (II Coríntios 2,11)

Em Colossenses, lemos que "Dessas coisas provém a ira de Deus sobre os descrentes" (3,6), entretanto, também em Colossenses, um dos nossos vícios é apontado como a "ira" (3,8).

Nenhuma discordância deveria existir entre os textos bíblicos, porque "Toda a Escritura é inspirada por Deus, e útil para ensinar, para repreender, para corrigir e para formar na justiça". (II Timóteo 3,16). Ou ainda: "Antes de tudo, sabeis que nenhuma profecia da Escritura é de interpretação pessoal. Porque jamais uma profecia foi proferida por efeito de uma vontade humana. Homens inspirados pelo Espírito Santo falaram da parte de Deus". (II Pedro 1,20-21)

A justiça divina na Bíblia aparece, via de regra, um tanto enviesada, não condizente com as nossas faculdades morais inatas e com o conjunto de regras de condutas sociais que a humanidade vem incorporando durante no decorrer da sua história.

O preconceito sexual é traduzido pelo juízo religioso do dever de inteira submissão da mulher ao homem. O Deus bíblico nem sequer pretendia criar a mulher, somente o homem. Mudou de ideia porque o homem criado mostrou-se insatisfeito com a companhia apenas dos animais. A mulher entrou no palco da vida como um acessório masculino. As passagens a seguir são extraídas do Gênesis.

O Senhor Deus formou, pois, o homem do barro da terra, e inspirou-lhe nas narinas um sopro de vida e o homem se tornou um vivente (...). O Senhor Deus tomou o homem e o colocou no jardim do Éden para o cultivar e guardar (...). O Senhor Deus disse: "Não é bom que o homem esteja só; vou dar-lhe uma ajuda que lhe seja adequada" (Gênesis 2,7.15.18).

Deus levou ao homem todos os animais dos campos, e todas as aves dos céus, o homem distraiu-se dando nome a todos os bichos,

mas não se achava para ele uma ajuda que lhe fosse adequada (...). Então o Senhor Deus mandou ao homem um profundo sono; e enquanto ele dormia, tomou-lhe uma costela e fechou com carne o seu lugar. E da costela que tinha tomado do homem, o Senhor Deus fez uma mulher, e levou-a para junto do homem (Gênesis 2,20.21-22).

As ideias machistas que imperam nesses trechos do Gênesis – atribuídos a Moisés – merecem o nosso repúdio por nos terem incutido esse preconceito, condenável hoje por qualquer pessoa que tenha algum senso.

Para os personagens "exemplares" do Antigo Testamento, a mulher é propriedade do marido. Em registros sagrados, a poligamia aparece como um direito exclusivamente dos homens. Abraão, que Deus escolheu para se tornar o pai de uma grande nação – "Todas as famílias da Terra serão benditas em ti." (Gênesis 12) –, além de ter tido um filho (Ismael) com a sua concubina Agar, não hesitou em entregar a sua bela mulher ao faraó, mentindo que ela era sua irmã, e não sua esposa. Jacó teve filhos com Lia e com Zelfa, escrava de Lia; também com Raquel e com Bala, escrava de Raquel. Lot teve filhos com suas duas filhas e é biblicamente inocentado porque, quando dormia com as filhas, estava embriagado, não tinha consciência de que estava cometendo incesto.

É horripilante outra atitude de Lot, que, quando em defesa de dois anjos hospedados em sua casa, pretendia entregar as filhas virgens para serem estupradas por uma turba de homens sodomitas: "Ouvi, tenho duas filhas que são ainda virgens, eu vo-las trarei, e fazei delas o que quiserdes. Mas não façais nada a estes homens, porque se acolheram à sombra do meu teto" (Gênesis 19,8). Pois a esse pai cruel e bajulador de divindades é que Deus concedeu a graça de ser salvo da destruição de Sodoma, mas não à mulher dele, que por ter olhado para trás durante a retirada da cidade em destruição, foi transformada por Deus numa estátua de sal.

A poligamia se estende ao longo do Antigo Testamento por Esaú, Isaac, Salomão... Quanto às mulheres, o adultério constituía falta grave, e ainda hoje, é alimentada a crença de que a adúltera deva ser condenada à morte por apedrejamento, como Moisés ordena em João 8,5. É porque, nos livros sagrados, predomina flagrantemente o sexismo, que até hoje as mulheres ocupam posições subalternas na hierarquia das igrejas. Nos Evangelhos, é uma exceção a esse menosprezo apenas Maria Madalena, a mais constante dos discípulos do Cristo (Jesus preferia eleger homens para serem seus apóstolos), mas que é tida como prostituta. E, claro, também se excetua a glorificada Mãe de Jesus (porque homem não possui útero), que ocupa um lugar de destaque no Catolicismo. Os cristãos de hoje ironizam a posição subalterna que ocupam as mulheres nas sociedades do mundo islâmico, ignorando que estão comprometidos eles próprios com passagens inequívocas de preconceito sexual na sua Sagrada Escritura:

> A mulher ouça a instrução em silêncio, com espírito de submissão. Não permito à mulher que ensine, nem que se arrogue autoridade sobre o homem, mas permaneça em silêncio. (I Timóteo 2,11-12)
>
> Como em todas as Igrejas dos santos, as mulheres estejam caladas nas assembleias: não lhes é permitido falar, mas devem estar submissas, como ordena a Lei. Se querem aprender alguma coisa, perguntem-na em casa aos seus maridos: porque é inconveniente para uma mulher falar na assembleia (I Conríntios 14,34-35)

Até os homens dados a modos femininos sofrem discriminação bíblica: em I Coríntios 6,9 "os efeminados não haverão de possuir o reino de Deus".

A lei e os costumes judaicos – se a esposa não tivesse filhos depois de dez anos – permitiam a bigamia, a fim de que filhos fossem gerados, um uso que obviamente favorecia o homem.

A herança bíblica preconceituosa promove a discriminação da mulher não só nas religiões como tais consideradas, mas também em muitas seitas contemporâneas. Na Igreja de Jesus Cristo dos Santos dos Últimos Dias – uma dissidência da Igreja dos Mórmons –, os homens têm o dever de se casarem muitas vezes para serem abençoados por Deus, enquanto as mulheres foram criadas por Deus para um único casamento.

Em Gênesis 3,16-17, Deus disse também à mulher: "Multiplicarei os sofrimentos do teu parto; darás à luz com dores, teus desejos te impelirão para o teu marido e tu estarás sob o seu domínio".

Por causa dessas inspirações sagradas é que, ainda nos dias de hoje, ocorrem as excisões do clitóris, para que a mulher seja privada de desfrutar do prazer sexual e se torne mero instrumento de gozo do homem.

É também muito emblemático que, no Budismo tibetano, quando morre o Dalai Lama, a nova reencarnação dele seja procurada pelos monges entre os "meninos".

Os ensinamentos bíblicos nos levam a deduzir que coube somente aos homens ser o instrumento da vontade de Deus na Terra. Quando Deus perdeu a paciência com os pecados cometidos pelas suas criaturas – "arrependeu-se de ter criado o homem na Terra" (Gênesis 6,6) – e mandou o dilúvio para matá-las, descobriu em Noé um homem justo e perfeito que merecia sobreviver. E Noé, com sua família e animais, foi salvo porque Deus preveniu somente ele de que "Eis que vou fazer cair o dilúvio sobre a Terra, uma inundação que exterminará todo o ser que tenha sopro de vida debaixo do céu. Tudo que está sobre a terra morrerá." (Gênesis 6,17).

Além do preconceito sexual, o racial na Bíblia é também uma tônica, com grupos étnicos privilegiados e "povos eleitos."

Embora nem sequer nos sintamos culpados pelos pecados dos papas sanguinários, pelo Holocausto e pelas crianças famintas e abandonadas pelo mundo, quer a Bíblia que o sejamos pelo pecado original, aquele cometido por Adão e Eva. Todos nós, descendentes de Adão e Eva, nascemos pecadores, temos uma hipoteca a pagar, não somos merecedores de ser anistiados pelo divino credor. Todos os bebês são impuros, até serem purificados por meio do batismo. Nascemos impuros com a chance de podermos ser livrados pelo batismo, o que equivale a dizer que só será salvo quem for batizado, e que as pessoas que não tiveram a sorte de ser cristãs, que tiveram o infortúnio de nascer, por exemplo, no Japão ou na Índia, não irão para o Céu.

Segundo a crença cristã do pecado original, o primeiro casal do mundo cometeu um erro suficientemente grave para não ser perdoado. Esse terrível erro que Deus recusou-se a perdoar tem a sua natureza interpretada de várias formas pelos teólogos modernos, talvez, tentativas de atenuar o paradoxo defendido pelas Escrituras de que o pecado original tenha sido a tentação do sexo, isto é, Adão e Eva, tendo descoberto que Deus lhes dera a graça da procriação, usaram dessa prerrogativa e por isso foram castigados.

A história é colorida para tornar-se mais atraente – ou mais ameaçadora –, e no episódio em causa, entra maçã e, como não poderia deixar de ser, uma dose de suspense, com a participação do Satanás travestido de serpente. Adão nasceu com uma graça santificante, espécie de vitalidade espiritual que foi perdida quando ele fez sexo com Eva, e por causa disso, todos os seus descendentes – portanto eu e você – passaram a vir ao mundo sem essa tal graça santificante, e o que é pior, com a incômoda sensação de que sexo é pecado.

O bebê que a mãe acalenta não tem o perdão de Deus, a não ser que a religião o salve. Às crianças, quando nascem, falta um fator espiritual, assim como a uma árvore, a um pássaro ou a um elefante, embora todos possuam igualmente a vitalidade natural dos seres vivos. Adão e Eva possuíam esse fator espiritual, mas o desperdiçaram cometendo o primeiro pecado da humanidade, pelo qual temos de pagar. A bondade divina, entretanto, colocou a religião à nossa disposição, para que possamos recuperar essa herança perdida. Para isso, Jesus Cristo, o próprio Deus encarnado, instituiu o Sacramento do Batismo, que confere a graça santificante; o pecado original é apagado, ficando, assim, comprovado aos filhos o amor desmedido do Pai.

A partir da instituição do batismo, o homem, criatura como também o são os vegetais e animais, pode ser batizado e transformado de simples criatura em filho de Deus. O profeta João Batista batizava antes da chegada de Jesus, mas era uma espécie de batismo provisório, pois Jesus é que viria depois para batizar no Espírito

Santo. Não está bem claro como ficou a situação dos desfavorecidos que, ao longo dos milênios, morreram antes da vinda de João Batista e de Jesus. Mas isso são pormenores, o que importa é que, após a morte penosa de Jesus, o batismo foi deixado para ser ministrado por procuração.

O batismo é um dos sete sacramentos da Igreja Católica Apostólica Romana, e só a partir dele podemos ter acesso aos demais. Outras religiões cristãs também batizam, mas no Protestantismo, é negado que o batismo apague qualquer pecado e, como é de praxe, há outras concepções divergentes, inclusive uma controvérsia "da maior relevância": uns acham que a cerimônia de batismo deve ser realizada com aspersão de água; outros, que tem de haver imersão total do batizando. Há uma igreja evangélica no Brasil que costuma juntar fiéis que possam pagar uma viagem ao Oriente Próximo para serem batizados pelo pastor no Rio Jordão. Não se explica adequadamente as diferenças entre as águas do Rio Jordão e as águas dos rios brasileiros, exceto que aquelas são menos poluídas que as do rio Tietê.

Paganismo era o termo que identificava tradições religiosas politeístas em que os deuses eram relacionados a fenômenos da natureza. Diz-se também que é pagão quem não é cristão, judeu ou islamita, mas prevalece atualmente a imagem negativa propagada pelo Cristianismo, que define pagão como aquele que não foi batizado. Portanto, pagão passou a ser o adepto de qualquer religião que não adota o sacramento do batismo, o que equivale dizer que a maioria da população mundial é pagã.

Mas não fiquemos escandalizados, já foi dado um jeito nisso tudo. Não é somente Deus que, de vez em quando, tem de fazer alguns ajustes na ordem cósmica: você também poderá fazer alguns retoques, se for eleito papa. O Vaticano decidiu que, como Deus é piedoso, Ele quer que todos os seres humanos sejam salvos, e aboliu o limbo. O limbo havia sido criado no século IV para alojar os bebês que morriam antes de serem batizados, porque, na condição de pagãos, esses bebês estavam privados para sempre da presença de Deus; ou seja, se não existisse a estação límbica entre o céu e o inferno, iriam arder no fogo eterno do Satanás. Em 2007, foi promovida uma reengenharia do cosmo, e a partir de então, não existe mais o limbo. O papa Bento XVI decidiu que as criancinhas vão para o céu, mesmo sem receber a graça do batismo. Ficamos sem saber exatamente como ficou, antes desse rearranjo, a situação de alguns, por exemplo, Sócrates e Platão, pagãos, os quais, no inferno da Divina Comédia, foram colocados no limbo, porque Dante Alighieri não achava justo que personagens tão ilustres fossem condenados a ficar incandescentes para sempre.

Segundo a Bíblia, no início da Era Cristã Jesus aparecia aqui e acolá para confortar um ou outro que sofresse, oferecia um cálice de bom vinho para elevar a fé de algum desesperançado encontrado pelo caminho, curava chagas e até fazia ressuscitar o morto sortudo cuja notícia do falecimento chegou aos ouvidos do Messias. Era naqueles mesmos tempos em que, nos mercados de escravos, jovenzinhas eram arranjadas em lotes para atrair os compradores ávidos de luxúria; crianças chorosas separadas dos pais eram vendidas para fins libidinosos, os meninos previamente castrados; homens e mulheres fortes para o trabalho alcançavam bons preços, enquanto que os doentes e os idosos, refugos de leilão, eram atirados ao mar. Os textos bíblicos não explicam por que Jesus não ouvia, enquanto estava nas outras partes da cidade em que pregava e consolava, os pregões do leilão de almas tão sofredoras, mas não merecidas da intercessão do Messias. Hoje, se alguém oferecer pães e multiplicar peixes para saciar a fome numa aldeia pobre da África, estará fazendo muito pouco, quase nada. Se eu adotasse uma daquelas esquálidas crianças africanas, estaria dando um belo exemplo, estaria praticando uma boa ação, mas acho que estaria fazendo muito pouco, quase nada.

Essa equanimidade claudicante e unilateral da justiça divina ocorre todos os dias. Em fevereiro de 2008, nos Estados Unidos, propalou-se a ocorrência de um milagre. Uma jovem mãe protegeu-se do furacão abraçada ao seu filho no interior de uma banheira. A casa foi destruída, a mulher, morta e a criança, encontrada prostrada a cem metros do local, sã e salva. Um grande milagre, sem dúvida, cantaram os religiosos: esteve presente o dedo de Deus. No mesmo dia, noutra cidade americana, sem que Deus se apercebesse, um menino foi estuprado e morto com requintes de crueldade, sem milagre.

Recentemente, vi na televisão que um jogador morreu atingido por um raio em plena partida de futebol. Tendo sido a única vítima dentre os demais no campo, não faltou quem insinuasse nos espíritos um possível castigo dos céus. Com essas cismas ou não, milhares de pessoas são atingidas por raios todos os anos, e muitas morrem em decorrência desse acidente a que estamos sujeitos, dependentes que somos das condições meteorológicas da atmosfera que envolve a Terra. Sem milagre, sem castigo.

Deus não hesita em sacrificar as Suas criaturas para atingir os próprios objetivos. Segundo o Antigo Testamento, o coitado do Jó comeu o pão que o diabo amassou, porque Deus permitiu que esse seu devotado discípulo passasse por doloridas privações, só para convencer Satanás de que essa criação divina – o homem – era perfeita (obediente). O amor religioso a Deus também nem sempre traz vantagens apreciáveis; muito pelo contrário, o avião dos peregrinos cai, piedosas freiras são estupradas e mortas pelos seus assistidos, os cristãos são atirados aos leões nos circos romanos, o Filho de Deus é crucificado. Segundo os Evangelhos, Jesus, morrendo na cruz, mostrou-se decepcionado com esses desamparos divinos: "Meu Deus, meu Deus, por que me abandonaste?" (Mateus 27,46) Aliás, o castigo que vem de Deus é sobretudo inclemente. Quando Ele destruiu Sodoma pelo fogo, as criancinhas não escaparam de ser calcinadas. Por ocasião do dilúvio, todo mundo morreu afogado: homens e mulheres, velhos e crianças (exceto os apadrinhados da Arca).

Em Gênesis 22, Deus ordenou a Abraão que oferecesse a vida do próprio filho, Isaac, em holocausto. No último momento, quando Abraão tomou a faca para imolar o filho sobre o altar, Deus deteve-lhe a mão e fez aparecer um cordeiro, o qual Abraão sacrificou em lugar do filho. Nas sociedades modernas, nenhum devoto, de qualquer religião que seja, a não ser que impiedoso desprovido de total senso de humanidade e amor paterno, cometeria tal crueldade com um filho. No Brasil, Abraão, tido nas escrituras sagradas como um exemplo de fé absoluta em Deus, seria hoje processado, incurso no Estatuto da Criança e do Adolescente por seu ato ignominioso.

Se eu acreditasse na existência de um Deus que atende às nossas súplicas, pediria para que a minha morte não venha a ser de fome. É um pesadelo, para mim, pensar em alguma circunstância que possa levar-me a esse fim pavoroso. Nunca consultei um psicólogo a respeito dessa minha fobia. Evito ver filmes em que personagens aparecem famintos; não quero pensar nas crianças que foram deixadas sem comida durante o genocídio dos judeus perpetrado pelos nazistas; não gosto de ler sobre o episódio em que quase um milhão de pessoas morreu sem ter o que comer no ano de 1840, na Irlanda, em consequência da praga nas batatas; nego-me a acreditar nos relatórios da FAO, segundo os quais dezenas de milhões de seres humanos passam fome todos os dias e muitos morrem por desnutrição. Não estou falando dos milhões que morrem nas guerras, culpa do homem; refiro-me a esses que morrem de fome sem que saibamos de quem é a culpa.

Não queiramos interpretar um sentido místico para aquelas duas gigantescas ondas solitárias que engoliram praias da Ásia em 2004, matando em poucos minutos 200 mil pessoas, moradores das regiões litorâneas, turistas e quaisquer outros que o azar fez estarem no momento naqueles lugares. A força cega da natureza, indiferente, tirou a vida do homem rico que fotografava placidamente a praia, da mulher pobre que vendia doces para sustento da família, da criança inocente que dava passinhos vacilantes na areia. Naquele momento, a Divindade que nos protege estava presente? O *tsunami* veio e rapidamente recuou, desfazendo-se na quietude das profundezas oceânicas; as serenas ondas ensolaradas voltaram a murmurar delícias naquelas praias paradisíacas. Tudo em poucos minutos, tudo como se nada de trágico houvesse acontecido, tudo continuando como antes... A natureza, indiferente à apatia dos milhares de cadáveres e à agonia de corpos ainda estrebuchando, alheia à dor dos sobreviventes. E nós, testemunhas dessas catástrofes, debatendo-nos na perplexidade, ou agarramo-nos com aflição extrema na tábua de salvação oferecida pelos fundamentos teológicos das religiões, ou buscamos consolo nas ideias reencarnacionistas, ou deixamo-nos submergir no nada do materialismo.

Em 1974, em São Paulo, o Joelma, um edifício de 25 andares pegou fogo. Quase duzentos mortos consumidos pelas chamas. Pessoas atônitas buscavam refúgio nos andares superiores, e pode-se imaginar os momentos de terror e, obviamente, as orações atabalhoadas, os gritos clamando por Deus quando o fogo foi chegando aos últimos andares. Muitos preferiram atirar-se do terraço a morrer queimados. A máxima bíblica "Peça e será atendido" não funcionou, nenhum poder celeste veio em salvação daqueles suplicantes desesperados.

Quando eu ainda escrevia este livro, em maio de 2008, um terremoto na China matou mais de 40 mil pessoas (Três anos antes, na cidade americana de Nova Orleans, o furacão Katrina matara mais de mil pessoas). A televisão mostrava gente semiesmagada gritando por socorro sob os escombros. Uma semana antes, com menos destaque na mídia, por tratar-se de um país inexpressivo, também da Ásia – Myanmar –, um ciclone havia tirado a vida do dobro de pessoas vitimadas na China. Um milhão de desabrigados chorava seus mortos e zanzava feito zumbi, ferido e esfomeado entre cadáveres, sem água para beber, sem comida, sem remédios. Ó, meus irmãos chineses, cujo governo felizmente pode amenizar tanto sofrimento; e ó vós outros, de Myanmar, mais desamparados de recursos materiais, que sois desse lugar pobre conhecido como "terra dos templos": não espereis ajuda de Deus, mas contai com a ajuda humanitária internacional.

O que estou querendo dizer é que deuses não interferem em nossas vidas, que acreditar em interferências divinas é admitir que as divindades são impiedosas. Bajular deuses não melhora as coisas para nós. A progressista Índia dos suntuosos palácios e usinas nucleares, dona de uma mitologia extensa, está empanturrada de mosteiros budistas, templos jainistas e monumentos hinduístas aos seus inúmeros deuses e semideuses; nem por isso deixa de representar um dos mais expressivos exemplos de miséria humana. Uma população fervorosa de incensos, cantos e orações mesclada de famintos agressivos e resignados mendigos estendendo a gamela de esmolas.

Às vezes, falar do amor de Deus soa mais como ironia provocativa do que como consolo. Falar do amor de Deus a uma mulher que acaba de perder o filho em circunstâncias trágicas é cruel. ("Deus assim o quis.") A crença bíblica de que exista um Deus protetor faz sofrer mais do que o próprio infortúnio, porque a desilusão é o maior dos sofrimentos. Os teólogos utilizam-se da doutrina intitulada teodiceia, que procura conciliar a bondade de Deus com a existência do sofrimento, mas os argumentos não são suficientes para nos livrar, a muitos de nós, da dúvida sobre a justiça e a benevolência divinas.

Neste momento, neste exato momento, em algum lugar, alguém que nunca teve nada obriga-se a curvar-se ante aquele que tudo tem;

em algum lugar, um prisioneiro inocente sabe que passará toda a sua vida sem nenhuma esperança de liberdade;

em algum lugar, uma mãe, ela mesma faminta, sofre pelos filhos que não têm o que comer;

em algum lugar, uma criança tem suas entranhas lentamente devoradas pelo câncer, sem que o clamor por um milagre seja ouvido;

em algum lugar, um velho, que trocaria a própria vida pela vida dos entes queridos, vê morrer, um a um, os seus descendentes;

em algum lugar, uma menina está sendo estuprada ao lado do cadáver de quem tentou defendê-la;

em algum lugar, neste momento, neste exato momento...
"Deus, ó Deus! Onde estás que não respondes?"

Deus está em nós mesmos, aprendamos como vítimas, aprendamos com a solidariedade aos vitimados, confiemos que há uma Lei justa e que todos temos iguais oportunidades para crescer até alcançar um mundo livre de sofrimentos. Somente o Deus pleno salva; Aquele que ainda está crescendo em nós, que é eximido pela Lei, porque não O temos ainda suficiente. Por isso ofereço-vos, caros leitores, na segunda parte deste livro, o Postulado dos Fatores Naturais, para que não mais espereis por Deus. Deus é que espera por nós.

Antes de finalizar este capítulo, convém que falemos sobre os conceitos de inferno e paraíso.

Paraíso, ou Jardim do Éden, é um lugar de delícias onde, ao que reza a Bíblia, Deus colocou Adão e Eva quando os criou. Um lugar terrestre ideal cuja localização não ficou bem-esclarecida. (Muitos acreditam que era onde é atualmente o Iraque.) Hoje, sabendo-se que não há cantinho algum da Terra onde possa caber essa morada dos bem-aventurados, isso não é mais discutido. Mas ainda se crê que exista alhures esse local de clima ameno e de abundância de alimentos, sem ódios, sem doenças e sem morte (suponho que sem religiões), que seria uma recompensa após a morte para aqueles que seguem adequadamente os preceitos religiosos, por exemplo, para aqueles que "matam os infiéis".

O inferno, ou *geena*, já foi terrestre, porém subterrâneo. Agora está em algum lugar fora do planeta e lá se encontram os que morreram em estado de pecado. É a habitação dos demônios, encarregados de supliciar as almas dos que não mereceram o paraíso. Ainda que a justiça divina premeie os bons, parecem-me exageradamente cruéis para com os maus as penas do inferno. São tão terríveis que é melhor mutilar-se a correr o risco de cair nas mãos dos seres demoníacos:

Se o teu olho direito é para ti causa de queda, arranca-o e lança-o longe de ti, porque é preferível perder-se um só de teus membros, a que o teu corpo todo seja lançado na geena. E se a tua mão direita é para ti causa de queda, corta-a e lança-a longe de ti, porque te é preferível perder-se um só dos teus membros a que o teu corpo inteiro seja atirado na geena. (Mateus 5, 29-30).

O inferno é enfatizado suficientemente para aterrorizar: "(...) fornalha ardente, onde haverá choro e ranger de dentes."

(Mateus:13,42), "(...) Retirai-vos de mim, malditos! Ide para o fogo eterno destinado ao demônio e aos seus anjos." (Mateus 25,41), "(...) Ambos foram lançados vivos no lago de fogo sulfuroso" (Apocalipse 19,20), "A fumaça do seu tormento subirá pelos séculos dos séculos. Não terão descanso algum, dia e noite (...)" (Apocalipse 14,11).

Ainda bem que, enquanto não morrermos, não há por que temer Satanás, pois em vida somos defendidos dele por pastores evangélicos que esbravejam ameaças, por padres exorcistas que se utilizam de crucifixos e por santos espadachins, como se mostra na foto a seguir, em que aparece o frontispício da Igreja de São Miguel Arcanjo e Santo Expedito, em Brasília, com um anjo passando à espada a entidade demoníaca.

CAPÍTULO V

MESSIANISMO E PROFETAS

Muitas vezes e de diversos modos outrora falou Deus aos nossos pais pelos profetas. Ultimamente nos falou por seu Filho, que constituiu herdeiro universal pelo qual criou todas as coisas. (Hebreus 1,1-2)

Messianismo é a crença na vinda de um libertador ou salvador, uma ideia que remonta à doutrina de Zaratustra, setecentos anos antes do advento do Cristianismo. Messias é alguém – geralmente martirizado – que voltará para recompensar os seus seguidores aqui na Terra.

Profeta é quem recebe mensagens de Deus, faz previsões por inspiração divina, muitas vezes anunciando quando o Messias vai chegar. Isaías é considerado o primeiro profeta bíblico da esperança messiânica.

Muito antes do surgimento dos profetas, já existiam deuses semelhantes ao que os profetas passariam a anunciar – deuses celtas, egípcios, indianos, persas, gregos – que, via de regra, nasciam de maneira virginal, realizavam milagres, eram adorados, morriam em sacrifício e ressuscitavam. Quando a maioria dos deuses estava ficando desacreditada, começaram a surgir os profetas, uma infinidade deles pregando mensagens de paz e realizando milagres em nome de um deus único. Considerados seres humanos que proclamam a palavra divina, podem ser tidos como profetas personagens bíblicos, além de Jesus, outros tais como Abraão, Moisés, Davi, Ismael, Isaac, Jacó e João Batista. Conceitualmente, até os xamãs, espécie de sacerdotes, curandeiros, feiticeiros e médiuns do sistema religioso de povos asiáticos e ameríndios podem ser tidos como profetas, porque são visionários que ajudam a fazer a ponte entre o Céu e a Terra para aplicar técnicas de descobrir onde a pesca e a caça são abundantes, afastar a morte e ressuscitar mortos. A maior parte das milhares de seitas que existem atualmente foi fundada por pessoas anunciando desígnios divinos, que receberam tal missão de Deus; portanto, profetas.

Lao Tsé foi inspirado para criar a *Tao Te Ching*, a obra fundamental do Taoísmo. Buda não foi um profeta propriamente dito porque era um pregador de suas próprias ideias, e não de palavras divinas. Maomé é o profeta do Alcorão, segundo a ortodoxia islâmica, um enviado de Deus, autor de revelações divinas. Os islamitas reconhecem como profetas também alguns nomes mencionados na Bíblia, inclusive Jesus, mas afirmam que Maomé foi o último e definitivo profeta. Jesus Cristo, fundador do Cristianismo, comportou-se como profeta, mas também como filho de Deus. O papel de Maomé no Islã é bem diferente do de Jesus no Cristianismo; os muçulmanos adoram somente Deus, não o Profeta.

No século II a. C., os romanos tinham conquistado a maior parte da Europa, o leste do Mediterrâneo e o norte da África. Graças a guerras de conquista, o Império Romano cresceu de tal forma que foi se tornando cada dia mais difícil proteger o imenso território. As legiões romanas tinham de ser mantidas na Grécia, no Egito, na Macedônia, na Gália, na Germânia, na Trácia, na Síria, na Palestina e empregadas constantemente para debelar as rebeliões nas províncias. Os grandes sacerdotes, guardiões da lei, eram os poderosos senhores dos mistérios místicos inacessíveis à ralé, a qual deveria ser preservada de crendices libertárias que a corrompiam politicamente e contrariavam os interesses de Roma. Opor-se aos sacerdotes protegidos pelas autoridades romanas era muito perigoso, e frequentemente, os rebeldes mais ousados eram crucificados exemplarmente – um costume daqueles tempos – sob a acusação de pregar rebelião contra Roma. Nessa época, os judeus, que eram ávidos por superstições transcendentes – há séculos profetas vinham vaticinando a vinda de um Salvador para livrá-los dos seus inimigos –, começaram a falar do nascimento de um Messias que se oporia aos sacerdotes, expulsaria as legiões romanas e libertaria de Roma o povo de Israel. Era Jesus Cristo, o profeta com ideias revolucionárias, defensor dos oprimidos ("Os últimos serão os primeiros."), carismático e cativador das massas, despertando a inveja e o ódio dos que ocupavam posições de poder religioso. Esse Messias teria vindo a mando do Deus de Israel somente para os judeus, mas popularizou-se de tal modo entre os povos vizinhos que se tornou uma ameaça à política imperialista vigente. As autoridades romanas voltaram-se contra ele, e deu no que deu: teve de sacrificar a própria vida em defesa dos seus ideais. Jesus morreu jovem, mas não faltaram os que, posteriormente à sua morte, atribuíram a ele fantásticas realizações e apostolaram em torno do seu nome uma inatacável pureza de espírito e sabedoria imensurável. Evento histórico dessa natureza já havia ocorrido na Ásia quinhentos anos antes do advento de Jesus, com o aparecimento do Buda, e viria a ocorrer seiscentos anos após o Cristo, quando o anjo Gabriel – aquele que já havia aparecido a Maria para anunciar que ela seria a mãe de Jesus – surgiu na Arábia, no interior de uma caverna, e revelou a Maomé que este seria o profeta fundador da religião a tornar-se conhecida como Islã ou Islamismo. Ao contrário do Buda, que passou por toda sorte de agruras para transcender o sofrimento, governar a própria alma e alcançar a iluminação; Maomé, eleito para criar o vasto império do Islã, o conseguiu com a sua espada persuasiva e seus combativos exércitos. Buda tornou-se um iluminado com seus próprios esforços; Jesus já nasceu filho de Deus; Maomé, um líder político conquistador, mereceu da História uma pitada de heroísmo, porque tornou-se o homem de maior poder entre os povos árabes da sua época. As ideias que os três transmitiram permanecem muito vivas até os dias atuais.

Jesus empenhou-se com afinco para ser convincente: "de sorte que o povo estava admirado ante o espetáculo dos mudos que falavam, daqueles aleijados curados, de coxos que andavam, dos cegos que viam; e glorificavam o Deus de Israel" (Mateus 15,31).

Os milagres não eram suficientes, pois além de multiplicar pães e andar sobre as águas, Jesus ainda advertia:

vós que me chamais Mestre e Senhor, e dizeis bem, porque eu o sou; vós sois meus amigos se fazeis o que vos mando; quem crê em mim tem a vida eterna; se alguém guardar a minha palavra não verá jamais a morte; aquele que crê em mim, ainda que esteja morto, viverá; aquele que me segue não andará em trevas; eu sou a porta, se alguém entrar por mim será salvo; ninguém vem ao Pai senão por mim; quem não crê no Filho sobre ele pesa a ira de Deus.

Às vezes, Jesus radicalizava:

E todo aquele que por minha causa deixar irmãos, irmãs, pai, mãe, filhos, terras ou casa receberá a cêntuplo e possuirá a vida eterna. (...). Quem ama seu pai ou sua mãe mais que a mim não é digno de mim. Quem ama seu filho mais que a mim não é digno de mim. (Mateus 10, 29.37).

Até perdia a paciência: "Raça incrédula e perversa, até quando estarei convosco? Até quando hei de aturar-vos?" (Mateus 17,17). E ainda prevenia para que jamais fosse substituído: "Muitos virão em meu nome dizendo: Sou eu o Cristo. E seduzirão a muitos. (...). Porque se levantarão falsos cristos e falsos profetas que farão milagres a ponto de seduzir, se isto fosse possível, até mesmo os eleitos." (Mateus 24,5.24).

Jesus, que discriminava os então chamados "gentios", granjeou muitos inimigos: "Depois disto, percorria a Galileia. Ele não queria deter-se na Judeia, porque os judeus procuravam tirar-lhe a vida." (João 7,1). Era comum que o governador soltasse um preso a pedido do povo em cada festa de Páscoa, por isso quando Jesus havia sido preso, Pilatos dirigiu-se à multidão e perguntou se deveria libertar Jesus Cristo. "E todo o povo respondeu: "Caia sobre nós o seu sangue e sobre nossos filhos." (Mateus 27,25). "Mas eles vociferavam: 'Crucificai-o!' 'Crucificai-o!'" (Lucas 23,21). Então Pilatos libertou Barrabás (um ladrão) e entregou Jesus para ser crucificado, a contragosto, porque o temia. Os governantes daquela época temiam tanto as rebeliões quanto os profetas que poderiam levar o povo à revolta. O tetrarca Herodes, que se viu obrigado a mandar decapitar João Batista, fê-lo com muita hesitação. "De boa mente o mandaria matar; temia, porém, o povo que considerava João um profeta." (Mateus 14,5)

Jesus é tido como uma encarnação de Deus, semelhante a Krishna, o deus que, no Hinduísmo, está manifesto num corpo humano. Deus tornou-se Jesus, um homem, que redimiu todos os nossos pecados. Dentro do plano de Deus, Jesus deveria sofrer e ser morto para que se cumprisse o piedoso desígnio divino, uma realização que necessitou da parceria de Judas Iscariotes e de romanos da época. Jesus queria que tudo acontecesse como aconteceu para que se cumprissem as Escrituras (Mateus 26,47-56). A

Igreja, muito injustamente, não considera santificadas as pessoas que contribuíram para que Jesus morresse segundo a vontade de Deus, por isso há quem atribua aos judeus a culpa pela morte de Jesus, por isso as nossas crianças malham e queimam o boneco Judas traidor no sábado de Aleluia.

Jesus é, para muitos, um mito, mas a maioria de nós acha que ele realmente existiu, e mesmo que não se o conceba como o Messias Redentor da humanidade, há de se admitir ter sido ele uma criatura melhor que os simples mortais do seu tempo, mais evoluído espiritualmente que os seres humanos comuns. Nenhuma polêmica em torno do seu nome, entretanto, diminui o conteúdo sublime dos princípios que constituem o ideário de ética pregado por ele, e que viria resultar no Cristianismo, o conjunto de religiões que, embora com múltiplas vertentes, baseia-se numa doutrina de salvação fundada no Amor em Cristo.

A história de Jesus inspira nossos corações e nossas mentes, mas, na busca de nós mesmos, mais importante do que cultuá-lo seria praticar o que ele pregou. Infelizmente, as religiões cristãs nos têm conclamado a adorar Jesus, sem que tenhamos aprendido a seguir os seus ditames de amor. Temos em nós Cristo demais e pouco Cristianismo.

CAPÍTULO VI

DISPERSÃO DAS RELIGIÕES

Zootecnia é a ciência que estuda o aperfeiçoamento dos animais domésticos por meio de acasalamentos que permitem a recombinação de genes direcionada para a obtenção de características desejáveis. Nos últimos cem anos, graças a essas técnicas de cruzamentos controlados, houve uma acentuada melhora das espécies domésticas: as vacas triplicaram a produção de leite e as galinhas, de ovos; as espécies produtoras de carne passaram a ganhar mais peso em menos tempo; os animais de tração tornaram-se mais fortes. As técnicas de inseminação artificial e de transplante de embrião têm permitido mais rapidez na obtenção desses resultados e, atualmente, os progressos da Engenharia Genética – um conjunto de técnicas de alteração artificial de genes, isto é, de métodos que possibilitam a recombinação de genes fora do organismo – estão possibilitando a produção de genes transgênicos e de clones, o que é, em termos científicos, um passo revolucionário no melhoramento animal. Igualmente, as pesquisas agronômicas têm resultado em plantas mais produtivas e resistentes às pragas e em grãos maiores e mais nutritivos. Sem esses progressos científicos, seria impossível dar conta de alimentar a atual população mundial, a não ser que tivéssemos necessidade apenas de alimento espiritual. Tais aprimoramentos são palpáveis, de resultados que se veem; é a ciência separando o joio do trigo, aparando arestas indesejáveis, para caminhar no sentido da pureza. Essas técnicas modernas de apuração das espécies (seleção artificial) são uma continuação do caminho percorrido pela seleção natural, a qual, embora muito mais lentamente, permitiu a evolução das espécies que culminou no ser humano.

E as religiões? O que elas têm conseguido melhorar em todos esses milênios, com seus pontos fundamentais indiscutíveis? O Hinduísmo existe desde 4 mil anos antes do Cristo; o Judaísmo, desde quinze séculos antes do Cristo; o Budismo, desde cinco séculos antes do Cristo; o Cristianismo, há dois milênios; o Islamismo, há mais de mil anos. Que arestas as religiões têm aparado? Vez por outra em que Deus se manifesta a alguém na Terra, o resultado é o fomento das divergências de credos e o surgimento de novas religiões para antagonizar com as já existentes. As crenças novas, em vez de se aperfeiçoarem com base em convicções milenares consolidadas, pulverizam-se em certezas particularizadas que conduzem os "contemplados com a verdade" à arrogância, ao preconceito e – está historicamente comprovado – à violência.

As três principais religiões monoteístas – Judaísmo, Cristianismo e Islamismo – tiveram origem em povos de culturas geograficamente próximas umas das outras, sob as brisas do Mar Vermelho e do Mediterrâneo. O que elas aperfeiçoaram no homem? Consideremos, para exemplificar, o Cristianismo isoladamente. A terça parte da população mundial é cristã. Esses 2 bilhões de cristãos são moralmente melhores que muçulmanos, hinduístas, budistas e judeus? É claro que os ensinamentos cristãos são fontes de inspiração moral, mas, se o Cristianismo fosse a melhor escolha para elevar os sentimentos das pessoas, 2 mil anos teriam sido suficientes para alçar-nos a nós, ocidentais, a um patamar tal de moralidade que nos distinguiria nitidamente dos 4 bilhões de não cristãos. Isso, obviamente, não aconteceu.

A crença em Deus é o sentimento mais concretamente presente na humanidade. Pressupondo que mais de 90% da população mundial creia em Deus, estamos nos referindo a mais de 5 bilhões de pessoas, portanto a uma necessidade quase vital do ser humano. Se nos referirmos a religiosos e não religiosos, essencialmente é a mesma coisa, porque a maioria das pessoas, no recôndito da alma, nutre sentimentos irremovíveis de religiosidade. Mas para que tantas religiões?

Se as religiões fossem mais racionais, se as suas bases doutrinárias estimulassem a disposição à convivência e ao diálogo, teriam convergido para um ensinamento divino indiscutivelmente verdadeiro, e há séculos, teríamos tido uma única religião, inatacável. E o mundo estaria livre dos fundamentalistas, porque haveria uma só doutrina, estaríamos conciliados numa mesma fé. Mas nenhuma religião apresenta tendência à unificação doutrinária; elas têm o pendor para o cisma, seguem no sentido oposto ao caminho da depuração. Por isso as doutrinas filosóficas dos jainistas e dos budistas mudaram a natureza do Hinduísmo, uma das mais antigas religiões do mundo, e o próprio pacificador Budismo tem as suas grandes ramificações (Mahayana é o nome de uma das grandes vertentes do Budismo adotada na China, na Coreia e no Japão; Theravada é uma corrente predominante em todo o sul da Ásia; o Zen-budismo é uma forma de Budismo que se difundiu sobretudo no Japão.) A descendência de Abraão deu muçulmanos (a partir de Ismael) e hebreus (a partir de Isaac); as tribos hebraicas dividiram-se em Judá e Israel; o Cristianismo dividiu-se em Igrejas Ocidentais e Orientais; a Igreja Ocidental, em Catolicismo romano e Protestantismo; o Protestantismo, em mil denominações. As religiões nem sequer mantêm perseverança na fidelidade, porque as tradições cumulativas, em vez de se continuarem em fatores de concentração das ideias, dispersam os conceitos primitivos de tal modo que vão se afastando do ideal do seu fundador. Com a morte de Maomé, lutas pela liderança na comunidade islâmica resultaram numa grande divisão dos muçulmanos: sunitas (a maioria ortodoxa) e xiitas. À margem da legalidade sunita e xiita existem ainda os sufistas, vertentes islâmicas em que predominam rituais místicos, música, danças e movimentos giratórios com o propósito de atingir o êxtase. O Protestantismo, com as suas inúmeras vertentes atuais, já no seu nascimento apresentava facções que discordavam umas das outras: a de Martinho Lutero, a de Ulrich Zwingli, a de João Calvino.

CAPÍTULO VII

MOSAICO DE RELIGIÕES

As religiões são, às vezes, complexas, mas não são originais. Nascem de mitos antigos ou umas das outras, plágios disfarçados de inovação adaptados para atender a uma determinada cultura ou situação social histórica. As ideias de céu, inferno, ressurreição e vinda de um salvador foram copiadas de religiões já existentes séculos antes das que são praticadas atualmente. Segundo Edward Gibbon, "as grandes religiões dogmáticas foram geradas por meros cultos locais e se espalharam por circunstâncias não-espirituais, mas puramente acidentais." As seitas, não raras vezes, apresentam ideias esdrúxulas saídas da cabeça de quem não regula bem, ou de alguém que, espertamente, utiliza-se delas em proveito próprio.

O universo das religiões é, sobretudo, multifacetado à medida que extrapola os limites das grandes tradições religiosas e se pulveriza em inúmeras denominações ou doutrinas cujos sistemas divergem em parte ou totalmente das religiões tradicionais. Varia o que se costuma chamar de "Grandes Religiões", mas nesse grupo em geral se incluem:

Hinduísmo – Religião da maioria dos povos indianos, resultante de uma evolução secular do *Vedismo* e do *Bramanismo*, com crenças comuns ao Budismo. Apresenta múltiplas correntes, inúmeros deuses, ou inúmeras imagens de Deus, e o pensamento filosófico centrado nos textos sagrados denominados Upanishads.

Judaísmo – O povo judeu originou-se dos descendentes de Abraão, o patriarca que foi incumbido por Deus de formar "uma grande nação." Religião do povo judeu, é consequência das palavras de Deus – Os Dez Mandamentos – ditadas a Moisés no monte Sinai, explicadas e complementadas durante séculos, resultando no Talmude, a grande coleção de literatura religiosa judaica. A doutrina judaica está descrita nos livros que formam o Velho Testamento. A Torá, como também é conhecida a bíblia judaica ou lei mosaica, compreende os cinco primeiros livros da Bíblia.

Cristianismo – A maior das religiões; abrange mais de um terço da população mundial e fundamenta-se nos ensinamentos de Jesus Cristo, o Filho de Deus, e na sua promessa de salvação. Os cristãos são também considerados herdeiros espirituais de Abraão.

Islamismo – Tem no Alcorão o livro sagrado, a compilação do conjunto das revelações de Alá (Deus) a Maomé, e que, após a morte desse Profeta, tomou a forma de um texto com fortes conotações políticas. Os partidários do Islamismo (islamitas ou muçulmanos) só não são em maior número que os cristãos; constituam talvez 1/5 da população mundial.

Têm importância histórica também as seguintes doutrinas:

Zoroastrismo – Antiga religião persa, fundada pelo profeta Zoroastro (ou Zaratustra) no século VII a. C., caracterizada por um dualismo que implica a luta entre dois deuses, um representando o bem e o outro, o mal. A crença no paraíso, no julgamento depois da morte, no Juízo Final e na vinda de um Messias fez do Zoroastrismo o inspirador de várias religiões que viriam a surgir nos séculos seguintes, sobretudo do Judaísmo e do Cristianismo.

Budismo – Nasceu na Índia, do seio do Hinduísmo, mesmo com este já estando lá consolidado como uma religião milenar dos indianos. É uma doutrina mais filosófica do que religiosa, desprovida de dogmas e ritualismo, que prega a iluminação como meta do homem, buscando uma resposta para o sofrimento, do qual se pode livrar atingindo o nirvana, um estado definitivo de beatitude.

Xintoísmo – Está entranhado na cultura tradicional japonesa e sobrevive como a principal religião do Japão, embora há mais de um milênio venha sofrendo uma importante influência do Budismo, do Taoísmo e do Confucionismo.

Confucionismo – Doutrina desenvolvida na China em 500 a. C., considerada por alguns antes uma ética do que uma religião – porque se aproxima de um sistema filosófico de conduta em que conta mais a sabedoria do que a santidade –, aborda a vida de um modo diferente da abordagem religiosa propriamente dita, buscando um ideal de harmonia social.

Taoísmo – Ensinamento filosófico-religioso desenvolvido pelo filósofo chinês Lao Tsé, que se inspira em antigas tradições da China e expressa um modelo para o comportamento humano, o Tao, – o Caminho – e o desejo de harmonia com a natureza.

Siquismo – Uma das importantes religiões da Índia, é o resultado do sincretismo entre Hinduísmo e Islamismo. Rejeita o sistema hindu de castas e a reencarnação.

Jainismo – Surgiu como um movimento de reforma do Hinduísmo.

Panteísmo – Deus permeia tudo o que existe no mundo.

Animismo – Atribui uma alma aos seres vivos, aos objetos inanimados e aos fenômenos naturais, ou seja, a natureza é povoada de espíritos.

Xamanismo – Fenômeno de natureza mágico-religiosa.

Wicca – Tem como predominância a prática da bruxaria, da feitiçaria e o uso da magia que repousa na crença da possessão divina.

Totemismo – Tem num determinado totem (animal, vegetal ou objeto) um protetor.

Maniqueísmo – Professa um dualismo estrito em que o cosmo é dominado por dois princípios antagônicos: Deus e o Diabo

Pelo imenso número de denominações religiosas que existem no mundo, conclui-se que não é tão difícil apresentar fundamentos de uma crença, assumir a figura de mestre, liderar um movimento espiritual e até mesmo ser considerado um Messias redentor da humanidade, quando não o próprio Deus. No Brasil, o beato Antonio Conselheiro é uma demonstração expressiva da capacidade que pode ter um líder carismático para fazer seguidores, o que ele conseguiu com um impressionante sucesso, até a população de Canudos, na Bahia, juntada por ele, ser trucidada por tropas do governo em 1897. Em condições semelhantes, numa região que abrangia parte de Santa Catarina e do Paraná, surgiu um novo Cristo, de nome José Maria, que mesmo depois de morto animava os fiéis a resistir nessa chamada Guerra do Contestado, em que se combatiam as tropas do exército republicano. Mas o Messias não ressuscitou, como era esperado pelos fiéis, e estes, sem ajuda divina, foram mortos em combate, ou fuzilados após a rendição.

Citarei mais exemplos desses movimentos místicos brasileiros, uns oriundos de imaginações bastante engenhosas, outros simples vertentes de crenças já consagradas, mas todos "pegando" como sarampo. Algum leitor dirá, talvez indignado, que estou misturando joio com trigo. Entretanto, para um observador realmente isento, já que todas as religiões têm a mesma logicidade, todas essas crenças são joio, ou todas são trigo. Todas as religiões são iguais se vistas num balaio de crenças, lendas e rituais. É assim que as vejo. Para mim, qualquer grupo religioso específico é, de certa forma, um tipo de religião. Para o fundamentalista, obviamente, somente a dele é uma religião verdadeira.

Santo Daime – Nossa Senhora da Conceição instruiu Raimundo Irineu Serra em 1931, e então surgiu na região Amazônica a doutrina que tem como característica o uso da ayahuasca (ou daime), uma droga de efeito psicoativo que contém uma partícula de Deus e permite a ligação com o mundo espiritual.

Universo em Desencanto – Nossas questões existenciais estão todas nos livros que foram ditados, a partir de 1935, por Deus – um ser extraterrestre intitulado Racional Superior, o verdadeiro Deus. O profeta, nesse caso, chama-se Manoel Jacintho Coelho, o médium que escreveu os textos com as revelações sobre a nossa origem e o nosso futuro em contato com os habitantes do Mundo Racional.

Fraternidade Eclética Espiritualista Universal – Fundada pelo Mestre Yokaanam, no Rio de Janeiro, por determinação espiritual foi transferida para o Planalto Central e deu origem à Cidade Eclética, a setenta quilômetros de Brasília, uma comunidade religiosa ligada ao Espiritismo.

Vale do Amanhecer – Idealizado pela Tia Neiva, localiza-se em Planaltina, cidade-satélite de Brasília; abriga milhares de pessoas, notadamente médiuns reencarnados de extraterrestres.

Borboletas Azuis – Movimento fundado na Paraíba, por Roldão Mangueira, previa que o fim do mundo aconteceria com a ocorrência de um dilúvio em 13 de maio de 1980. Os seguidores, orando assustados por vários anos, procuraram proteger-se nas regiões mais altas quando da aproximação da data fatal.

Igreja Católica Apostólica Brasileira – O bispo católico dom Carlos Duarte Costa – também conhecido como Bispo de Maura – rebelou-se contra a Igreja de Roma e fundou, no Brasil, a sua própria Igreja. Foi excomungado pela Santa Sé, mas tornado santo (São Carlos) pela Igreja que fundou.

Igreja Triunfante da Comunhão dos Santos da Igreja Católica – Ativa no sul de Minas Gerais, tem como líder Trigueirinho, que descobriu Erks, o mundo intraterreno localizado nas profundezas da Terra, onde o guru esteve e foi capacitado por seres de lá a nos orientar espiritualmente.

Igreja Bola de Neve – O Pastor Rina a fundou em São Paulo, um pentecostalismo modernizado que atrai especialmente jovens.

Igreja Presbiteriana Bethesda – Fundada no Rio de Janeiro pelo pastor Nehemias Marien, prega que a reencarnação é uma realidade e que podemos nos comunicar com os espíritos. É uma vertente protestante que defende a união homossexual e que a Bíblia não é a palavra de Deus.

Essas manifestações mais recentes de fé não são exclusividade do Brasil: sempre apareceram profusamente em todo o mundo, com líderes para todos os gostos, cuja característica principal é o fascínio que exercem sobre os adeptos, ensinando os caminhos celestiais sobretudo às pessoas mais sofridas. A seguir, mais alguns exemplos, agora não autóctones.

Umbanda e Candomblé – Resultantes do sincretismo de elementos de cultos afro-brasileiros, foram introduzidos no Brasil pelos escravos.

Igreja dos Mórmons – O norte-americano Joseph Smith foi o "apóstolo" responsável pelo surgimento desse credo que admite a poligamia e do qual se originaram vários grupos dissidentes intencionados em organizar a verdadeira Igreja, tal como Jesus Cristo queria. O início se deu quando o apóstolo, orientado por um anjo chamado Moroni, encontrou enterrado o Livro dos Mórmons, escrito em placas de ouro. Essas placas, que nos deixariam contentes se as pudéssemos ver em algum museu, foram levadas pelo anjo após serem decifradas.

Exército de Salvação – Organização protestante de origem Metodista, de cunho humanitário e forma paramilitar, em que a estrutura hierárquica obedece a uma cadeia administrativa com postos, uniformes e insígnias. Os adeptos apresentam-se com bandas executando hinos religiosos em praças públicas.

Testemunhas de Jeová – Julgam que estamos nos últimos dias para testemunhar a expulsão de Satã e de todo o mal do mundo, ocasião em que somente os crentes, ou seja, os componentes da seita – inclusive os mortos, que terão o corpo físico recomposto – serão salvos: 144 mil deles serão levados para o Céu, e os demais permanecerão na Terra eternamente, numa vida de bem-aventurança. Tem como característica marcante o acentuado proselitismo e uma interpretação extremamente literal da Bíblia.

Quacres – Seita protestante criada na Inglaterra por George Fox, tem como crença fundamental que a verdadeira luz que ilumina o homem é a "luz interior" presente em todos quantos se disponham a recebê-la. A voz de Deus é mais importante do que as manifestações externas e formalidades doutrinárias.

Espiritismo – Na França, em 1857, foi publicado Le livre des esprits (O livro dos espíritos), a doutrina de Allan Kardec, que é tido como o codificador do Espiritismo – e não como profeta, iluminado ou visionário –, pois os espíritos sempre estiveram presentes no mundo e os fenômenos decorrentes sempre existiram. O que Kardec teria feito foi, a partir de estudos e de revelações espirituais obtidas por meio de muitos médiuns, descobrir uma série de leis e publicá-las metodicamente.

Santeria – Sistema religioso afro-caribenho que funde crenças católicas com a religião tradicional iorubá, em que predominam rituais com sacrifícios de animais e invocações de espíritos.

Vodu – De origem africana, predominante na América do Norte e no Haiti, é uma mistura de possessão e magia.

Opus Dei – É uma ordem ultraconservadora da Igreja Católica, fundada em 1928, na Espanha, por Josemaría Escrivá de Balaguer. Entre as virtudes cristãs, o Opus Dei considera a prática de penitências, que inclui retiros espirituais e jejuns, ou mesmo sacrifícios mediante mortificações corporais, que podem ser realizadas com chicoteamento das costas e uso de silício lacerando as coxas. O criador desse credo é hoje santo, canonizado que foi por João Paulo II.

Igreja Amish – Grupo religioso que vive em comunidades rurais nos Estados Unidos, o mais isoladamente possível das influências das sociedades liberais. Pacifistas convictos, interpretam a Bíblia literalmente, resistem a ser instruídos e vivem sem automóvel, telefone, energia elétrica e outros "malefícios" da moderna tecnologia.

Falum Gong – Foi considerada ilegal na China (1992), e o seu fundador, Li Hongzhi, passou a viver nos Estados Unidos, ensinando a prática da meditação e da respiração para expandir a consciência e pregando que um ser supremo o incumbiu de convencer a humanidade de que a ciência médica é desnecessária.

Rastafári – Surgiu na Jamaica, a partir de um enviado de Deus, o profeta Marcus Garvey. Defende a supremacia dos negros e tornou-se mundialmente conhecida por meio do reggae, especialmente com o cantor Bob Marley. Os adeptos não cortam o cabelo e fazem uso da maconha livremente, tida como uma espécie de hóstia que permite a interação com Deus. Creem que Hailé Sélássié I, um imperador da Etiópia, seja o Messias.

Sathya Sai Baba – Esse guru é considerado um avatar, uma encarnação divina ocorrida na Índia, que tem o mesmo poder de Jesus Cristo e a missão de promover a regeneração espiritual da humanidade. Tem milhões de seguidores de todas as partes do mundo.

Igreja Messiânica Mundial – O japonês Mokiti Okada recebeu uma mensagem divina, intitulou-se Meishu Sama (o Senhor da Luz) e criou essa Igreja cujo objetivo é criar o paraíso na Terra. Prodígios ocorrem pela prática do Johrei, a luz de Deus que pode ser canalizada para o Ohikari, uma medalha que os adeptos usam sobre o peito.

Oomoto – Em 1892, a japonesa Nao Deguchi recebeu de Deus a incumbência de anotar revelações e profecias, para fazer a civilização atual ser reconstruída, retornando às suas origens divinas.

Aum Shimirikyo – Apesar de ter os seus fundamentos nas pacificadoras doutrinas do Budismo e do Hinduísmo, seu líder Shoko Asahara ficou mundialmente conhecido como o responsável pelas mortes com o venenoso gás sarin no interior de vagões do metrô de Tóquio em 1995.

Associação das Famílias para a Unificação e a Paz Mundial – Ainda não estamos salvos, Jesus Cristo não teve tempo suficiente para executar a completa salvação do mundo, mas para nossa sorte, um coreano, em 1936, subiu ao topo de uma montanha e, lá nas alturas, Jesus lhe apareceu e o incumbiu de completar a missão inacabada. O divino eleito foi o intitulado Reverendo Moon, que tem sido destaque nos noticiários, acusado de aliciar menores e promover orgias sexuais. Foi preso nos Estados Unidos por atividades financeiras irregulares.

Osho – O pensamento Osho está exposto em centenas de livros traduzidos em muitos idiomas, ensinando a arte da meditação e outros estados superiores de consciência. O mestre fundador desse movimento filosófico-religioso, expulso de vários países e tendo a sua entrada proibida em outros, refugiou-se no seu país de origem, a Índia, onde morreu em 1990, deixando para trás um rastro de controvertidos escândalos.

Igreja da Cientologia – Foi fundada pelo americano Lafayette Ronald Hubbard, que apresenta a sua filosofia religiosa em dezenas de livros e oferece cursos a quem puder pagar para despertar os poderes espirituais que temos latentes. Os adeptos, porque não aceitam o uso de medicamentos, frequentemente são acusados de permitir o agravamento de doenças que poderiam ser curadas ou controladas.

Hare Krishna – Fundada em 1966, na cidade de Nova York, pelo indiano Srila Prabhupada, para propagar a consciência do deus Krishna conforme as escrituras indianas Bhagavad-Gita e Srimad Bhagavatam.

Religião Raëliana Internacional – A humanidade não foi criada por Deus, tampouco é fruto de uma evolução biológica. Seres extraterrenos chamados Elohim criaram não só o homem, mas também todas as formas de vida existentes na Terra. O "profeta do terceiro milênio" é o francês Claude Vorilhon, Sua Santidade Raël (mensageiro dos Elohim), que desde a década de 1970, empenha-se em receber os dízimos dos seus seguidores para investir em clonagem reprodutiva, o que permitirá à humanidade alcançar a vida eterna.

Poderíamos continuar: Igreja da Água Abençoada, Igreja Automotiva do Fogo Sagrado, Assembleia de Deus Batista Cobrinha de Moisés, Igreja Pentecostal Marilyn Monroe, Igreja Quadrangular o Mundo é Redondo, Igreja Cristo é Show, Igreja Chave do Éden, Unitário-Universalismo, Fé Baha'i, Caodaísmo, Tenrikyo...

Como se deduz por meio desses exemplos dados, todo mundo quer ir para alguma espécie de Céu, e não falta quem nos queira ensinar os caminhos. Os mais impacientes querem chegar muito depressa, como os extremistas muçulmanos, para os quais o suicídio em nome de Alá garante um lugar privilegiado na eternidade ao lado de dezenas de virgens. Na Califórnia, os adeptos da seita *Heaven's Gate* (Portão do Céu) foram levados ao suicídio em massa para que pudessem ser conduzidos por uma nave espacial a um nível superior de vida. A seita Templo do Povo, do pastor americano Jim Jones, na Guiana Francesa, em 1978, persuadiu mais de oitocentas pessoas – homens, mulheres e crianças – a se matar por envenenamento após ser anunciado a elas o fim do mundo.

CAPÍTULO VIII

CRISTIANISMO: UMA BABEL

Cristianismo, a princípio uma seita judaica, é o conjunto de religiões cristãs baseadas nos ensinamentos de Jesus Cristo e seus continuadores e que se tornou o maior credo do planeta, embora com inúmeras vertentes, cada qual com uma interpretação própria dos ensinamentos do Cristo. A rigor, não consideradas as correntes menos expressivas, o Cristianismo divide-se em Igreja Católica Apostólica Romana, Igreja Católica Ortodoxa Oriental e Igrejas Protestantes e Evangélicas, todas elas declarando-se a única representante da verdadeira fé cristã pregada por Jesus.

CATOLICISMO

Jesus Cristo escolheu Pedro entre os apóstolos para fundar a sua Igreja – a Católica –, que reconhece por chefe espiritual o papa. "Tu és Pedro, e sobre esta pedra edificarei a minha Igreja, e as portas do inferno não prevalecerão contra ela." (Mateus 16,18)

Em 1054, após mil anos de Cristianismo, as disputas pelo poder entre o papa e o patriarca de Constantinopla redundaram numa grande divisão – o Cisma do Oriente – e passou, então, a existir uma Igreja Católica Romana e uma Igreja Católica Ortodoxa (ou Igreja do Oriente), esta se contrapondo à autoridade do papa e diferenciando-se do Catolicismo romano em alguns aspectos doutrinários.

Mas as dissidências na Igreja Católica não se resumem nesse grande cisma; depois dele, houve o surgimento de outras denominações protestantes e evangélicas.

PROTESTANTISMO

Quase quinhentos anos depois do Cisma do Oriente, ocorreu outra grande divisão no Catolicismo, no seio da Igreja Católica Romana. O monge católico Martinho Lutero insurgiu-se contra a hierarquia e os abusos dentro da Igreja; foi considerado um anticristo, excomungado e perseguido, mas mesmo escondendo-se, deu início, na Alemanha, em 1517, a um movimento reformador – a Reforma –, contestando o papel de intermediação que a Igreja Católica pretendia exercer entre Deus e os fiéis. Na mesma época, na Suíça, João Calvino, mais radicalmente do que Lutero, defendia também o rompimento com a Igreja de Roma. Lutero, considerado o fundador da Igreja Luterana, recebia o apoio de muitos nobres que "protestavam" contra as decisões da Igreja de Roma, pelo que se popularizou o termo protestante. São consideradas igrejas protestantes todas as originárias da Reforma, sendo as três principais o Luteranismo, o Calvinismo e o Anglicanismo.

O Anglicanismo – a Igreja oficial da Inglaterra – nasceu de uma desavença entre o rei Henrique VIII e o papa. Tem uma longa história de conflitos entre os seus líderes e conserva uma liturgia entre a Reforma protestante e o Catolicismo. Dentro do Anglicanismo, foi fundado o Metodismo – doutrina protestante e evangélica –, que, por sua vez, originou várias divisões: Nova Conexão Metodista, Cristãos da Bíblia, Igreja Metodista Unida.

EVANGELISMO PENTECOSTAL

As seitas evangélicas pentecostais, derivadas do Protestantismo tradicional, começaram a surgir no século XIX e multiplicaram-se intensamente no século XX. O termo "evangélico" assinala o propósito de retorno à essência do Evangelho, e os evangélicos são às vezes denominados de "crentes".

Os evangélicos *pentecostais* tiveram origem nos Estados Unidos, são fundamentalistas em relação aos ensinos bíblicos e à salvação individual e acreditam nas curas que Jesus ainda promove (alguns grupos recusam-se a usar medicamentos), na glossolalia como sinal do batismo pelo Espírito Santo e na segunda vinda do Cristo, que, enquanto não volta, continua agindo contemporaneamente, realizando milagres e expulsando demônios. São exemplos dessas inúmeras igrejas a Assembleia de Deus, a Deus é Amor, a Casa da Bênção.

O movimento evangélico *neopentecostal* surgiu no Brasil. Caracteriza-se pelo culto fortemente emocional, voltado para o êxtase ruidoso, permeado de cenas de exorcismo e de milagres promovidos pelo Espírito Santo, que, além de curar doenças, soluciona problemas sentimentais e financeiros. A mais expressiva igreja neopentecostal é a Igreja Universal do Reino de Deus, fundada em 1970 pelo intitulado bispo Edir Macedo, mas também são neopentecostais a Igreja de Nova Vida, a Comunidade Evangélica Sara Nossa Terra, a Renascer em Cristo, entre outras.

CAPÍTULO IX

ÉTICA E COMPORTAMENTO DOS RELIGIOSOS

A lenda diz que Sidarta Gautama, o Buda, nasceu em 563 a.C. Filho de rei, foi criado em suntuosidade palaciana, casou-se com uma formosa princesa, tornou-se pai de um belo menino e, aos 29 anos de idade, abandonou tudo, família, riqueza, poder e fama, para passar muita fome, aprender a filosofia hindu e vir a tornar-se uma referência espiritual comparável a Maomé e a Jesus Cristo.

Abraão, atendendo à ordem de Deus, abandonou o seu lar: "Deixa a tua terra, teus parentes e a casa de teu pai e vai para a terra que te mostrarei...". Mais que isso, para provar a sua fé, aceitou matar o próprio filho, só não consumando o assassínio porque Deus, no instante final, o impediu.

Jesus também abandonou a mãe e os irmãos, e há quem julgue controvertida esta passagem do Evangelho:

> Ora, a multidão estava sentada ao redor dele; e disseram-lhe: "Tua mãe e teus irmãos estão aí fora e te procuram". Ele respondeu-lhes: "Quem é minha mãe e quem são meus irmãos?" E, correndo o olhar sobre a multidão que estava sentada ao redor dele, disse: "Eis aqui minha mãe e meus irmãos." (Marcos 3, 32-34).

Em Mateus, há estas duas passagens de desapreço aos pais, quando Jesus recrutava discípulos. Numa, Jesus chamou dois irmãos pescadores "e eles abandonaram a barca e seu pai e o seguiram." Na outra, um dos discípulos lhe disse: "Senhor, deixa-me ir primeiro enterrar meu pai." Jesus, porém, lhe respondeu: "Segue-me e deixa que os mortos enterrem seus mortos."

Se a afetuosidade familiar não é uma constância nos livros sagrados, a sujeição de pessoas indefesas à condição de propriedade privada o é, pois a escravidão não era vista como contrária aos ensinamentos de piedade. Foi o sentimento de compaixão de lideranças políticas, religiosas e não religiosas, que deu início ao fim desse costume ignominioso que durou por tantos séculos, mesmo com todas as religiões universais já estando disseminadas e praticadas. Personagens bíblicos, até os privilegiados com mensagens diretas de Deus, eram candidamente escravocratas. Deus, para eles, era um símbolo de medo, não de misericórdia. Os devotos mercadores islâmicos escoltavam escravas através do deserto até o ponto de venda. Os monges budistas possuíam escravos em seus mosteiros.

Sacerdotes já foram simplesmente aqueles que eram encarregados de oferecer vítimas à divindade. Mas passaram a exercer honrada profissão nas religiões que têm uma dimensão ritual rica e complexa e que necessitam desses especialistas para entender e executar tais rituais. É claro que maus costumes desses indivíduos com a missão de distribuir os dons sagrados não obscurecem o valor de uma religião. Mas o enfoque não deve ser esse, porque não se pode conceber que um sacerdote preparado em longos anos de instrução cristã, vivido em outros tantos anos de prática ministrando sacramentos, orando permanentemente pelo triunfo da virtude na Terra revele-se um devasso capaz de ações abomináveis que dificilmente ocorrem a um cidadão comum praticar, mesmo sendo materialista. Parece que certos sacerdotes preferem ir para o inferno a renunciar a certas tentações. Os noticiários são frequentes, e já há até uma literatura incipiente (corajosa) sobre os casos de pedofilia e abuso sexual de mulheres por padres no mundo católico. A pesquisadora Regina Soares Jurkewicz lançou o livro *Desvelando a política do silêncio: abuso sexual por padres no Brasil* (São Paulo: Católica, 2005), em que os inúmeros casos registrados por ela são relativamente recentes, o que com certeza não indica uma tendência atual, mas que os meios modernos de comunicação agora estão podendo devassar a intimidade, até então inviolável, de paróquias, seminários, conventos e mosteiros. É a imposição do celibato promovendo o comportamento ilegítimo desses ministros do culto divino, que, sem serem casados, têm vida sexual, ao mesmo tempo que pregam hipocritamente o casamento com legitimação religiosa. A Bíblia, em Gálatas, deixa claro que "os desejos da carne se opõem aos do Espírito", e entre esses graves pecados estão a *fornicação* e a *libertinagem* (os que a praticarem não herdarão o reino de Deus). Belos ensinamentos, palavras de Deus, mas que devem ser apreendidos por quem?

Fernando Lugo, nomeado bispo em 1994 pelo papa João Paulo II, é acusado de ter-se relacionado sexualmente, quando ainda bispo, com várias mulheres (o escândalo só teve maior repercussão porque tornou-se público quando ele era, então, o presidente do Paraguai), e após processo movido por uma dessas suas amantes, admitiu ser o pai do filho dela. (Ah! Os modernos meios de comunicação e o exame de DNA pondo a descoberto a vida privada de Suas Eminências!)

Não mais temos assassinatos de hereges, a exemplo dos que praticavam os bispos da Inquisição, que queimavam as pessoas acusadas de heresia. Negavam aqueles príncipes justiceiros da Igreja a existência da alma, se pensavam que o fogo destruía tudo dos supliciados. Respaldados por crucifixos, ignoravam que, enquanto os gritos desesperados ecoados das chamas liberavam almas para a luz, as suas próprias tornavam-se acorrentadas à escuridão. Tolos cruéis, acreditavam, como ainda se acredita, que algumas centenas de orações murmuradas repetidamente em sombrias clausuras pagariam as suas culpas e os redimiriam para uma entrada triunfante no Reino do Senhor.

Ninguém em sã consciência poria em dúvida a integridade moral dos papas modernos, mas uma análise da história dos pontificados demonstra que tem de ter havido um ponto, nesse espaço de tempo de 2 mil anos de Catolicismo, a partir do qual passou a prevalecer a probidade papal, porque não faltaram papas descompromissados com as virtudes cristãs. Oficialmente, os papas deixaram de cometer erros a partir de 1870, quando foi proclamado o dogma da infalibilidade do papa em questões de fé.

Todos estão sujeitos a erros, e cabe-nos reduzi-los mediante o empenho individual, sem esperar confortavelmente que alguma religião nos torne melhores. O presidente americano George W. Bush, por exemplo, assíduo frequentador de cultos protestantes, ferrenho opositor da eutanásia, mesmo nos casos de vida apenas vegetativa, encontrou justificativa para a apavorante prisão na base militar de Guantánamo e as milhares de mortes resultantes da invasão e da ocupação do Iraque.

Muitos preceitos religiosos são verdadeiras preciosidades; pena que nem todas as pessoas religiosas adotem procedimentos morais, como manda a religião a que pertencem. É sob a égide da religiosidade que, muitas vezes, o homem se revela um crápula, hipócrita dissimulando o ódio, a inveja, o orgulho e os vícios a serviço do mal. Para esses ardilosos, a religião não é educativa, porque eles se perpetuam nos embustes, crendo ou fingindo crer que tudo é perdoado ao pecador devoto, mormente se beato cegado pelo fanatismo. A prática religiosa, então, não pode ser considerada a única orientação no caminho do bem, porque, se assim fosse, todos os ímpios seriam canalhas e todos os crentes, íntegros. Se frequentar igreja fosse garantia de bom caráter, não existiriam padres pedófilos.

CAPÍTULO X

FACETAS DA INTOLERÂNCIA RELIGIOSA

Os deuses justificavam a guerra e eram invocados para ajudar nas batalhas. Com o advento das religiões de um deus único infinitamente bom e justo, era de se supor que essas intenções descabidas tivessem um fim, mas parece que as religiões monoteístas não vieram para apaziguar, mas para fomentar o espírito belicoso. Qual é a diferença entre os deuses mitológicos que outrora eram invocados para que se vencessem batalhas e o Deus de hoje que é adorado para nos salvar do inferno? As religiões vêm, há milênios, propondo as questões essenciais que os seres humanos enfrentam sobre o propósito da vida, mas o que elas acrescentaram racionalmente? Deveras, elas fracassaram no seu intuito de pacificar o coração das pessoas, e seus adeptos continuam com o monopólio do direito divino de se hostilizarem enquanto cuidam da própria alma.

Os soberanos da Antiguidade aderiam a novas crenças, mudavam o poder dos deuses já consagrados, criavam novas religiões e obrigavam os seus súditos a acompanhá-los em sua fé. A conversão do imperador Constantino ao Cristianismo fez a Palestina, em 324, passar a fazer parte do Império Romano Cristão Oriental, e foram construídas todas aquelas igrejas nos lugares santos citados nos Evangelhos. Paz em Cristo? Não. A invasão persa, apoiada por samaritanos e judeus, promoveu um massacre dos cristãos e a destruição das igrejas. Algumas religiões são hoje mais expressivas simplesmente porque tiveram protetores poderosos. A imposição de mudança de culto sempre resultou em conflito e perseguições, com os perseguidos lutando para retomar o poder e restabelecer o domínio da sua crença. Na Reforma Protestante, se o príncipe mudasse de crença, os súditos eram obrigados a fazer o mesmo. A imposição do Protestantismo, tanto quanto a da permanência do Catolicismo, foi feita por meio das armas, nada diferente do que já vinha acontecendo ao longo de séculos de religiosidade política. Henrique VIII, o rei inglês devotado ao Catolicismo, brigou com o papa – que se recusara a anular o seu casamento –, proclamou-se chefe da Igreja Anglicana e passou a perseguir católicos e protestantes. Ao tornar-se rainha, Maria I Tudor, filha de Henrique VIII, restaurou o Catolicismo na Inglaterra e perseguiu com ímpeto sanguinário os protestantes. Quando Isabel I, outra filha de Henrique VIII, subiu ao trono, restabeleceu o Anglicanismo e reprimiu com severidade os católicos.

Os países colonizadores sempre impuseram sua religião à colônia, daí a existência de grupos populacionais induzidos a um modo particular e intransigente de fé, que continuam até os dias atuais fervorosamente não se entendendo sobre as crenças que lhes foram impostas. Após séculos de dominação cristã e muçulmana na África, hoje a configuração religiosa daquele continente inclui mais de 300 milhões de cristãos, quase a mesma quantidade de muçulmanos, hinduístas e, talvez, apenas 70 milhões de seguidores de religiões tradicionais africanas. No caso do Brasil, os jesuítas da Companhia de Jesus fizeram os índios trocarem a espontaneidade da nudez pelo sentimento do pecado, e a Santa Inquisição, com a ferocidade que lhe era peculiar, tratou de impedir a liberdade de crença, e os afro-brasileiros foram perseguidos e proibidos de praticar abertamente sua religião tradicional. Essa é a razão do sincretismo dos orixás com santos católicos, que permitiu aos pobres escravos e seus descendentes certa liberdade para praticar a sua fé.

Os ocidentais atribuem o clima de Guerra Santa ao fundamentalismo islâmico, mas a história do Cristianismo também é eivada de violências de toda espécie. O próprio nascimento do Cristo – portanto do Cristianismo – foi marcado pelo infanticídio. Herodes, rei dos judeus, tomando conhecimento de que nascera uma criança que estava sendo adorada e tida como "o chefe que governará Israel", planejou matá-la. Então, "Um anjo do senhor apareceu em sonhos a José e disse: 'Levanta-te, toma o menino e sua mãe e foge para o Egito, e fica lá até que eu te avise, porque Herodes vai procurar o menino para o matar'" (Mateus 2,13). Não tendo como identificar o suposto "futuro chefe dos judeus", Herodes mandou massacrar, em Belém e nos seus arredores, os meninos de dois anos para baixo, e todos eles foram arrancados do colo materno e passados à espada, exceto o Menino Jesus, que, graças a Deus, se salvou. Os demais meninos não mereceram a graça. – "Em Ramá, se ouviu uma voz, choro e grandes lamentos: é Raquel a chorar seus filhos: não quer consolação, porque já não existem!" (Jeremias 31,15).

Excomunhão ou excomungação é a pena que a Igreja aplica para excluir dos bens espirituais o excomungado. Terrível, isso era muito temido na Idade Média, a vítima sentia-se amaldiçoada, com escassas possibilidades de escapar das chamas do inferno. Obviamente para manter o poder, o Catolicismo Romano e o Catolicismo Ortodoxo usavam muito desse expediente como forma de coagir os fiéis, e houve até uma inusitada excomunhão mútua que fizeram essas duas religiões: ambas permaneceram excomungadas uma pela outra por nove séculos – de 1054 a 1965 _, até que uma declaração conjunta fizesse as duas excomunhões serem revogadas.

É inacreditável que Deus, mesmo depois de tantas revelações, tantos profetas, tantas aparições angelicais e até de enviar o Seu Filho para falar diretamente com o homem, não tenha sido capaz de conscientizar a humanidade de que Ele não necessita das nossas polêmicas em Sua defesa, de que não temos de nos excomungar uns aos outros para decidir qual Revelação é a verdadeira. Será que a nossa culpa é falta de fé? Será que Deus deseja maior demonstração de fé do que o fervor dos cristãos durante os tempos das crucificações e dos leões famintos de carne humana nos circos que divertiam os romanos? Será que exige mais fé do que a dos judeus, que O adoram mesmo depois de Ele ter permitido a morte ignominiosa de 6 milhões deles no Holocausto?

Holókauston era o termo grego para traduzir sacrifício oferecido exclusivamente a Deus, um ato religioso em que a vítima, geralmente humana, era consumida pelo fogo ou morta de alguma outra maneira cruel. Essas imolações fortuitas, em cultos especiais, são insignificantes se comparadas às perseguições que passaram a acontecer com o advento das religiões modernas, as lutas entre cristãos e muçulmanos; católicos e protestantes, judeus e islâmicos, cristãos e judeus, muçulmanos e hindus, hindus e budistas, numa espiral de estupidez sem fim.

Muito antes do Cristianismo, os judeus, povo em cujo seio nasceria Jesus Cristo, viviam episódios sangrentos em defesa da crença em um Deus único, e o derramamento de sangue por questões religiosas não cessou com a chegada do Messias que veio ao mundo "para trazer a espada". De fato, os judeus tiveram de continuar lutando por sua fé, como durante a Inquisição, em que se lhes propunha a conversão ao Catolicismo ou a morte na fogueira. Os coptas – a Igreja Ortodoxa Copta é uma das Igrejas do Oriente – são cristãos do atual Egito e da Etiópia cuja origem se deu com as pregações de São Marcos nas primeiras décadas da Era Cristã, e os quais, recusando-se a cultuar o deus Júpiter, foram massacrados aos milhares. A Maçonaria, por seu pronunciado engajamento político, sofreu retaliações ao longo da sua história, não faltando decisões papais discriminadoras, como a encíclica do Papa Leão XII, tachando os maçons de adoradores de Satã. Os seguidores do Islã lutaram por séculos desde o início das Cruzadas, quando os cristãos e muçulmanos dizimavam-se em episódios de extrema crueldade numa disputa por Jerusalém, e até hoje alimentam sentimentos de ódio religioso, a ponto de ser ainda interpretado literalmente o "matai os idólatras, onde quer que o acheis" do Alcorão.

Nos séculos XVI e XVII, os franceses matavam-se uns aos outros nas chamadas Guerras de Religião, que se prolongavam por décadas: de um lado os católicos, que tentavam converter os protestantes ao Catolicismo; do outro, os huguenotes, assim apelidados pejorativamente os protestantes, especialmente os calvinistas. O episódio mais sangrento dessas guerras em nome de Deus ficou conhecido como a "noite de São Bartolomeu" (1572), em que ocorreu sub-repticiamente o assassinato de milhares de huguenotes.

A disposição para prender explosivos ao corpo e, em nome de Deus, oferecer-se em holocausto, matando consigo o maior número possível de pessoas é uma expressão de radicalismo religioso contemporâneo, um ato de quem acredita sinceramente que está matando perigosos pecadores inimigos de um Deus que aprova a eliminação dos que tiveram o azar de ser o produto de cultura religiosa diferente daquela a que pertence o devoto assassino. Entretanto, os grupos religiosos fanáticos atuais não são apenas islâmicos. Há muitos em atividade no mundo inteiro, pertencentes a diferentes cultos e seitas que, não raras vezes, intentam explicar as suas ações terroristas travestindo-se de ativistas políticos.

Se a *jihad*, a Guerra Santa contra judeus, cristãos e pagãos referida no Alcorão, justifica os atentados ao World Trade Center, em Nova Iorque, que matou 2.500 pessoas dos mais variados credos; se na Torá, a lei mosaica, há passagens em que Deus ordena a violência; por que estranhar quando membros de uma seita japonesa baseada no Budismo espalham gás venenoso num metrô de Tóquio para matar indiscriminadamente passageiros que o acaso fez se encontrarem àquela hora naqueles vagões? Tudo é religião, todas, pequenas e grandes, têm em comum uma dissimulada violência em nome de Deus.

Para tudo podemos achar um motivo justo. Encontramos justificativas mesmo para os mais torpes atos, dependendo daquilo que se passa em nossa cabeça. Por isso, em vez de tentar compreender uma pessoa que pensa ser-lhe lícito matar, acreditando que seja por uma causa divina, não podemos lavar as mãos e deixar que a explicação fique restrita ao âmbito da Psiquiatria, pois é importante analisar os motivos religiosos pelos quais essa ideia foi incutida na cabeça desse matador em potencial.

Os sortilégios empregados por alguns credos para fazer o bem devem despertar a nossa atenção para a concepção particular que cada um tem de "bem". Os sacrifícios humanos nos altares, os horrores das Cruzadas, a sanha sanguinária dos conquistadores teístas e a matança promovida pela Inquisição espanhola sempre foram levados a efeito em nome do bem. Parece que as guerras realmente não são um mal, pois mesmo os líderes religiosos de hoje não hesitam em abençoar os combatentes que partem para a batalha. Benzem os seus canhões, certamente porque creem que o seu Deus único não aprova a ação militar das tropas inimigas, mesmo elas compartilhando a adoração desse mesmo Deus único.

É de pasmar que credos inspirados nos ensinamentos de Jesus Cristo, professados sob o mesmo manto do Salvador, engalfinhem-se em querelas irrelevantes suscitadas justamente por divergências na interpretação das pregações feitas pelo Cristo. A doutrina espírita kardecista, indubitavelmente de inspiração cristã, desde o seu surgimento na metade do século XIX, é até hoje estigmatizada pela Igreja Católica, insaciável no provimento dos seus anais de episódios de intolerância, como o da grande fogueira de livros espíritas, entre eles os de Allan Kardec, ordenada pelo bispo de Barcelona em 1861. Nos países cristãos, há um sempre presente antagonismo entre Protestantismo e Catolicismo, quer sob o disfarce de uma hipócrita civilidade, quer explicitamente declarado, como na Irlanda do Norte, em que protestantes e católicos matam uns aos outros. No Brasil, as crenças afro-brasileiras, além de sofrerem preconceito dissimulado, têm de enfrentar a luta sem trégua que lhes é movida por algumas denominações neopentecostais, as quais veem nos ritos do Candomblé e da Umbanda conluio com o diabo, mas que, entretanto, promovem em suas Igrejas Evangélicas contendas teatrais com o demônio em sessões de descarrego.

Os evangélicos pentecostais, especialmente os neopentecostais da Igreja Universal do Reino de Deus, satirizam as crenças afro-brasileiras e o Espiritismo kardecista, indo a ponto de publicamente exorcizarem dos novos fiéis cooptados dessas vertentes religiosas os demônios trazidos da crença anterior. Mas não são apenas a Umbanda, o Candomblé e o Espiritismo as vítimas da intolerância radical dos pentecostais, o mundo católico é costumeiramente afrontado por eles, como no episódio em que apareceu na televisão um raivoso pastor dando pontapés numa imagem da Nossa Senhora Aparecida.

As religiões são reféns de dogmas que não permitem aceitação de ideias inovadoras. É uma questão de sobrevivência. As críticas a um Vaticano mais interessado em ter uma Igreja forte e não um mundo melhor custou ao frei Leonardo Boff uma humilhante condenação e subsequentes pressões das autoridades eclesiásticas que o fizeram abandonar o sacerdócio em 1992. Pessoas que não seguem o catecismo são prontamente discriminadas, como a cantora Daniela Mercury, que foi excluída de um espetáculo natalino em que iria participar, depois de ter contrariado as autoridades da Igreja que se desgostaram com a participação da cantora num comercial do Ministério da Saúde na TV, que recomendava o uso de camisinha como meio de prevenção da Aids. Entretanto o poder da Igreja interferindo nos assuntos de Estado tem sofrido uma surda contestação demonstrada, por exemplo, quando pesquisas (Datafolha, 2007) revelam que a maioria dos católicos é a favor do uso da camisa-de-vênus, aprova o divórcio e a pena de morte.

Não há nada mais expressivo de intolerância religiosa do que a eterna luta entre judeus e árabes pela ocupação da Terra Santa. Uma briga religiosa, porque entre duas religiões; uma guerra eterna, porque só terminaria se os contendores se convertessem todos ou ao Judaísmo ou ao Islamismo. A luta por territórios entre árabes e judeus na Palestina não se perpetuaria se o cerne da questão não fosse o extremismo religioso. Esses capítulos de beligerância religiosa remonta às Cruzadas, empreendidas do século XI ao XIII pelos cristãos do Ocidente. As Cruzadas eram expedições militares instigadas pelos papas, que tinham como objetivo lutar ao lado dos cristãos orientais, ortodoxos, para libertar Constantinopla e outros lugares santos ocupados pelos muçulmanos. Atendendo a uma convocação do papa Urbano II, os cruzados tomaram Jerusalém e massacraram todos os judeus e muçulmanos. Pois esses cruzados católicos sanguinários – que devastavam tudo por onde passavam –, inicialmente com a missão sagrada de salvar o Cristianismo oriental, após a expulsão dos muçulmanos acabaram por se voltarem contra os próprios cristãos ortodoxos, e executaram um sem número deles para saquear Constantinopla.

Na Irlanda do Norte, estende-se por 30 anos a violência terrorista que já fez milhares de vítimas, porque os protestantes – a maioria – não se entendem politicamente com a minoria católica. Os conflitos entre cristãos e muçulmanos na Nigéria não poderiam ser mais sangrento, milhares de mortos desde o ano de 2001, e ainda em nossos dias a carnificina continua. No Sudão, o conflito político-religioso faz igualmente vítimas entre homens, mulheres e crianças, cuja culpa é pertencer a crenças religiosas diferentes. Na Caxemira, muçulmanos e hindus se trucidam. No Sri Lanka, são os budistas contra os hindus. Na Indonésia, são os muçulmanos contra os cristãos. O Líbano foi quase totalmente destruído por uma longa guerra civil resultada das hostilidades por parte de sunitas e xiitas, de um lado, e maronitas de outro, respectivamente correntes religiosas do Islamismo e árabes cristãos. A então Iugoslávia foi devastada na luta fratricida entre etnias com predominação religiosas diferentes.

Defende-se muito as "Grandes Religiões" contra o resto: seitas, heresias, crendices. Para evitar esses antagonismos radicais e incentivar uma disputa sadia por espaço, melhor se as chamássemos todas de "partidos", assim como se tem o partido do Enéas e o do Lula. Ou de "confrarias", como a de São Martinho e dos Ambientalistas. Ou de clubes de futebol, grandes e pequenos, Flamengo e Flamengo do Piauí. Assim não seriam tão beligerantes essas instituições divinas, como não o é o imenso fã-clube do Elvis Presley espalhado por todo o mundo sem fazer mal a ninguém.

O esporte, mesmo às vezes pecando pela exaltação do sentimento nacional, tem abolido preconceito de raça – de classe, de sexo, de crença –, a exemplo do rúgbi na África do Sul, usado astutamente por Nelson Mandela no seu projeto de unificação do povo. Lá em casa, eu torço pelo Palmeiras; minha esposa, pelo Grêmio; meu filho, pelo Flamengo; e nos sentimos à vontade convivendo com nossos amigos que torcem por outros times ou que não gostam de futebol. Não é assim que acontece com as diferenças religiosas.

Religião é sinônimo de animosidade, uma permanente ameaça à convivência social pacífica. Existe uma fronteira tácita entre uma religião e outra, e não respeitá-la pode significar o ódio. "Que Deus te dê em dobro tudo o que me desejares". Oh! Quanto sarcasmo ferino há oculto nessa frase repetida por pessoas religiosas. "Sou católico graças a Deus", há maior demonstração de arrogância do que essa pouco sutil frase que se vê decalcada em pára-brisas de automóveis? A presunção é a característica marcante da maioria das pessoas religiosas: a fé em que nasceram é a única verdadeira. A esses diligentes devotos, caberia recomendar uma oração que começasse mais ou menos assim: "Ó meu Deus, fazei-me compreender que ser budista, judeu, cristão ou islamita não torna as pessoas diferentes entre si".

Na verdade, o homem não deveria ser responsabilizado diretamente pelas polêmicas em torno dos textos sagrados. Por que Deus é tão enigmático nas suas revelações? Se quer ensinar, por que não é mais didático, por que tantas alegorias nas suas palavras passadas aos profetas? A história da humanidade está recheada de enigmas desvendados, enquanto as escrituras sagradas permanecem como charadas a gerar conflitos infindáveis. Champollion tornou possível a leitura dos hieróglifos a partir do estudo gravado numa pedra; os arqueólogos desvendam os sinais presentes em fósseis pré-históricos; a contra-espionagem decodifica as mais intrincadas mensagens secretas; os biólogos decifram os genomas. Só não conseguimos entrar em acordo sobre o palavreado solto, muitas vezes sem nexo, de passagens dos livros sagrados, que cada crença interpreta à sua maneira.

CAPÍTULO XI

PRÁTICAS RELIGIOSAS SINGULARES

Pobre Deus, como tem sido escarnecido! Não intencionalmente, porque as religiões têm um profundo significado para quem as professam, e as manifestações exteriores de fé encerram sempre um não menos profundo sentimento de respeito. Mas essas práticas não são mais que esquisitices, são ritos vazios, coisas sem sentido que se faz porque nos foram impostas, muitas vezes nada mais que anteparos para esconder culpas.

O homem civilizado costuma achar burlescos certos rituais sagrados praticados por grupos indígenas e tribos africanas, não se dando conta de que um hipotético ser extraterrestre que estivesse nos observando ficaria intrigado com as não menos grotescas práticas religiosas que adotamos para comungar com a divindade. Não só nas selvas e em recônditos tribais da África, mas também nos centros urbanos de todo o mundo se faz oferendas para aplacar a ira de divindades, pedir graças ou remissão de pecados. Sem dúvida, tem havido mudanças nesses costumes, pois as oblações em forma de sangue de animais são cada vez mais raras, e na forma de sangue humano praticamente desapareceram, entretanto continuamos a fazer os nossos sacrifícios por meio da privação de gozos e até de auto-aplicação de suplícios. Os rituais de caráter religioso que praticamos atualmente são mais variados e estranhos do que aqueles praticados na Antiguidade ou entre os selvagens que ainda hoje vivem no isolamento cultural em escaninhos do planeta. A prática do sacrifício permanece bastante presente nas religiões ainda nos tempos atuais, constituindo-se de jejum, cumprimento de promessas (votos feitos aos santos) e observância de uma disciplina ascética mais ou menos severa conforme cada crença.

Por que os cristãos têm na morte de Jesus Cristo o Santo Sacrifício da Cruz pela expiação dos pecados da humanidade, a marca desse Sacrifício Perfeito permanece na missa dos católicos, em que é atualizado não na morte de um intermediário animal, mas na do próprio Filho de Deus. Esse é o sentido da Eucaristia – um dos sacramentos da Igreja Católica –, sacrifício de ação de graças em que estão presentes o corpo (pão) e o sangue (vinho) de Jesus. Hóstia, a partícula circular de massa de pão que é consagrada na missa, deriva de um termo em latim que designa uma vítima oferecida aos deuses. A propósito, o vinho – a bebida alcoólica proveniente da fermentação do suco de uva –, tão apreciado por Jesus Cristo, o Filho de Deus, tem a sua ingestão proibida no Alcorão, que é a Palavra de Deus.

Nada rende mais bônus celestiais do que rejeitar os prazeres mundanos e observar as sete virtudes, uma delas a castidade. Melhores resultados são obtidos se as renúncias forem acompanhada de mortificações do próprio corpo. O padecimento do estômago vazio por longo tempo também ajuda a elevação espiritual, por isso a prática de ficar sem alimentar-se é observada por devotos, muitas vezes com implacável disciplina. Os muçulmanos no mês do Ramadã observam rígido jejum desde o crepúsculo vespertino até o pôr do sol, entre outras privações. Os católicos revivem com procissões a via-sacra do Cristo, na Sexta-feira Santa, e jejuam nesse dia. Os judeus jejuam 24 horas no Yom Kippur (Dia da Expiação), como expressão de arrependimento do homem e expiação dos seus pecados.

Crustáceos e moluscos podem ser religiosamente vetados como alimento, assim como peixes sem escamas. Há quem interprete que a carne permitida para consumo é apenas a dita "branca"; outros, que a ingestão de carne não desagrada a Deus, desde que não seja ingerida conjuntamente com leite ou seus derivados. Há os que não consomem carne bovina, e os que abjuram carne de porco. Confundimo-nos em nossos desejos de atender a divindade, quando sabemos que a algumas tradições religiosas foi revelado que a carne permitida é apenas a de ruminantes que possuem pata fendida; ou que é pecado comer qualquer carne provinda de animais mortos por estrangulamento. Num momento de descuido com o sofrimento dos animais de abate, foi recomendado pela divindade que a carne permitida é a exangue, isto é, o animal deve morrer aos poucos por hemorragia para que a carne possa ser aproveitada. Em algumas nações árabes, o abate deve ser feito com o animal virado para Meca. Até o pão, alimento de passado remotíssimo que coincide com o início da civilização, é visto com cisma: no festival da Páscoa, os judeus só podem comer pão nãofermentado, na forma de bolachas.

As excentricidades são desmedidas.

Longos cabelos denunciam os praticantes de religiões em que é proibido cortá-los. O uso de um bracelete de aço que acorrenta a Deus é usado no sikhismo. A dança com movimentos repetitivos, de preferência giratórios, para levar ao transe mediúnico, acompanhada de música ou de rufar de tambores é comum em muitas seitas. Os taoístas afugentam os demônios com dragões dançantes e fogos de artifício. Os budistas juntam as mãos, ajoelham-se e se curvam três vezes diante de um relicário com a imagem do Buda.

Nas sinagogas, os judeus levantam-se, ajoelham-se, sentam-se outra vez, sempre alternadamente, e os homens usam na cabeça o solidéu, um pequeno barrete em forma de calota. Em cerimônia religiosa, o menino judeu, oito dias após o nascimento, é circuncidado em obediência à lei mosaica: "Eis o pacto que faço entre mim e vós, e teus descendentes, e que tereis de guardar: Todo o homem, entre vós, será circuncidado. O varão incircunciso, do qual não se tenha cortado a carne do prepúcio, será exterminado de seu povo por ter violado a minha aliança." (Gênesis 17,10-14)

Para os católicos, ao final da prece é necessário fazer o sinal-da-cruz com a mão direita aberta, o que muitos fazem também ao passar defronte de uma igreja, antes de dar um mergulho na piscina, ao iniciar a refeição, ou numa partida de futebol quando marcam um gol. Os católicos pedem que o Nosso Senhor os livre dos inimigos, persignando-se, isto é, fazendo com o polegar direito três cruzes, uma na testa, outra na boca e outra no peito. No Budismo, Hinduísmo e Tantrismo, a repetição centenas de vezes sem parar das mesmas sílabas ou frases curtas representa um som espiritual, os mantras, fórmulas que ligam os adeptos ao sagrado e atraem boas energias, mais eficazes se proferidas na posição de lótus. No dia de Iemanjá, os umbandistas lançam às águas perfumes, flores e velas acesas flutuantes.

Os hinduístas têm o dia de oferendas ao deus Ganesha, e o dia de deixar as casas bem iluminadas para que a deusa Lakshmi possa entrar. Costumam usar produtos derivados da vaca, inclusive excrementos, em cerimônias de purificação espiritual; queimam incensos e fazem oferendas de flores, frutos e doces para que as deidades – estátuas, imagens, espíritos – absorvam a essência dessas dádivas.

Há que se tirar os sapatos antes de se entrar numa mesquita. Os muçulmanos fazem as suas orações voltados para a cidade de Meca, prostrados no chão e somente em locais limpos. Antes de começarem a rezar, fazem abluções, lavam pelo menos as mãos e o rosto, à semelhança dos xintoístas no Japão. Como têm que orar cinco vezes ao dia, carregam um tapete para garantir que sobre ele estejam livres do risco de orar em contato com local impuro. Beijam o Alcorão três vezes, tocando a própria testa com o livro entre cada beijo. A peregrinação à Meca é uma das obrigações essenciais de todo muçulmano para com Deus, lá o devoto, vestindo um traje especial totalmente branco, deve circundar sete vezes o grande santuário – a Caaba – em sentido anti-horário.

O Muro das Lamentações é formado de pedras, 90 cm de altura, restos da muralha do templo construído por Herodes em Jerusalém. Local mais sagrado do Judaísmo, é visitado por fiéis de todo o mundo para orarem e depositarem seus desejos por escrito. Periodicamente têm que ser retirados das reentrâncias do muro os milhares de bilhetes postulando ajuda divina.

Apesar da recomendação bíblica – "Nas vossas orações não multipliqueis as palavras, como fazem os pagãos que julgam que serão ouvidos à força de palavras." (Mateus 6,7) –, na liturgia católica há o rosário, um fio com 165 contas que correspondem a 150 ave-marias e 15 padre-nossos para serem rezados repetidamente.

Discute-se quanto ao real desejo divino em relação à folga do trabalho: tradições religiosas garantem ser sexta-feira o dia do santo descanso; para algumas é sábado; e o domingo, para outras. Também é motivo de polêmica se Deus prefere o ritual do batismo por aspersão de água ou por imersão total, de preferência em algum rio sagrado.

Uma prática comum em algumas seitas, que ajuda no acesso ao mundo espiritual, é a ingestão de ervas ou drogas com propriedades psicoativas ou alucinógenas (contrariando o preceito do Budismo "abstenha-se de substâncias que causem confusão mental").

Os zoroastristas não podem macular com putrefação cadavérica nenhum dos "três elementos" (terra, fogo e água). Não lhes sendo permitido o sepultamento, a incineração ou o lançamento do corpo na água, eles têm que expor os corpos dos mortos em alguma torre para que sejam devorados por aves de rapina.

Em certas crenças, animais tornaram-se tabus, não podem ser mortos ou maltratados – o bicho pode ser uma pessoa amada que reencarnou, ou até um deus encarnado. Para os hindus, a vaca é um animal sagrado, não podendo ser morta, privam o povo de uma importante fonte proteica. O urso e o macaco são misticamente importantes no Ramayana (um dos grandes épicos hindus), e os deuses encarnam em animais. O deus Krishna encarnou em um cachorro. Ganesha é um deus com cabeça de elefante.

Mas tabus não resistem indefinidamente ao tempo. Os costumes às vezes têm de mudar para novos costumes adaptados a novas realidades. As missas lúgubres em latim deram lugar a celebrações ao som de violões e alegres cantos profanos, padres não mais usam batinas, os hábitos das freiras tornaram-se mais adequados a livres movimentos, não mais se imolam cordeiros, os panteões estão se esvaziando. Os computadores, proibidos pelos talibãs no Estado Islâmico do Afeganistão, estão hoje lá amplamente difundidos, e vai chegando a *internet* de bolso que se carrega nos telefones celulares. Em algumas correntes religiosas é proibido aos adeptos assistirem à televisão, uma proibição impossível de ser mantida num futuro próximo, se a TV já extrapolou a clausura doméstica e está exposta nos trens, nos aviões, nas salas de espera, nos elevadores, nos logradouros públicos de modo geral. Inúmeras obras de arte foram destruídas em nome dos bons costumes, entretanto a folha de parreira que cobria as vergonhas caiu no outono dos tempos. Os lençóis que cobriam a intimidade dos casais deslizaram das camas, e o nu está presente no cinema, na propaganda da marca de veículo, estampado na embalagem da pílula para emagrecer, e, ao vivo, nas praias e nos carros alegóricos dos desfiles carnavalescos.

No Egito, tive a oportunidade de fazer boa amizade com o guia turístico muçulmano que nos acompanhou dia e noite durante uma semana. Em nenhum momento o observamos rezando (os muçulmanos devem rezar cinco vezes diariamente: antes da aurora, ao meio-dia, à tarde, no crepúsculo e ao cair da noite). Perguntado, respondeu que os deveres profissionais justificavam a inobservância de algumas obrigações religiosas. Conhecemos a sua esposa e a filha de doze anos. A bela esposa já não usava burca, embora para sair em público cobrisse a cabeça, porque, segundo ele, achava o costume bonito, não que fosse por pressão social ou religiosa.

Pode-se perceber que a outrora pomposa procissão católica do Corpus Christi também se esvazia. A procissão – desfile solene pelas ruas acompanhado de imagens, crucifixos, cantos e rezas – é realizada na quinta-feira seguinte ao domingo da Santíssima Trindade. A cada ano se reduz o número de participantes, e muitos dos fiéis que acompanham o cortejo conduzindo velas acesas nem sequer entendem bem o significado de Trindade e desconhecem o porquê dessa celebração do corpo do Cristo, que remonta ao século XIII.

Essas coisas esdrúxulas vão desaparecendo. Todavia, as sociedades modernas não podem parar à espera de queda de tabus. Por exemplo, não podemos ficar aguardando que a Igreja tenha uma inspiração divina para que possam ser dignamente assistidas as famílias pobres com dez filhos. A despeito das religiões, o estímulo ao uso de métodos anticoncepcionais faz parte das políticas públicas para controle da natalidade, e a tendência é o incremento de medidas educacionais e pesquisas farmacológicas na área de anticoncepcionais para que a Terra não venha a ter duplicado os seus atuais 6,5 bilhões de habitantes.

CAPÍTULO XII

OS SERES DO ALÉM

A partir das ideias religiosas sobre o nosso destino após a morte podemos ter, em tese, quatro variantes principais (A quinta seria a progressão do atmã do postulado dos Fatores Naturais.).

1) O ser perde a sua individualidade pela absorção no todo universal. É o nada do materialismo.

2) O pecador, transgressor das leis de Deus ou dos preceitos da Igreja, o blasfemo, quando perde a sua única vida, é condenado ao fogo eterno do inferno.

3) A alma remida passa a gozar eternamente as benesses do Céu, ou permanece aguardando a Ressurreição, para voltar ao corpo físico original e viver no paraíso terrestre junto de Jesus.

4) Os espíritos reencarnam tantas vezes quantas forem necessárias, até se purificarem completamente e, na condição de espíritos puros, passarem a desfrutar de inalterável felicidade, trabalhando para a manutenção da harmonia universal.

A maioria de nós acredita que o homem é a criatura mais importante do Universo, e não aceitamos a ideia de simplesmente deixar de existir como qualquer animal. Morrer, sim, sabemos que a vida se apaga, mas, depois da morte do corpo físico, há de haver uma chama que persista com a nossa identidade individual.

Os túmulos dos antigos egípcios e as suas múmias, e os vikings mortos enterrados com alimentos e suas armas atestam que nunca deixamos de acreditar que permanecemos em algum lugar do outro lado do espelho, e que nesse Além o nosso Eu sobreviva. Assim, o além-túmulo, esse local transcendente que abriga a alma desprendida do corpo ou entremeia nossas diversas vidas, teria de estar superlotado, se tem abrigado todos os que vêm morrendo há tantos milhares de anos, a não ser que houvesse algum tipo de reciclagem, problema resolvido com uma espécie de rodízio: a reencarnação pregada por algumas religiões. (Os conceitos do Postulado dos Fatores Naturais estão livres do impasse criado com uma hipotética escassês de almas para satisfazer o crescente aumento populacional da Terra, porque todos os seres, por evolução, tornam-se almas, portanto estas estão sendo sempre criadas.)

Uma dimensão cósmica diferente daquela em que vivemos e a continuidade de cada um após a morte têm sido um princípio fundamental de muitas religiões. Daí os conceitos de alma, de paraíso, de inferno, de seres espirituais vagando por locais indefinidos do cosmo.

Os anjos, apresentados com ligeiras variações, estão presentes em muitas crenças. Em geral são seres mensageiros entre Deus e o homem. A tradição judaico-cristã consagrou-os possivelmente a partir do Zoroastrismo. Ás vezes tomam o partido de alguma pessoa, ou nas guerras, ajudando um dos lados beligerantes, como no caso do que se aliou à França e inspirou Joana D'Arc (ela acabou sendo acusada de bruxaria e queimada pela Igreja, sendo reabilitada quatro séculos depois e canonizada) para que derrotasse o exército inglês. Os anjos são definidos também como seres imunes a erros e pecados, mas que, privados dos órgãos dos sentidos de um corpo, não podem sentir o sabor de uma fruta, o perfume de uma flor, a carícia de uma brisa, a fresquidão da chuva ou o calor do toque humano. (Assim sendo, há quem não gostaria de ter essa tediosa condição angelical). O Espiritismo identifica seres humanos que atingiram a condição de espíritos superiores por evolução mediante sucessivas encarnações. No candomblé, há os orixás: Oxalá, Xangô, Ogum, Iemanjá...

Os católicos classificam os anjos em coros (arcanjos, serafins, querubins...) e creem que são seres dotados de asas, um apêndice que, é de se supor, deve atrapalhá-los na locomoção, já que devem se mover à velocidade do pensamento. Deduzem também que os anjos são de raça branca e do sexo masculino, porque quando se revelam crianças têm cachos aloirados e falo.

A Igreja católica tem os anjos como seres criados por Deus anteriormente ao homem, e que embora não possuam corpo não são o mesmo que almas, porque estas foram criadas para estarem unidas ao corpo e constituírem uma pessoa. Aos anjos Deus concedeu a liberdade de escolher entre o bem e o mal, o que não foi uma boa ideia, pois surgiram anjos rebeldes, entre eles o Satanás (aquele também chamado Diabo, Lúcifer, Belzebu etc.), a serpente que sussurrou ao ouvido de Adão para que provasse dos frutos da macieira. Satanás aliciou alguns anjos para que se revoltassem contra Deus e, juntamente com sua gangue, foi condenado ao inferno eterno. Mas parece que Deus não conseguiu um presídio de segurança máxima para o revoltoso – tal qual aqui no Brasil acontece com traficantes presos que continuam comandando o crime –, e a figura demoníaca anda por aí livremente nos rondando com a sua força do mal. É em função dessa força maléfica que os pentecostais creem que a principal missão do homem na Terra é combater o Diabo.

O Catolicismo adota uma posição curiosa a respeito dos seres do Além, não admitindo a possibilidade de evocação dos mortos, mas tendo criado a figura dos anjos, sem vínculos materiais, que agem como intercessores do homem junto a Deus. Mais curioso é que apesar da crítica que os católicos fazem aos que se comunicam com entidades de outros planos dimensionais, têm uma história recheada de aparições de pessoas mortas que se manifestam em favor dos fiéis, inclusive Maria, mãe de Jesus, uma frequente aparecida, evidentemente nos países em que predomina o Catolicismo: Lourdes, na França; Fátima, em Portugal; Guadalupe Hidalgo, no México.

Figuras do Além aparecem em profusão na Bíblia. No Apocalipse os anjos anunciando o fim do mundo são tantos, e as mensagens tão frequentes, que é de se admirar que João não tenha enlouquecido com eles sussurrando em seu ouvido que todos os mortos (pelo menos os que morreram pelo testemunho de Jesus e pela palavra de Deus) reviveriam após passarem-se mil anos.

Um anjo bem conhecido é o Gabriel, aquele utilizado por Deus para revelar ao profeta Maomé os fundamentos do Islamismo, o mesmo anjo que anunciou à Virgem Maria o mistério da encarnação pelo qual Deus se faria homem. Graças a esse mensageiro angelical, José convenceu-se a aceitar a noiva virgem e grávida do Espírito Santo e apressar o matrimônio para preservar a reputação daquela que viria a ser a Mãe de Jesus. Num episódio anterior (Lucas 1,5-25), Gabriel já houvera aparecido a Zacarias – um velho cuja mulher era estéril e de idade avançada – e anunciado: "Isabel, tua mulher dar-te-á um filho, e chamá-lo-ás João", o que de fato veio a acontecer.

Mas não são os anjos os principais povoadores do Além. São as pessoas que morreram, e às quais nos iremos juntar em algum canto que varia de localização conforme o que temos andado fazendo por aqui. Se você, leitor, não estiver satisfeito com o seu "futuro canto", basta mudar de religião, pois cada uma tem um próprio.

Parece que podemos nos comunicar com as pessoas desse vago "além" até com muita facilidade, como fazem os espíritas, os quais evocam os Espíritos e escrevem suas mensagens (psicografia), falam por eles (psicofonia) e os veem sem o auxílio dos olhos (clarividência). Nessas oportunidades manifestam-se aos médiuns espíritas tanto ex-vivos anônimos como também celebridades como os faraós Quéops, Quéfren e Miquerinos, Napoleão Bonaparte, São João Batista, a Virgem Maria e, por que não, o próprio Jesus Cristo. Alguns dos Espíritos evocados intitulam-se antigos gênios da literatura universal e narram textos aos médiuns, mas a crítica especializada não tem endossado tais assinaturas; o mesmo sucedendo com o que tem sido chamado de psicopictografia, em que os Espíritos se identificam como Vincent Van Gogh, por exemplo, e usam as mãos do médim na pintura de bonitos quadros, obviamente inferiores às obras de arte que os artistas realizaram enquanto vivos. Espíritos cirurgiões usam as mãos de um médium em procedimentos invasivos, operando correções orgânicas sem sequer deixar cicatrizes no corpo do paciente. As pessoas medianeiras podem ser encontradas em ação diariamente em milhares de centros espíritas, sem que sejam arrastadas como bruxas para arder em fogueiras de inquisição, o que já é um grande progresso humano.

O mundo não-palpável é acessível também a hinduístas, budistas e fiéis de muitos outros credos, cada qual com a sua interpretação do que seja o Além, cada qual com estratégia de comunicação própria com os povoadores dessa outra dimensão. Os muçulmanos têm o djim, entidade corporal, imperceptível aos sentidos, muito presente especialmente no deserto, atormentando os beduínos.

Os povoadores do Além têm muito a ver com as nossas doenças e os nossos sofrimentos. Segundo o umbanda e o candomblé, "encostos" são o resultado de espíritos que interferem nas condições do nosso corpo físico por variados motivos, muitas vezes em razão de "trabalhos" realizados por alguém que nos quer prejudicar.

Os evangélicos acham que esses espíritos todos não mais são que o demônio disfarçado, e, paradoxalmente, embora considerem mentira qualquer tipo de interlocução dos vivos com os mortos, dedicam-se a rituais de expulsão do Diabo que se apodera dos indivíduos tomando o corpo deles – o que, em última análise, vem a ser o mesmo que a desobsessão do Espiritismo kardecista, em que são expulsos os espíritos malévolos que subjugam as pessoas e as induzem a vícios e perversões.

No Espiritismo kardecista, os espíritos obsessores são os responsáveis por doenças que a Medicina convencional não pode curar; por isso, o restabelecimento da saúde tem de ser via doutrinação do espírito obsessor, para que este se conscientize de que causar malefícios não o ajuda a libertar-se das agruras do plano inferior em que está expurgando as suas culpas. Conquanto que aos adeptos das religiões afro-brasileiras cumpre proteger-se neutralizando os efeitos danosos de espíritos enviados por alguma pessoa inimiga desejosa de fazer o mal, aos espíritas kardecistas cabe livrar-se dos espíritos obsessores por meio de uma paciente doutrinação deles.

A mediunidade se manifesta com a utilização dos mais variados recursos, às vezes necessitando da ingestão de álcool ou de outras drogas. Outras vezes, ocorre de formas mais curiosas, como pelo emprego de charutos ou cachimbos, a exemplo dos médiuns indígenas, os xamãs, que atraem os espíritos por meio da fumaça. No Hinduísmo, os adeptos comunicam-se com deidades, recorrendo aos mantras e às visões permitidas por um terceiro olho, um corpúsculo glandular presente em nosso cérebro.

Deve nos intrigar o fato de que pessoas reconhecidamente austeras se dizem possuidoras de poderes mediúnicos. Não é raro que indivíduos, às vezes contrariando as suas próprias crenças religiosas, acreditem na viabilidade de comunicação com o Além.

O padre católico francês François Brune publicou dois livros sobre o assunto, um deles com título suficientemente autoexplicativo: *Os mortos nos falam*. (Sobradinho, DF: EDICEL, 1991). Não é fácil acordar os vivos para a realidade da vida espiritual, lamenta o padre Brune.

(Descendente de espanhóis, eu não poderia deixar de ter nascido católico e ter no meu currículo religioso todos os sacramentos, até me tornar, como a maioria dos brasileiros que se dizem católicos, um relapso para com os deveres reclamados pela Igreja. Entretanto, premido pelo interesse que me despertou a leitura de *O livro dos espíritos*, conheci toda a obra de Allan Kardec e participei por vinte anos de reuniões espíritas de estudos, de trabalhos mediúnicos e de desobsessão. Crítico atento e isento, embora sem nunca ter conseguido fazer desenvolver em mim qualquer capacidade mediúnica, devo declarar a minha convicção de que, a par de muita mistificação e de exteriorização de distúrbios mentais, a mediunidade é um assunto que, pela sua veracidade, deve ser tratado com maior seriedade e atenção científica.)

CAPÍTULO XIII

RELIGIÃO E CIÊNCIA

Ver para crer? Que bobagem! Muitas vezes, só passamos a ver uma coisa quando acreditamos nela. E não acreditamos todos nas mesmas coisas. Cada um vê apenas o que lhe permitem os olhos que possui; ouve apenas o que lhe permitem os ouvidos que possui; sente apenas o que lhe permite a alma que possui.

Sem o pressuposto da fé religiosa, isto é, sem abraçar crenças que contradizem fatos científicos, fica muito difícil acreditar no discurso teológico, embora as teorias científicas, às vezes, nos falem de questões incompreensíveis para a maioria de nós, como a de que as mesmas coisas podem estar em dois lugares ao mesmo tempo. As descobertas da Física Quântica têm levado a novas especulações sobre questões espirituais, e os próprios físicos também se veem intrigados. Ao constatarem, por exemplo, que as partículas elementares aparecem e desaparecem continuamente, perguntam-se: Para onde elas vão? Para um cosmo relativo? Ou, pensando num corpo que hipoteticamente se mova à velocidade da luz: Continua sendo matéria? Se a mente dos cientistas não está operacionalizada para acompanhar os avanços da Física moderna, não significa que as suas hipóteses sejam fantasiosas, e que nós, leigos, devamos delas desacreditar. Essas questões científicas pendentes não são matéria de fé. Pesquisas vindouras fornecerão respostas, potencialidades se tornarão reais. A ciência nunca deixou de avançar, não há de ser nos tempos modernos que haveria de ficar estagnada. Enquanto os teístas contestam algumas questões de natureza científica – porque elas contrariam o que ficou definido nas Escrituras –, os deístas, agnósticos e ateus esperam confiantes no sucesso de pesquisas complementares e do advento de descobertas que podem até negar as atuais leis convencionais da Física. Nada é permanente, nada se cria, nada se inventa, descobre-se, conhece-se o que era desconhecido, e as descobertas científicas vão preenchendo lacunas, assim como sempre tem acontecido na História da Ciência.

Mesmo que na Idade Média fosse grave ofensa a Deus o desejo do homem de voar, isso não impediu que hoje pudéssemos dispor de *boeings* cruzando os céus entre continentes. Os ímpios atuais costumam zombar das barreiras dogmáticas que intentam sustar o avanço do conhecimento humano, rememorando fatos como a descoberta do para-raios. Os raios eram enviados por Deus para punir os hereges e pecadores, até Benjamin Franklin descobrir como evitar os riscos dessas faíscas. Na época, esse cientista atrapalhador dos desígnios divinos foi muito combatido pela Igreja, mas hoje não há torre de igreja que não tenha um para-raios instalado.

A ira de Deus costumava manifestar-se por meio das chamadas pestes, a exemplo da varíola, que veio matando aos milhões até o século XX, quando foi erradicada pela Medicina preventiva. Quando a Igreja católica detinha o poder absoluto na Europa medieval, o mau humor de Deus materializava-se de tempos em tempos dizimando populações inteiras, como no caso da peste bubônica (peste negra), que matou um terço dos europeus. (A Idade Média costuma ser chamada de Idade da Fé, tal era o entusiasmo religioso. Pasmem!) A gripe originada na Espanha, em 1918, matou em apenas dois anos mais de 20 milhões de pessoas no mundo inteiro. É altamente improvável que epidemias avassaladoras ocorram nos tempos atuais, não porque estejamos rezando mais, mas porque aprendemos com a ciência médica a cultivar princípios de higiene, os governos investem em saneamento básico e os cientistas, crentes e ateus, desenvolvem técnicas que permitem a produção de eficientes vacinas e antibióticos. As populações indígenas da América do Sul, embora pagãs, estavam livres desses castigos divinos, e só começaram a ser vítimas dessas pragas todas com a chegada dos conquistadores europeus, que trouxeram a Palavra do Cristo, mas também a varíola, o sarampo, o tifo, a difteria, a catapora e outras mazelas que, por serem estranhas ao organismo dos nativos, tornavam-se mortais.

O mundo não é como o percebemos. À medida que a ciência avança, vemos com maior clareza a realidade que não podemos enxergar com os nossos olhos. Há mais coisas no céu e na terra do que pode pensar a nossa vã filosofia, já acreditava Shakespeare, em *Hamlet*.

Quem observa atentamente o comportamento de um papagaio em cativeiro – esse psitacídeo que imita a voz humana – fica intrigado com a distinção que essa ave faz entre as pessoas. O papagaio mostra-se amistoso ou agressivo com as pessoas que dele se aproximam, demonstrando ao primeiro contato se gosta ou não delas. Em relação a algumas, ele se mostra relativamente indiferente, mas em relação a outras, a ave toma uma de duas atitudes extremas: aceitação plena ou determinante repulsão. Desconheço quais os estudos que já se fizeram sobre isso, mas há quem acredite que os papagaios veem em nós alguma coisa que nós próprios não vemos, como não vemos a eletricidade, a força magnética do ímã e a da gravidade. Essa conjetura nos faz lembrar de que abundam os exemplos de animais que possuem faculdades sensoriais mais aguçadas que as do homem, como é o caso da visão na águia, do sentido de direção nas aves de arribação e do olfato em muitos mamíferos.

A percepção do homem para as cores se resume numa curta faixa além ou aquém da qual ele nada vê, embora a faixa continue se estendendo no sentido das suas extremidades. As ondas mais curtas do que as da cor violeta ou mais longas que o vermelho são invisíveis para a vista humana, embora o espectro abranja essas outras ondas. Tal completa escuridão para nós não o é para muitos animais. Insetos possuem sistemas ópticos que lhes permitem captar o ultravioleta, ou seja, suas faculdades visuais ultrapassam os limites da visão humana. Militares treinam cães de guerra para que fiquem condicionados a cumprir ordens transmitidas por meio de apitos de ultrassom. O ultrassom é audível para o cão, mas não é ouvido pelo homem, de modo que o cão pode receber um comando para cumprimento de uma missão no campo de batalha sem que o soldado inimigo seja alertado. Os golfinhos se relacionam entre si utilizando-se dessa frequência sonora, e os morcegos usam a ecolocação milênios antes da invenção do radar, faculdade que permite a esses quirópteros se desviarem, durante o voo cego, de obstáculos à sua frente. Além desses recursos sensoriais que nós não possuímos, os animais nos surpreendem com outros tipos de percepção e relacionamento, como é o caso de uma complexa linguagem química dominada pelas formigas. Claro que uma formiga não é inteligente, mas como é que constroem no interior dos formigueiros compartimentos labirínticos regulares que deixam embasbacados engenheiros e arquitetos? Tem de haver nessas colônias algum tipo de consciência, quiçá uma inteligência coletiva, pois sem isso não existiria a sociedade apícola em que vivem em absoluta dependência mútua a rainha, zangões, armazenadoras de mel, nutridoras, guardiãs, fabricantes de cera e faxineiras da colmeia.

As pesquisas em animais demonstrando que as coisas que sensibilizam os nossos sentidos não são tudo o que existe coincidem com análises científicas comprovando que a maior parte da matéria do Universo é de um tipo invisível aos nossos olhos. Há movimentos que não percebemos e coisas que não podemos enxergar, nada tendo de contrário à razão a afirmação de que, ao nosso lado, imagens existem e eventos ocorrem sem que caibam na ordem das nossas sensações. O homem tende a julgar que somente existem as coisas apreendidas pelos sentidos humanos ou detectadas pelos instrumentos que ele criou, mas a História tem-lhe mostrado que ele sempre acredita saber tudo, quando na verdade o que lhe parece inconcebível nada mais é do que um degrau acima do seu conhecimento, um estímulo para que ele trabalhe para ascender cada vez mais às leis da natureza.

Pobre Sócrates! Por que não o entenderam, foi condenado à morte sob a acusação de negar os deuses gregos tradicionais. Os que caminham à frente do seu tempo nem sempre são compreendidos, como Giordano Bruno, queimado vivo pela Inquisição por defender a ideia copérnica de que a Terra gira em torno do Sol. Júlio Verne, o romancista precursor da ficção científica, nada mais fez do que relatar com antecipação as conquistas da ciência dos dias de hoje.

Frequentemente se tem notícia de pronunciamentos atribuídos a Albert Einstein – o cientista alemão formulador da teoria da relatividade –, em que ele se revela teísta. Entretanto, ele defendia uma religiosidade cósmica e acreditava no Deus de Spinoza, "não no Deus que se interessa pela sorte e pelas ações dos homens". Se Einstein acreditasse no Deus instituído pelas religiões – nesse Deus tido como presente influenciando o dia a dia das suas criaturas, interferindo nas questões humanas –, não teria escrito a famosa carta (leiloada em maio de 2008, em Londres) em que, num trecho, diz: "A palavra Deus para mim nada mais é que expressão e produto das fraquezas humanas. A Bíblia é uma coleção de lendas veneráveis, mas primitivas e infantis." Pois essa inteligência humana privilegiada obviamente via com maior clareza o que para nós nem sempre se apresenta com nitidez, por isso até hoje Einstein não é completamente entendido nem mesmo pelos próprios cientistas. É oportuno mencionar Einstein porque ele, principalmente, descobriu que o que se vê depende de onde se está, ou seja, cada um de nós pode ter entendimentos diferentes de uma mesma coisa, conforme o ponto de onde a coisa está sendo observada. (O que contradiz as doutrinas religiosas que estabeleceram uma realidade suprema e objetiva.) Esse "relativismo" é a concepção filosófica que admite ser o conhecimento apenas relativo, que é impossível o conhecimento da verdade absoluta. Como convencer a nós, pobres ignaros, de que a matéria não existe no estado de solidez, de compactação com que se nos apresenta, mas que tudo é puro movimento, energia? Como acreditar, sem conhecimentos básicos de Óptica – já que a luz emitida por um astro pode demorar centenas de anos para percorrer o espaço e chegar até nós –, que podemos estar vendo uma estrela que há muito não existe?

Quando olhamos para uma pessoa (um animal, uma paisagem, um objeto), podemos fechar os olhos e continuar vê-la e, então, nos perguntar: o que é real, a pessoa que estávamos vendo com os olhos abertos ou a que vemos com os olhos fechados, portanto com o cérebro? Há ainda muito o que avançar nos estudos sobre o cérebro, mas já nos parece que ele não distingue a coisa que estamos vendo daquela de que apenas nos estamos lembrando. Assim, não vemos tudo, podemos ver apenas o permitido pelos nossos ainda pobres órgãos sensoriais. Para enxergar a realidade, não necessitamos de olhos, é o que podemos supor, nós que estamos nos tornando cada vez mais deficientes visuais, acometidos de miopia e hipermetropia. E quando é que poderemos ver a parte da realidade que está encoberta? Muitas pessoas julgam que será quando a nossa evolução espiritual atingir um nível suficientemente elevado para isso. (O de Jesus? O do Buda? O dos avatares históricos do Hinduísmo?)

Quando dormimos, para onde a vai nossa mente? Quando morremos, para onde a nossa mente vai? As perguntas que a ciência não pode responder (e que as religiões respondem levianamente, cada uma à sua maneira, muitas vezes contraditoriamente) um dia serão respondidas racionalmente. Os cientistas, embora façam muitas suposições, não afirmam o que ainda não pode ser comprovado, enquanto as religiões não hesitam em ter como verdade o que não pode ser testado por métodos científicos, até mesmo as supostas violações da natureza, os milagres. Tratam Deus como se fosse um artesão que, de vez em quando, se permitisse arranjos na Sua própria obra, para atender ao apelo de alguma criatura ajoelhada em oração acreditando que pode ter sem obrar.

"Por isso vos digo: Tudo o que pedirdes na oração, crede que o tendes recebido, e ser-vos-á dado." (Marcos 11,24)

A ciência sempre avançou com a força da dilatação linear de uma barra de ferro quando aquecida: não há poder na natureza capaz de detê-la. Pretender impedir o avanço científico é tolice, como a de ter-se pretendido sustentar que a Terra é o centro do universo. Ou é desumanidade, como quando os tolos cruéis do Santo Ofício condenavam à fogueira aqueles que se recusavam a renunciar à teoria dos inúmeros mundos. Copérnico, por formular a teoria heliocêntrica do sistema solar, passou o resto da sua vida refugiando-se para escapar dos bispos. Galileu, quando cem anos depois endossou o modelo proposto por Copérnico, foi submetido à Inquisição, obrigado a se retratar (se não o fizesse, certamente seria queimado vivo), condenado à prisão perpétua domiciliar e teve o seu livro destruído. A partir do século XV, o advento da imprensa possibilitou a difusão do saber pela multiplicação dos livros. A Igreja posicionou-se contra esse notável progresso, revoltando-se contra a invenção do alemão Gutenberg, porque A Bíblia corria o risco de ficar banalizada. Claro, a leitura da Bíblia deveria continuar a ser um privilégio dos padres, a fim de manter-lhes a importância de únicos detentores da Palavra de Deus. Naqueles tempos, o conflito entre o que apregoavam os líderes religiosos e as observações científicas eram tão gritantes que, ao povo, foi feito acreditar que o pendor para os estudos de Astronomia e de outros ramos da ciência era obra do demônio. Pois apesar dessas vitórias efêmeras dos doutores da Igreja, a Terra – que Deus demorou "seis dias" para deixar prontinha – não é o centro do universo e continua, ignorando as santas baboseiras, a girar em torno do Sol.

Fazendo acreditar que o demônio se manifesta por meio do conhecimento, a Igreja ia abafando as ideias dos fundadores do pensamento moderno e tardou dois séculos para admitir que a Terra não é o centro do mundo. Somente em 1962 foi abolido o *Index* (Sagrada Congregação do Índice), uma relação de livros ditatorialmente proibidos pela Igreja Católica, e a partir de então, aos fiéis foi permitido conhecer alguns dos clássicos proibidos – por exemplo, os de Victor Hugo – sem se sentirem pecaminosos. Mas, desgraçadamente, jamais poderemos ler aqueles livros que se perderam nas labaredas ou que deixaram de ser publicados porque não foram aprovados pelos censores oficiais escudeiros dos céus. Sempre tivemos religiões combatendo sem trégua as melhores oportunidades de avanços do conhecimento sob o pretexto de defender um deus criado por elas, um deus que, finalmente, está tendo de ser substituído pelo Deus acatado pela razão humana, que não pede seja aclamado por legiões armadas de cânticos no interior de templos.

Quando a ciência começou a partir os grilhões que a prendiam à filosofia religiosa, prometeu melhorar as nossas vidas e tem cumprido essa promessa na medida em que não mais se morre aos milhões de peste e não se urra de dor na cadeira do dentista. Seria impensável, mesmo após 2 mil anos rezando o padre-nosso, que a adoração fosse possibilitar aos médicos abrir o nosso tórax para substituir um coração claudicante. Isso foi conseguido graças aos conhecimentos adquiridos sobre assepsia, anestesia e técnicas cirúrgicas modernas. É a ciência que nos tem salvado da fome generalizada, graças aos melhoramentos genéticos que aumentam a produtividade e aos modernos métodos anticoncepcionais que permitem um melhor controle da natalidade. As mutações, o surgimento brusco de uma mudança na estrutura de certos genes, têm papel fundamental na evolução das espécies, mas tem importância também a descoberta feita por Darwin de que a luta pela sobrevivência diante da desproporção entre o número de indivíduos da população e a oferta de alimentos faz a natureza determinar a seleção dos mais aptos. E a espécie humana não é uma exceção a essa regra. Os que acreditam que Deus criou a Terra e o homem para viver nela procriando desmedidamente ("crescei e multiplicai-vos") ignoram o mais elementar princípio aritmético: a humanidade não pode consumir mais recursos naturais do que o planeta é capaz de repor.

Se as religiões falham, que a ciência nos leve a Deus. Se as religiões fracassam nas respostas às nossas perguntas transcendentais, busquemo-las na Biologia Molecular e na Física Quântica, casando a ciência com a Filosofia quando as questões espirituais se mostrarem fora do alcance do método científico. Deixemos que cada um viva em paz livremente com as suas convicções adquiridas das próprias experiências de vida, com o direito que todos possuem de analisar crítica e racionalmente os dogmas que se nos apresentam como que cientificamente absurdos (inclusive os inscritos no Postulado dos Fatores Naturais). Entretanto, não criemos obstáculos ao trabalho dos cientistas que desenvolvem a moderna ciência, mesmo que as suas descobertas se contraponham ao tido como decretado pela Palavra Divina. Os doutores do teologismo – aqueles que se prevalecem de princípios teológicos – e os iluminados que afirmam ter recebido revelações de Deus podem ser mais perigosos do que os cientistas ateus. Discutir a gênese de Jesus é pura curiosidade histórica, nada tem a ver com fé, não deve ser motivo de segregação e dissidência religiosa. Se na tradição judaica, Jesus faz parte de gerações oriundas de Jacó e os muçulmanos não pertencem a esse mesmo ramo genealógico, já que descendem de Ismael, isso é objeto da História, não da Teologia. Quando os teólogos debatem acaloradamente sobre se a masturbação é ou não pecado, isso, sim, é Teologia.

Para a construção de um mundo em que todos obedeçam aos incontestavelmente importantes princípios filosófico-religiosos, só há um jeito: reduzir os dogmas àquilo que ainda não é contraditado pela ciência. As religiões tendem a desaparecer, porque caíram na armadilha dos dogmas. As sociedades humanas não são estáticas, as religiões teriam de estar em constante transformação para se adaptarem a novos contextos sociais, e é o que algumas delas têm procurado fazer para sobreviver. Mas as mudanças nelas têm um limite que não pode ser ultrapassado: o dogma, cuja negação é a negativa do próprio fundamento religioso. O surgimento dos inúmeros incessantes movimentos religiosos sectários é puro oportunismo, decorre da adaptação de crenças tradicionais a ideias espirituais novas e efêmeras, não raras vezes estapafúrdias, demandadas por uma ou outra parcela da sociedade que aspira por soluções divinas para os seus problemas.

O Deus do porvir será objeto da ciência, e não da religião. Então deixará de ser o Deus concreto dos patriarcas bíblicos, o Deus místico dos teólogos e o Deus abstrato dos filósofos. A humanidade viverá um futuro em que as religiões terão desaparecido, a Teologia subsistirá como um ramo da Física e Deus continuará onipresente no cosmo, a despeito das transformações humanas. A ciência terá detectado, então, os Fatores de que trata o Postulado dos Fatores Naturais.

CAPÍTULO XIV

NECESSIDADES MATERIAIS PARA GERIR AS ESPIRITUAIS

Criada pelo papa na Idade Média, originariamente com o nome de Pobres Cavaleiros de Cristo e o compromisso de pobreza, a Ordem dos Cavaleiros Templários tinha a missão de proteger os peregrinos que se dirigiam ao Santo Sepulcro e os cruzados que combatiam na Terra Santa. Os templários eram então heroicos guerreiros cristãos, e a disciplina e o voto de pobreza os credenciaram, com a anuência do papa, a arrecadar donativos e coletar impostos, pelo que acabaram por juntar fortunas em ouro e propriedades. O império econômico construído pelos templários despertou cobiças e, sob a acusação de heresia contra a Igreja Católica, bruxaria e homossexualismo, a Ordem foi extinta, milhares de templários foram feitos prisioneiros, tiveram seus bens espoliados e muitos foram torturados e queimados na fogueira como hereges. A Literatura e o Cinema têm-se utilizado fartamente dos templários, retratando-os como guardiões de relíquias cristãs de inestimáveis valores e especulando que eles eram detentores de segredos que não podiam ser revelados, sob pena de abalar a própria história do Cristianismo. A saga dos templários é um dos inúmeros exemplos de que a fé muitas vezes se traduz por uma questão de valores materiais: os templários, tornando-se um poder econômico à parte, em condição de competir com a Igreja, deixaram de ser Cavaleiros do Templo e diletos monges do papa a partir do momento em que concentraram fortunas que não mais eram canalizadas para o poder papal.

As religiões se mantêm dentro de um contexto econômico. Padres, pastores, rabinos, imames, líderes religiosos de modo geral não podem sobreviver apenas com a alimentação do espírito. Às vezes, as necessidades são mínimas, como as dos monges budistas que saem a esmolar uma pequena porção de arroz, embora não se deva perder de vista que mais magnânimas do que eles são as pessoas que plantam o arroz. Mas as crenças, via de regra, custam caro. Quase todas as religiões necessitam, para enriquecer os espíritos dos seus adeptos, de muito dinheiro. Sobre a nossa confiança de que bens materiais reforçam os liames com a divindade, é emblemático o *In God we trust* (Em Deus confiamos) que se lê nas notas de dólar americano, e o "Deus seja louvado", nas cédulas do dinheiro brasileiro.

Os direitos de estola – direitos de pé de altar – foram substituídos pela dízima, uma contribuição pecuniária que se revelou mais interessante porque é um compromisso mensal do fiel com a sua Igreja. É impossível saber quanto é arrecadado em dízimas e moedas que tilintam no interior dos templos, mas, pelo surgimento, todos os dias, de novas seitas e igrejas que pulverizam a fé em inúmeras denominações religiosas, é de se supor que se trata de empreendimentos sustentáveis, quando não rendosos. Vez por outra, lê-se nos jornais que fiéis arrependidos tentam reaver na Justiça algum bem – geralmente uma pequena propriedade ou um veículo – doado à sua igreja evangélica e, afortunadamente, essas pobres criaturas têm obtido ganho de causa. Já não se vendem indulgências papais, elas foram substituídas por sutis insinuações de que, quanto mais gorda a contribuição, mais azeitada fica a via que leva ao Céu. Embora a característica de alguns credos seja o desapego aos bens materiais, eles, instituídos, não dispensam doações necessárias à sua manutenção, não há nenhum totalmente isento da necessidade de pecúnia como subsídio para a fé.

Na Idade Média, os ricos doavam parte da sua fortuna à Igreja, não só para se safarem das penas do inferno, mas também para se protegerem dos bispos, uma ameaça bem mais presente do que a de Satanás. O confisco de bens no mundo todo e as contribuições voluntárias concentraram na pequena Cidade do Vaticano um patrimônio certamente de algumas dezenas de bilhões de dólares em obras de arte, ouro, títulos imobiliários, um patrimônio que requer seja administrado por um banco, o Banco do Vaticano, envolvido no escândalo do desvio de milhões de dólares na década de1980.

A Basílica de São Pedro demorou mais de duzentos anos para ser construída, com a ajuda do dinheiro obtido com a venda de indulgências pelo papa. A Capela Sistina, decorada com afrescos por artistas renascentistas, teve o teto, uma das mais belas criações da História da Arte, pintado por Miguel Ângelo. O Mosteiro de York, na Grã-Bretanha, uma das maiores catedrais do mundo, levou mais de 250 anos para ser construído, com enormes sacrifícios e desvio de recursos destinados aos pobres. Consta que um dos arcebispos que participou desse megaempreendimento afirmou: "A despesa é grande, mas alguns de nossos mendigos devem passar fome para maior glória de Deus".

Em matéria de pomposidade de edificações religiosas, vêm à lembrança as igrejas italianas de Roma, Florença e Milão; a de Estrasburgo e as de Notre Dame, na França; a de Compostela, de Sevilha e de Barcelona, na Espanha; a de Salisbury e de Canterbury, na Inglaterra; a de Colônia, na Alemanha. Dentre os colossais monumentos de expressão de fé não cristã, são prodígios para os olhos os templos faraônicos no Egito; o templo de Angkor, no Camboja; o templo jainista de Ranakpur e o de Meenakshi, na Índia; o célebre Templo Dourado, com suas três ou quatro centenas de quilos de ouro, em Amritsar, a metrópole religiosas dos sikhs; as impressionantes mesquitas e seus minaretes, como a de Meca, a de Marrakech, e as da Turquia; os gigantescos e enigmáticos pagodes no Extremo Oriente.

No Brasil, há uma infinidade de templos, e embora algumas seitas já os tenham enormes para melhor propagar a sua glória e atrair os fiéis, jamais os terão semelhantes àqueles da Igreja Católica, que mostram a exuberância do barroco e as curvas do rococó, verdadeiros tesouros que mantêm viva a arte sacra colonial, a exemplo da Igreja de São Francisco de Assis, em Ouro Preto, a obra-prima do Aleijadinho. Orgulhamo-nos da beleza das nossas igrejas, e o mundo inteiro vem admirar as suas riquezas e os seus revestimentos auríficos que deslumbram, como é o caso da Igreja Nossa Senhora do Pilar, também em Ouro Preto; de São Francisco da Penitência, no Rio de Janeiro; e de São Francisco, em Salvador.

Todas essas joias arquitetônicas depositárias do que há de mais exponencial nas artes da humanidade têm de ser preservadas a qualquer custo, concordamos, mas, até por questões de uma nova realidade econômica mundial, não deveríamos ficar repetindo o passado com novos megaprojetos de fé que nos cimentam a dogmas e dificultam as soluções para o presente; caso contrário, em nosso país, teremos de criar alguma CPMF para ajudar na preservação desse patrimônio das religiões.

Na procura desenfreada de igrejas, templos e imagens que respondam às nossas expectativas espirituais, não paramos para nos perguntar se já não temos ícones e lugares suficientes para orações e se não devemos fazer uma comparação crítica sobre a relação existente entre igrejas e escolas por habitante. Alguns segmentos da sociedade moderna estão se questionando sobre a necessidade de tantas igrejas, um sinal de que o homem do futuro poderá se perguntar: para que servem as igrejas? Daqui a uns poucos séculos, essa infinidade de templos será aproveitada para alguma destinação mais social, e os que forem considerados patrimônio histórico da humanidade serão visitados por turistas curiosos e por estudiosos da trajetória humana. A exemplo da rica e monumental igreja de Santa Sofia (Hágia Sophia), em Istambul, que havia sido transformada em mesquita e hoje é um museu, todas as demais se transformarão em monumentos culturais, assim como hoje são as Grandes Pirâmides no Egito, o Pártenon na Grécia e os Moai na Ilha de Páscoa.

SEGUNDA PARTE

POSTULADO DOS FATORES NATURAIS

Ninguém pode negar que toda religião oferece consolação. Mas àquelas pessoas que se deixam iludir pelas promessas contidas nos textos sagrados; as demais têm de procurar alternativa para melhor compreensão da realidade.

Na compreensão de algumas mitologias, o mundo está em estado de fluxo criativo desde o início dos tempos. No Postulado dos Fatores Naturais, isso ocorre porque o Deus Permanente, que cria tudo, cria o Deus não permanente, que evoluciona para o Criador, portanto para tornar-se o Deus Permanente, que cria tudo.

No Hinduísmo, o atmã faz parte dos seres humanos, vegetais e animais, é o elemento imaterial do indivíduo que o homem deve buscar pela superação da realidade corpórea. No Postulado dos Fatores Naturais, atmã é uma essência que faz parte de todos os seres vivos, que se transforma pelo aprimoramento em tudo, pois está também nos seres inanimados, embora incipiente, na forma de aglomerados instáveis de Fatores Naturais.

No Bramanismo, os seres vivos devem ter um fim e um novo começo. No Postulado dos Fatores Naturais, todas as coisas, vivas ou não, devem ter recomeços a partir do ponto em que se encontravam anteriormente, para finalmente atingirem o estado de deidade.

Na doutrina da Metempsicose, a alma pode passar de um corpo para outro e animar tanto um ser humano como um animal ou um vegetal. No Postulado dos Fatores Naturais, atmã é igualmente um atributo de todos os seres vivos, uma essência que busca evoluir, mas a transmigração ocorre com especificidade, ou seja, um atmã de vegetal só pode conjugar-se com uma espécie definida de vegetal, assim como um de animal só pode conjugar-se com uma espécie definida de animal. Um "atmã humano" (ou alma, se quisermos) somente pode transmigrar para um ser humano. O *samsara*, a transmigração dos seres na Metempsicose, no Postulado dos Fatores Naturais também é o liberar-se do ciclo dos renascimentos pela passagem por estados sucessivos, mas após a libertação, o atmã humano não queda num estado definitivo de paz suprema ou nirvana: prossegue na busca de um fim. No Postulado dos Fatores Naturais, o samsara é igualmente um estado de dor, a necessidade imposta por uma LEI a todos os seres vivos que, porém, não se configura como castigo. Também não é um privilégio o curso da vida mundana, a reencarnação permitida a espíritos superiores segundo o Budismo.

Thomas Huxley, ao rejeitar a sua anterior posição teísta (acreditava na existência de um Deus pessoal), cunhou o termo "agnosticismo" para descrever a sua nova posição em defesa de que as perguntas sobre a natureza suprema do universo não podem ser respondidas, por exemplo, a questão da existência de Deus. O Postulado dos Fatores Naturais está de acordo com os agnósticos, porque cada um pensa conforme os diferentes estados evolutivos individuais, mas admite a existência de seres supra-humanos que, obviamente, não haveriam de pensar como nós pensamos, e, mais evoluídos que são, respondem, sim, a questões que não podemos responder.

Immanuel Kant dizia que a qualidade objetiva das coisas está baseada em como nós as percebemos, e não nas qualidades delas como realmente são. Circunscreveu os limites no interior dos quais a razão pode conhecer, limites estabelecidos pela experiência possível. O Postulado dos Fatores Naturais reconhece esses limites apenas para a razão "do homem", cuja experiência moral está limitada à condição de ser humano. Mas não tem a ordem cósmica como uma estrutura externa para ser entendida, Deus não é uma estrutura externa às suas criaturas.

O Postulado dos Fatores Naturais não está coincidente com as religiões indianas em que o objetivo dos seres é a união com a divindade. O propósito é tornar-se a divindade, conflui, sobretudo, para o Confucionismo, embora a doutrina do grande mestre chinês não contemple a possibilidade de vida após a morte.

O Postulado dos Fatores Naturais não contempla a veneração de uma divindade, não está associado a qualquer sacerdócio e não envolve um sistema de rituais com significado religioso. Prega uma imperiosa necessidade de reciprocidade e solidariedade; encoraja a vida de retidão moral e o comportamento social no afã de alcançar o amor universal que se traduz por Deus.

CAPÍTULO XV

DEUS SEM RELIGIÃO
(POSTULADO DOS FATORES NATURAIS)

Se o tempo começou há bilhões de anos com o *big bang*, o *big bang* foi Criação, a Vontade de Deus. Se o cosmo está destinado a expandir-se indefinidamente, o infinito está inscrito na Vontade de Deus. Se a expansão cósmica vai se reverter para um *big crunch*, o *big crunch* é a Vontade de Deus. De qualquer modo, sempre haverá um ponto de equilíbrio, que é a Vontade de Deus.

Deus é a *Vontade Primordial Criadora*, uma Vontade inscrita numa LEI que estabeleceu e mantém a ordem natural de tudo. O destino de tudo é o Criador, a Fonte da qual tudo veio a ser. Esse paradoxo coincide com o que muitos cosmologistas acreditam: o universo está se expandindo, vai atingir um ponto máximo de expansão e começará a se contrair até ser comprimido num único ponto. Para o Postulado dos Fatores Naturais, Deus é esses dois pontos. A criação do universo seria eternamente cíclica: iria do *big bang* ao *big crunch*, para ocorrer um novo *big bang*. De Deus para Deus, conforme algumas visões filosófico-religiosas, em que não houve um início absoluto para o aparecimento do universo; ele é o resultado de uma série cíclica que sempre ocorreu e está ocorrendo.

Fora do tempo, a *Vontade Primordial Criadora* irrompe em *porções infinitesimais* geradoras de energia (tida como alguma coisa transcendente, para a qual não encontrei um nome mais adequado). É o universo, não numa configuração que se possa imaginar, mas como pura energia encerrando potencialidade para transformar-se e resultar em todos os demais eventos. O universo é, no início, apenas *Vontade Primordial Criadora* e energia por Ela criada para ser transformada em elementos primários submetidos a um processo de evolução. A criação de energia significa um impulso evolutivo permanente que dá origem a uma cadeia de transformações para culminar em um Ser Perfeito: o próprio Criador da energia. Portanto, a *Vontade Primordial Criadora* tem como desígnio seres gradualmente mais perfeitos até que a energia transformada ressurja como o Criador, um processo evolucionista que é objeto de si próprio, tem como escopo o retorno a si mesmo, ao Início.

A matéria apresenta características simultâneas tanto de ondas como de partículas, e a transformação da energia sob forma radiante em corpúsculo com massa é o mais elementar dos passos evolutivos, a ação da *Vontade Primordial Criadora* transformando energia em um ser primário. Daí em diante, o ser continua evoluindo na direção de uma causa final, de um Ponto Culminante. Trata-se de uma evolução fazendo as criaturas – todas as coisas são criaturas –, por etapas sucessivas, se tornarem Deus. Essa transformação é para a criatura humana uma busca racional. A sensação de desejo por algo maior que inspira o homem está como vontade latente nos demais seres sencientes, e nos seres inorgânicos, está presente também como *Vontade Primordial Criadora*. À evolução tudo está sujeito, desde a matéria inanimada, que dá origem à animada. A evolução orgânica das espécies proposta pela teoria da seleção natural, embora, em si, não seja a evolução de que estamos tratando, não implica uma visão ateísta da natureza, conquanto evolução é sempre assumir novas representações divinas no cenário do universo.

Às porções infinitesimais da *Vontade Primordial Criadora* daremos o nome de *Fatores Naturais* (que poderiam ser a *arché*, princípio que está presente em todas as coisas, segundo os filósofos pré-socráticos; ou a mônada, que no sistema de Leibniz, apresenta características de imaterialidade, indivisibilidade e eternidade). Os Fatores Naturais são atributos de Deus, fazendo a energia realizar trabalho. Todas as coisas que constituem o universo – as criaturas – tiveram origem na combinação de Fatores Naturais com energia, sendo energia a primitiva obra da Criação e Fatores Naturais, a realidade fundamental defendida pelas filosofias monísticas. A combinação de Fatores Naturais com energia resulta em matéria, o primeiro passo na caminhada evolucionista.

Matéria, então, corresponde a Fatores Naturais mais energia. A qualidade da matéria depende dos Fatores Naturais que estão agregados nela. Tudo o que se vai criando, todas as criaturas, são seres que se diferenciam uns dos outros pelos aglomerados de Fatores Naturais. Esses aglomerados são mais ou menos complexos, conforme a quantidade de Fatores Naturais neles presentes, e a sua diversidade intensiva é dinâmica e progressiva, pois os Fatores Naturais agrupados tendem a atrair mais Fatores, como se fossem ímãs atraindo limalha de ferro. (Em termos abstratos, o ser mais simples da natureza seria energia contendo um único Fator Natural.)

Entendidos Fatores Naturais como "porções" da *Vontade Primordial Criadora*, aglomerado mais complexo é aquele que possui mais Vontade, e como todos os seres cósmicos têm essa presença de Deus, implica que todos os seres – minerais, vegetais e animais – têm em si algo de divino. O Arquiteto do Universo é, assim, o próprio universo, e tem partes de Si em cada criatura produto da Sua arte. Como os seres evoluem à medida que adquirem mais Fatores Naturais, pode-se dizer que seres mais evoluídos são aqueles que têm um maior quinhão de Deus. O homem, por ter em maior quantidade essas Partes, embora não tenha ainda desenvolvidas todas as perfeições, é o ser mais perfeito da Terra, já pressente que o divino que possui é o mesmo divino que está em todas as demais criaturas.

"*Não sabeis que sois o templo de Deus e que o Espírito de Deus habita em vós?*" *(I Coríntios 3,16)*
"*Naquele dia conhecereis que estou em meu Pai, e vós em mim e eu em vós.*" *(João 14,20)*

Há no cosmo, então, fundamentalmente apenas duas coisas: Fatores Naturais e energia, do que resulta tudo o mais. Fatores Naturais é Vontade do Criador. A energia (os físicos quânticos dizem que tudo é energia vibrante e em mutação), numa forma não mensurável pelos espectrômetros, é o substrato transformável pelos Fatores Naturais em matéria. Existem, portanto, somente Fatores Naturais – ou Vontade de Deus – e uma única substância, energia, a formar a realidade.

Em todas as coisas, desde as partículas mais elementares até os seres vivos da maior complexidade, há apenas Fatores Naturais e energia transformada. Deus possui a faculdade de todas as coisas, todas as coisas possuem alguma faculdade de Deus. Tudo existe a partir de transformações energéticas que têm origem na Vontade de Deus.

Se a ciência pudesse dissecar ao infinito a matéria, separaria um último Fator Natural da energia, ou seja, encontraria a *Vontade Primordial Criadora* separada da sua criação. Toparia com Deus. Se pudéssemos imaginar o máximo de complexidade a que um ser pode chegar, teríamos a visão da energia com todos os Fatores Naturais, de um ser perfeito. Estaríamos diante de Deus.

Nessa nossa proposta de modelo evolucionista, Deus não é um ser exterior ao mundo: Ele é o mundo. Tudo é Deus, tudo vem de Deus e tudo marcha para Deus, em realização de um propósito de Deus.

"Eu sou o Alfa e o Ômega, o Primeiro e o Último, o Começo e o Fim." (Apocalipse 22,13)

Os seres são energia e Fator Natural, ou energia e Fatores Naturais aglomerados. Os *aglomerados de Fatores Naturais* não são iguais uns aos outros, mesmo quando possuem a mesma quantidade de Fatores. Apresentam-se à semelhança de um sistema eletricamente neutro com várias cargas pontuais dispostas assimetricamente, ou, se preferirmos uma comparação biológica, obedecendo a códigos como em sequências de nucleotídeos na formação da cadeia polipeptídica. Outra comparação ilustrativa de um aglomerado de Fatores Naturais poderia ser uma montagem de Lego, aquele brinquedo com peças de formas variadas e de cavidades e saliências permitindo a construção de figuras geométricas diferentes, conforme as opções que se apresentam de encaixar-se uma peça em outra preparada para recebê-la. Portanto, as diferenças entre os aglomerados de Fatores Naturais não são apenas quantitativas: os aglomerados variam também na sua forma espacial.

O infinito número de Fatores Naturais e as suas infinitas diferentes disposições possíveis num aglomerado permitem uma infinita variedade de seres na natureza, que se distinguem uns dos outros pela quantidade e pela complexidade do arranjo particular dos Fatores Naturais em cada um deles. As diferenças, por exemplo, entre uma pedra e uma flor, ou entre um peixe e um ser humano, são estabelecidas pela quantidade e pela disposição dos Fatores Naturais presentes nos seus respectivos aglomerados. Assim, cada ser possui um aglomerado que lhe é próprio, uma determinada quantidade de Fatores Naturais dispostos em ordenação espacial que é exclusiva desse ser.

Quando a matéria muda as suas propriedades físico-químicas e uma substância original se transforma em outra (ou outras), há um desmanche do aglomerado de Fatores Naturais. Para uma nova substância, ocorre nova montagem de aglomerado própria dessa nova substância. Isso é assim somente nos seres inanimados (não vivos), em que os aglomerados se desfazem facilmente, e os Fatores Naturais passam à situação de transcendência, dispersos na natureza cósmica, aptos a serem atraídos pela energia e a se reagruparem para dar origem a uma nova substância. Não se confunda, porém, a consequência desse fenômeno com o resultado de reações químicas, que ocorrem paralela e independentemente: estamos falando de mobilização e desmobilização de Fatores Naturais, não de recombinação de átomos. A tendência da matéria bruta para receber forma já faz parte do processo evolutivo, mesmo que essa mudança não implique em reação química, por exemplo, quando o barro é ressecado em torrão, ou quando a pedra é plasmada em seixo rolado pela correnteza do rio. As transformações evolutivas ocorrem conforme acréscimo e rearranjo de Fatores Naturais no aglomerado, e não em decorrência de fenômenos físico-químicos.

Nos seres vivos, o fenômeno não é exatamente idêntico ao que acontece nos seres inanimados, porque os seres orgânicos apresentam uma característica fundamental: o aglomerado de Fatores Naturais de um ser vivo é permanente, nunca se desfaz. Quando um ser morre, o aglomerado dele é liberado em bloco, isto é, com os Fatores Naturais agrupados na mesma quantidade e disposição que eram próprias do ser que morreu. Portanto, encontram-se dispersos na natureza cósmica não somente Fatores Naturais livres e isolados, mas também aglomerados estáveis de Fatores Naturais que pertenciam a seres vivos.

A essência que anima o ser vivo é um aglomerado estável de Fatores Naturais com característica especial, porque possui um Fator Natural terminante a que chamaremos de *Fator-V*, um Fator que "termina" a composição do aglomerado. O aglomerado de um ser vivo é comparável à força magnética de um eletroímã, em que, cessada a corrente elétrica, desaparece a força magnética. O aglomerado do ser vivo, como quando o ferro magnetizado está "animado" pela eletricidade, é animado por um Fator-V, é um aglomerado que só pode estar manifesto em estruturas orgânicas quando biologicamente arranjadas. Quando as estruturas orgânicas não se mantêm devidamente compostas, o aglomerado com Fator-V, sem desfazer-se, é liberado pelo fenômeno que entendemos como morte.

Inspirando-nos no sânscrito *atman,* adotaremos o termo "atmã" para indicar esse aglomerado com Fator-V, um aglomerado especial, diferente daqueles que possuem os seres inanimados, uma essência supercorpórea que existe em todos os seres vivos. Com a adoção do termo atmã, nos sentiremos mais à vontade para falar suprarreligiosamente de um princípio essencial que, nos seres humanos – mais comumente neles –, é tido como alma.

Cada ser vivo é um atmã que sobrevive ao corpo, um Eu individual que jamais deixa de existir. Não entendamos, entretanto, que atmã se refere ao homem exclusivamente, pois atmã é a essência do indivíduo com vida, seja ele humano, animal ou vegetal, e se contrasta com o não-Eu, a substância efêmera mortal.

Portanto estamos chamando de *atmã* (o Eu, a alma individual no Hinduísmo) a esses aglomerados amarrados definitivamente pelo Fator-V, que não se desfazem e que, uma vez montados, mantêm-se distintos e com a tendência à captação de mais Fatores Naturais.

Atmã pode ser definido como um conjunto de Fatores Naturais – um deles o Fator-V – aglutinados num todo funcional, integrando um ser vivo ou liberto na natureza, em ambos os casos mantendo coesos os Fatores Naturais em quantidade e disposição próprias do ser vivo a que correspondem ou a que correspondiam.

O atmã poderia ser tido como da natureza de um imaginário DNA sideralizado, uma espécie de consciência que, quando não conjugada com a matéria, encontra-se disponível num universo multidimensional. O que distingue, então, o ser inorgânico do ser orgânico é que o primeiro possui um aglomerado instável que pode desaparecer por dispersão dos seus Fatores Naturais; enquanto o ser orgânico possui o atmã, um aglomerado que nunca se desfaz, mesmo com a morte do ser. Assim, todas as coisas absorvem Fatores Naturais livres na natureza, mas enquanto os seres inanimados o fazem para montar e aumentar um aglomerado instável, os seres vivos o fazem para ampliação de um aglomerado estável que já existe montado definitivamente neles. Somente os seres vivos possuem o atmã – um aglomerado com o Fator-V mantendo coesos os demais Fatores Naturais.

A vida emerge da matéria quando esta se encontra suficientemente organizada para aprisionar um Fator-V, que estabiliza o aglomerado. Em tudo, portanto também no mundo mineral, estão presentes Fatores Naturais, esse princípio que faz a coisa ser o que é. O que diferencia o mundo animado do inanimado é o atmã. Enquanto o aglomerado das "coisas" pode se desmantelar e perder os Fatores Naturais, que se dispersam, o atmã é liberado e, num estado de sideralidade, mantém-se individualizado e correspondente ao ser vivo que o liberou. Morto o ser, é mantido inviolável o seu atmã, virtualmente apto a migrar novamente para a matéria orgânica incipiente, reverter ao ser vivo e dar continuidade à sua expansão evolutiva por absorção de mais Fatores Naturais. Aliás, dizer que os seres vivos absorvem atmã é uma impropriedade, porque, na realidade, o ser torna-se vivo quando a matéria especialmente organizada absorve um atmã específico dela. (Não se perca de vista que a matéria inanimada, ao absorver o Fator-V no seu aglomerado, também é vivificada, torna-se um ser com atmã.) O Fator Natural terminante que estamos chamando de Fator-V aprisiona para sempre os demais Fatores Naturais do aglomerado A absorção do Fator-V é, então, a formação de um atmã, a transição da matéria inanimada para a vida. Em contrapartida, a absorção de um atmã – de um aglomerado que já existia com seus Fatores Naturais mantidos coesos pelo Fator-V – se dá cada vez que um ser vivo é gerado por reprodução, mesmo nos casos dos seres unicelulares, em que a divisão da célula em duas corresponde ao próprio processo reprodutivo, e esse atmã absorvido é sempre próprio do organismo que o absorve.

O atmã é imortal, mas não é a alma convencional exclusiva do homem consagrada pelas religiões. Mesmo as crenças que atribuem alma aos animais não estão em consonância com o Postulado dos Fatores Naturais, em que o atmã está presente em todos os seres vivos, seja um musgo, uma árvore, uma borboleta, um pássaro, um cavalo, um ser humano. Eu sou um atmã, você é um atmã. O fato de dizermos "meu corpo", por si, revela que o corpo não é o Eu, é algo que o atmã possui, é um meio para atingir um fim, um substrato para ser usado e abandonado, à semelhança do que diz a Psicologia da autodisciplina meditativa, que faz parte das crenças religiosas indianas, em que o corpo é apenas um carro, o essencial é o dono do carro (o atmã).

Como o ser vivo possui um atmã que lhe é próprio, e como o atmã, quando não está liberto, somente pode manter-se num ser que tenha vida, o ser libera o atmã quando morre, isto é, quando os componentes orgânicos se desorganizam de tal modo que deixam escapar o atmã. Morto é um ex-vivo que perdeu o atmã. Quando um organismo qualquer morre, não está mais nele o atmã, o atmã sideralizou-se, tornou-se disponível para ser absorvido novamente. Enquanto a matéria se transforma segundo leis físicas, químicas e biológicas, o atmã mantém-se uno, intacto, distinto, no ser vivo ou livre virtualmente apto a ser absorvido e a expandir-se pela adesão de mais Fatores Naturais, renovando-se pelo progresso, mas jamais perdendo a individualidade.

A matéria atrai Fatores Naturais como a força magnética de um eletroímã atrai limalha de ferro. No ser vivo que morre, cessa a força magnética, assim como se tivesse cessado a corrente elétrica de um eletroímã. Qualquer matéria absorve Fatores Naturais, mas para absorver um atmã, ela deve estar especialmente organizada para recebê-lo. Quando uma estrutura orgânica se desorganiza, o atmã escapa, sobrevém a morte e não mais existe corpo físico animado, apenas matéria com Fatores Naturais.

Como a absorção de atmã está subordinada ao estado estrutural do organismo, tem de haver uma base material especificamente organizada para que um atmã harmônico com ela possa ser atraído. O atmã correspondente a um animal jamais poderia manifestar-se num vegetal, e vice-versa, assim como o atmã que se manifesta numa célula-ovo que vai gerar um cão não poderia manifestar-se numa célula-ovo que vai ser um pássaro.

Nenhum ser pode estar vivo sem que tenha absorvido um atmã. Estando os atmãs espalhados pelo universo, disponíveis para serem absorvidos pela matéria orgânica e conferir vitalidade, podemos dizer que o universo – e não somente a Terra – é um gerador de vida. (O universo é a própria vida, defenderemos mais adiante.)

Um instante de relevância é aquele em que o aglomerado instável do ser inorgânico absorve um Fator-V e ganha vida, torna-se um atmã. Isso pode não ser perceptível na Terra, mas ocorre em outros pontos do cosmo, como já ocorreu em nosso planeta nos seus primórdios. O fator-V é um Fator Natural como outro qualquer, mas é a derradeira conquista do aglomerado instável de um ser inanimado. Quando um aglomerado instável atinge complexidade suficiente, um último Fator Natural, o Fator-V, encaixa-se nele como se fosse um cadeado, e a partir de então, o aglomerado não mais pode desfazer-se. A partir da absorção do Fator-V, o aglomerado é um atmã, isto é, a absorção do Fator-V é o ponto de transição do ser bruto para o biológico, a transformação da não vida em vida. A captação do Fator-V é a origem de um ser vivo, que continuará a evoluir para formas superiores mediante a expansão do seu atmã pela captação de mais Fatores Naturais.

O Postulado dos Fatores Naturais, admitindo que os organismos evoluam a partir de componentes inorgânicos, contraria o conceito de biogênese, em que todo ser vivo provém de outro ser vivo (voltaremos a esse tema). Entretanto, o conceito de atmã implica uma especificidade biológica de absorção: determinado atmã somente pode ser absorvido por uma matéria organizada de tal forma que possa recebê-lo. Por exemplo, o homem possui um atmã que lhe é próprio, porque o organismo que atraiu o atmã foi uma célula humana.

Os Fatores Naturais são absolutamente iguais uns aos outros; são, como já explicado, porções da *Vontade Primordial Criadora*. Mesmo aqueles Fatores aos quais confiro um nome – para melhor fazer-me entender – não são diferentes. Portanto, atmãs nada mais são que Fatores Naturais iguais agrupados definitivamente. E se somente há no universo Fatores Naturais e energia, o homem é, como todas as coisas, puramente Fatores Naturais e energia.

Os Fatores Naturais são universais e sem qualidades diferenciadas. Conforme se agrupam é que conferem ao aglomerado qualidades próprias. O aglomerado instável – na matéria bruta – é também uma estrutura individualizada que, porém, perde essa característica pela dispersão dos Fatores Naturais. Ao contrário, a estrutura individualizada no atmã é permanente e vai aumentando as suas qualidades conforme o aporte de mais Fatores Naturais. Chamaremos de *Fator-H* – a exemplo do que se denominou de Fator-V – outro Fator terminante, o derradeiro Fator Natural absorvido por um atmã para tornar-se humano. Quando o atmã absorve o Fator-H, conquista a sua humanidade, a criatura toma a forma humana – isso no planeta Terra, porque em outros sítios cósmicos, a criatura que se convencionou chamar de "homem" pode não ser morfologicamente igual a nós, embora equivalente. O homem é, então, um ser cujo atmã adquiriu o Fator-H, é uma criatura possuidora de um atmã que comporta consciência de si mesmo e inteligência desenvolvida suficientemente para pressentir que é parte de Deus. A partir de Atmã-FH, o ser passa a conquistar Fatores Naturais por vontade própria, mediante o uso da razão como instrumento de captação, visando conscientemente a elevar-se à condição de criatura supra-humana. O atmã-FH desmaterializado, liberado do corpo humano pela morte, poderia ser considerado o que Allan Kardec chamou de Espírito – "o princípio inteligente do Universo, os seres inteligentes da criação, que povoam o Universo" –, mas aqui, estamos tratando do atmã-FH como um "espírito" transitoriamente humano, que evoluirá para outros tipos de criatura. (O ser humano é energia e Deus, mas isso não é uma exclusividade, porque todos os seres, vivos ou não, são puramente energia e Deus.)

Assim como o Fator-V, que aprisiona os Fatores Naturais que eram instáveis no aglomerado e faz brotar a vida; e assim como o Fator-H, que transumana a criatura; um Fator terminante eleva o homem a um estágio supra-humano. Chamá-lo-emos de Fator-I.

O *Fator-I* é um último Fator Natural passível de ser absorvido pelo atmã do ser humano. Absorvido pelo atmã-FH, o Fator-I eleva o ser humano à condição, digamos, de Ser Iluminado. A partir da absorção do Fator-I, a criatura tem Deus mais adensado em si e já não pertence à humanidade. Tornar-se esse novo ser, dotado de um atmã mais complexo que o do ser-FH, é o objetivo a ser perseguido por todos nós, uma promoção, uma elevação, não como mera aspiração, mas como absoluta necessidade, assim como é absolutamente necessário o progresso de todos os seres. Portanto, a grande questão a desafiar a mente humana é o que devemos fazer e de que recursos dispomos para atingir essa meta. (O capítulo XX é dedicado a esse importante assunto.)

A aquisição do Fator-I, entretanto, não é o ponto culminante de uma existência, é apenas mais uma mudança de estágio evolutivo sem a qual o ser não poderia ir além. Portanto, assim como o ser humano não é o topo de uma sucessão evolutiva – é um elo entre seres inferiores e um ser mais evoluído –, o ser-FI, por sua vez, também é um elo na cadeia evolucional. O processo evolutivo tem de atingir um apogeu. Tudo avança na direção de um ponto inacessível à compreensão humana, e de acordo com o postulado dos Fatores Naturais, em que cada Fator Natural absorvido é uma parcela da *Vontade Primordial Criadora*, o ser atinge esse Ponto Culminante quando absorve todos os Fatores Naturais e torna-se a própria *Vontade Primordial Criadora*. Nada está separado de Deus. Deus é Tudo. Nada é Deus.

"Para que todos sejam um, assim como Tu, Pai, estás em mim e eu em Ti". (João 17,21)

O esquema a seguir (que poderia ser apresentado circularmente, para uma melhor ideia de ciclo) mostra que a evolução atinge um apogeu e se reinicia como que em sucessivas e eternas viradas de ampulheta, assim como os *yuga*, a concepção de ciclos temporais com que os indianos medem a idade do Universo.

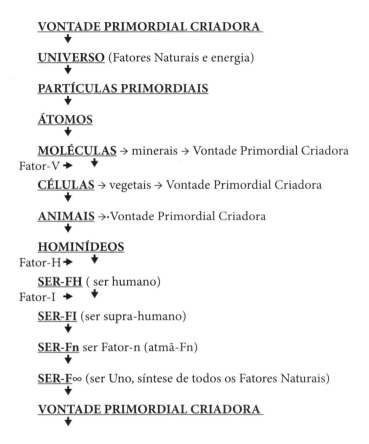

Este outro esquema, semelhante ao anterior, pode ser mais explicativo. As setas apontadas para cima são bifurcações evolutivas que originarão inúmeras outras bifurcações (outros seres), já que a evolução, embora ocorra para um único fim, ramifica-se em múltiplas direções. Somente a sequência de setas horizontais representa a trajetória da hominização.

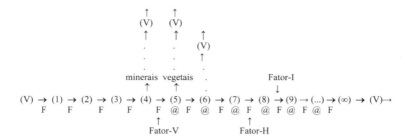

(V) Vontade Primordial Criadora
(1) Universo: Fatores Naturais e energia
(2) Partículas primordiais: Fatores Naturais combinados com energia
(3) Átomos
(4) Moléculas
(5) Células ou seres vivos microscópicos (atmã primitivo)
(6) Animais
(7) Hominídeos
(8) Ser humano (atmã-FH)
(9) Ser supra-humano (atmã-FI)
(...) Ser Fator-n (atmã-Fn)
(∞) Ser Uno: síntese de todos os Fatores Naturais
(V) Vontade Primordial Criadora

  * F = Fatores Naturais dissipados passíveis de serem absorvidos de uma fonte eternamente renovável
  * Os Fatores V, H e I são Fatores Naturais terminantes.
  * @ = Atmãs dissipados passíveis de serem absorvidos.
  * O resultado das ramificações representadas pelas setas verticais orientadas para cima é idêntico ao das horizontais, isto é, evolução até a Vontade Primordial Criadora (V). Assim, o processo evolutivo não tem necessariamente de passar pela forma humana. Por exemplo, a partir do passo evolutivo (6), originam-se seres de complexidade crescente, fora da trajetória da humanização, que, obviamente, não se encontram no planeta Terra, mas em outras dimensões cósmicas. (Os atmãs dos dinossauros e dos homens de *Neanderthal* não desapareceram do universo. Se um dia for encontrada num fóssil de espécie extinta uma célula que possua DNA intacto, provavelmente se consigam criar clones dessa espécie extinta, e o respectivo atmã estará presente nela aqui mesmo na Terra.)

Esses esquemas ignoram a tese de que, por mais que se multipliquem os lados de um polígono, ele jamais será um círculo. Para o desenvolvimento do Postulado dos Fatores Naturais, temos de aceitar que um círculo representa Deus, um polígono sem ângulos em que princípio e fim se confundem.

Deus é Permanente e impermanente. Os componentes do ar que você respira, os elementos que constituem a moeda que você tem no bolso, a flor do seu jardim, o seu cão e você próprio são aglomerados de Fatores Naturais ou quinhões de Deus, que se expandem até um Clímax que é Deus. Portanto, tudo será Deus, tudo será Vontade Primordial Criadora, onipotente, que cria tudo. Assim, o universo é continuamente criado, com Deus Permanente criando a si próprio, o Deus impermanente. É o mistério de Deus.

Tudo foi Deus.
Tudo são partes de Deus.
Tudo será Deus.
(O homem é um ser inacabado de Deus.)

O gameta, a célula sexual e haploide, não possui atmã, somente aglomerado instável de Fatores Naturais. A conjugação do atmã ocorre quando os gametas de sexos opostos se fundem, na fecundação, dando origem ao zigoto, que é um ser vivo com atmã específico, exclusivo.

O surgimento de um ser humano se dá quando um gameta feminino é fecundado, mas o indivíduo já existia antes da fecundação, na forma de atmã-FH desmaterializado que se encontrava na natureza, desembaraçado da matéria. A vida humana começa com a fecundação, mas é fugidia, volátil, tanto que, se o embrião não conseguir fixar-se na parede do útero – o que frequentemente acontece –, o atmã retorna ao estado latente na natureza e permanece aguardando nova oportunidade, esperando ansiosamente pela conjugação com o organismo que lhe venha corresponder. Se o embrião viável der origem a outros embriões – o que é possível –, atmãs diferentes serão absorvidos por esses novos embriões. Se um mesmo zigoto dividir-se para originar mais de um indivíduo – gêmeos univitelinos –, cada qual terá um atmã distinto, embora sejam criaturas geneticamente iguais. Quando dizemos que o atmã desmaterializado "espera ansiosamente" pela conjugação com um organismo, queremos dizer que ao atmã é dado compreender que somente pode continuar a sua evolução renascendo. Estamos presumindo que o atmã deseja com muito afã voltar para novas experiências no mundo físico, mas não nos arriscamos a aventar que isso dependa apenas da própria vontade dele. (Haveria intervenção dos seres-FI no evento?)

Após a absorção do atmã que lhe é próprio, cabe ao ser humano enriquecê-lo de novos Fatores Naturais para tornar-se um atmã-FI, um ser supra-humano. Essa ascensão é mais ou menos rápida, segundo o desejo de cada um, porque o ser humano é uma criatura que atingiu um estado evolutivo em que a absorção de Fatores Naturais se dá por méritos conscienciais, pela vontade de se tornar melhor. O indivíduo humano que desponta é um atmã que já tinha definido um caráter em vidas anteriores, suscetível de aperfeiçoamento pela reflexão sobre as próprias experiências, sendo as características hereditárias desse indivíduo apenas somáticas. O corpo é a qualidade do instrumento de que o atmã dispõe para conquistar Fatores Naturais; e o meio ambiente onde ele está é o palco onde realizará as suas conquistas. Portanto, o indivíduo nasce com potencialidades latentes, variáveis conforme aprendizado adquirido em vidas precedentes, e não num estado de mente totalmente vazia – de tábula rasa, segundo querem os empíricos. O conhecimento deriva da experiência, das percepções que o indivíduo recebe do meio ambiente em que vive (meio ambiente que tem dimensão cósmica), mas que vinham se acumulando de vidas precedentes, e não ficará restrito aos limites da vida atual. A cada morte do corpo físico, o atmã terá acumulado mais Fatores Naturais, um aprendizado mental que se conserva num tipo de memória que Ante Goswami (*A Física da alma*, São Paulo: ALEPH, 2005) chama de quântica.

Qualquer ser vivo, porque possui um atmã, tem algum grau de percepção. A autopercepção começa a manifestar-se nos animais superiores – alguns apresentando vislumbre de um sentido moral –, mas a consciência de Deus é um atributo dos seres terráqueos somente a partir da apreensão do Fator-H pelo atmã (em outros sítios cósmicos, haverá de ter seres equivalentes aos humanos que, portanto, também têm consciência de Deus).

Os atmãs possuem distintos graus de adiantamento, mas o destino de todos é um mesmo grau de pureza, a perfeição absoluta, que é o dom de Deus. Enquanto a divinização plena não acontece, os atmãs, inclusive o do homem, são imperfeitos, inacabados, faltam-lhes ainda Fatores Naturais. Entretanto, todos os atmãs – como também os aglomerados instáveis de Fatores Naturais – são identicamente puros, porque são inteiramente energia e Vontade de Deus.

O Postulado dos Fatores Naturais apresenta fundamentação semelhante à de muitas vidas da visão de algumas doutrinas. Entretanto, enquanto em tais doutrinas a alma imortal que transmigra de um corpo para outro é sempre igual, aqui ela está sendo considerada um princípio incompleto, um atmã em constante mudança para se completar, desde quando ainda não era atmã. Entretanto, os termos encarnação e reencarnação não são apropriados para indicar a volta do atmã à vida. Porque, existindo o atmã sob duas situações diferentes – incorporado a um ser biológico ou livre na natureza – o termo *conjugação* (ou corporificação) indica melhor o instante em que um organismo absorve o atmã que se encontrava livre. Um ser vivo, para ser considerado como tal, tem de possuir um atmã que lhe é especifico; portanto, *conjugação* é a vivificação da matéria organizada biologicamente. Como o atmã é atributo de todos os seres vivos, não nos serviria o vocábulo *encarnar* (de carne) para indicação da conjugação com um organismo vegetal. Quanto às formas inanimadas, a conjugação não se aplica, porque a matéria inerte absorve Fatores Naturais, e não atmã, exceto a partir de quando o aglomerado instável, suficientemente denso de Fatores, permite o encaixe terminante do Fator-V.

O atmã conjuga-se com a matéria biológica sem mediador (os seres-FI interferem no processo?), atraído por uma força semelhante à força magnética de um ímã. Embora a matéria seja a mesma e universal, ela tem de estar organizada de forma definida para receber um atmã específico (alga, pinheiro, abelha, peixe, ser humano), de modo que a conjugação estabeleça a individualidade física. Após a minha morte, o meu atmã liberado estará disponível para uma nova vida, para conjugar-se com uma célula humana primordial (zigoto), e esta será eu novamente, pronto para prosseguir evoluindo. A conjugação é uma ocorrência em todos os seres vivos, com particularidades de espécie, até que uma determinada saturação de Fatores Naturais permita a absorção de um Fator terminante compatível com a natureza de espécie mais evoluída, a partir do que o atmã é induzido a conjugar-se em matéria organizada dessa outra espécie, e então o ser terá atingido um degrau mais alto na escada evolucional. Quando o atmã-FH atinge o estágio evolutivo atmã-FI, liberta-se da necessidade de corpo físico igual ao nosso, e cessam para ele as conjugações corpóreas, porque esse atmã-FI já teve suficientes experiências de vida e, consequentemente, não mais necessita de vida para prosseguir na sua evolução. Entretanto, como quanto mais Fatores Naturais no atmã, menos grosseiro é o corpo físico – que vai se tornando cada vez mais sutil –, isso implica que os atmãs-FI dispõem de algum substrato material – algo quintessenciado, como na tradição pitagórica – para que possa manifestar-se. A Lei não faz distinção entre matéria inanimada, vegetais, animais e humanos. A potencialidade para evoluir que há nos minerais existe como impulsos nos vegetais, como tentativas nos animais e como esforços racionais no homem. O homem diferencia-se dos demais seres terráqueos unicamente pelo fato de ter adquirido um atmã que comporta razão, uma faculdade que lhe confere buscar pela própria vontade a adição de Fatores Naturais, que podem ser encontrados no caminho da virtude. Daí a importância das boas ações para a promoção do crescimento moral.

Resignadamente, nós, humanos, não somos uma criação especial de Deus; somos, como quaisquer outros seres, vivos ou inanimados, meros elos na cadeia evolucionista de um formidável concerto cósmico. Os filósofos da Antiguidade já argumentavam sobre a nossa presunção, e nós tivemos a confirmação dessa verdade quando Copérnico tirou a Terra do centro do universo e afastou o trono que nos mantinha como soberanos do reino do mundo.

Heráclito dizia que "tudo flui, nada persiste nem permanece o mesmo, e o ser nada mais é que o vir a ser". Aristóteles, por sua vez, imaginava um processo evolutivo vegetal-animal-homem – uma escala abrangendo a vida. Esse movimento perpétuo de devir faz que, quando analisamos um ser humano (ou uma criatura qualquer), ele não seja igual a nenhum outro seu semelhante, e nem sequer igual a si mesmo como era antes, na medida em que a sua natureza e as qualidades presentes nele quando iniciamos a observação eram de natureza fugaz e o ambiente em que ele estava inserido também se transformou. O ser nunca é o que era, o ser que a fotografia fez parar no tempo não mais existe, imediatamente passou a ser outro, mudou.

Do mesmo modo que não se pode entrar duas vezes no mesmo rio (porque, atenta a Filosofia grega do devir, na segunda vez a água é outra), aquele corpo físico que eu tinha quando comecei a escrever esta página não é mais o mesmo, houve trocas energéticas, ele perdeu água e células, renovou-se. É possível – se a minha intenção com a apresentação do Postulado dos Fatores Naturais for a de ajudar as pessoas – que nesse espaço de tempo em que escrevi este livro eu tenha absorvido alguns Fatores Naturais, tenha me aperfeiçoado, evoluído moralmente; o meu atmã também não é mais o mesmo.

A Criação é dinâmica. Nós, humanos, somos criaturas aperfeiçoando o nosso atmã, condutoras da nossa própria imortalidade. Nossa evolução nos confundirá com o Criador. Deus está, em parte, em você, e você será Deus, imensurável, de qualidade plena, um Atmã com todos os Fatores Naturais.

Os Fatores Naturais se estendem desde a matéria inanimada à potência vegetativa e aos animais, passa pelo homem, em quantidades cada vez em maiores, até tornar-se um ser Uno, que é a totalidade dos Fatores Naturais. Plotino afirmava que antes do multíplice se tem o Uno, mas aqui no Postulado dos Fatores Naturais, o Uno é contemporâneo do multíplice, todos os seres são parcelas do Uno e, por conseguinte, o Uno existe neles. Então, o Uno é, sim, contemporâneo dos seres, e também anterior a eles. A nossa incapacidade de indagar sobre o Uno por meio da razão é por não termos ainda razão suficiente, mas evoluímos cada vez mais no sentido dessa compreensão, até nos tornarmos o próprio Uno, obviamente possuidor de uma compreensão completa de si mesmo. (Jesus Cristo, que fazia supor ter afinidade com Deus, segundo o dogma católico, era o próprio Deus.)

O que mais pode ser tido como inverossímil no Postulado dos Fatores Naturais – além do dogma da reencarnação, aqui tratado como conjugação – é que componentes inorgânicos possam adquirir vida. A pedra, que não tem vida, também possui Fatores Naturais, portanto é divina e tem potencialidades como todos os seres. Quem somos nós, seres humanos? O que é o pó, o microrganismo, a rosa, a serpente, o macaco? Tudo está unido por um padrão: os Fatores Naturais. A natureza inorgânica e a orgânica estão conectadas pelos Fatores Naturais. A matéria bruta é vida adormecida. Tudo está estruturado de maneira semelhante: os seres inanimados, os vegetais, os animais, o homem e também o Ser-FI, que não pertence à humanidade e não depende do mundo planetário para subsistir.

A Força que age na matéria a partir da energia orienta a evolução no sentido de um ponto de convergência, o Ponto Ômega, defendido pelo padre jesuíta Pierre Theilhard de Chardin. Esse filósofo, que teve a sua obra censurada e foi ameaçado de excomunhão, procurava fazer uma síntese entre Cristianismo e evolucionismo e acreditava que a cada progresso em algum nível celular corresponde o mesmo progresso estelar no nível da constituição planetária.

Um provérbio sânscrito – "Deus dorme nos minerais, acorda nas plantas, anda nos animais e pensa dentro do homem" – harmoniza-se ainda mais admiravelmente com o Postulado dos Fatores Naturais quando nas palavras do escritor espírita francês Léon Denis: "A alma dorme na pedra, sonha no vegetal, agita-se no animal e acorda no homem".

Uma árvore possui atmã; um galho de árvore decepado, não, porque perdeu seu vínculo com a vida. Não é diferente quando se trata do corpo humano: a parte amputada de um membro não possui atmã. O que pode escandalizar o leitor é a afirmação de que o atmã da árvore evolui para assumir formas de seres que não são árvores. Mas isso é o fundamento do Postulado dos Fatores Naturais. Se não tivéssemos os conhecimentos de Biologia que temos, também não acreditaríamos que uma semente de laranja contenha um embrião que esconde uma árvore inteira.

Uma laranjeira possui o atmã que lhe é próprio. Uma laranja colhida da laranjeira possui apenas um aglomerado instável de Fatores Naturais, pois a laranja não é um ser vivo. Um vidro esterilizado possui aglomerado efêmero de Fatores Naturais, assim como qualquer substância inerte o possui. Um copo de vidro contendo suco de laranja possui aglomerados efêmeros no vidro e no suco, porém os microrganismos que provavelmente estejam presentes nas superfícies do copo e no suco de laranja possuem atmã, o aglomerado estável de Fatores Naturais. Um pé de laranja cortado ou arrancado do solo possui Fatores Naturais, mas não um atmã; o atmã próprio dessa árvore foi liberado e permanecerá assim desvencilhado até ser atraído para uma semente que vai conduzir o embrião de uma laranjeira. Um embrião de laranjeira é um indivíduo, portanto já com o atmã da sua espécie. Uma semente sem potencialidade germinativa não possui atmã. Uma muda de laranjeira, por minúscula que seja, contém um atmã, mas um galho arrancado da laranjeira possui somente aglomerado instável de Fatores Naturais. Se o galho arrancado da laranjeira for fincado no solo, ou ele se degenerará noutros tipos de matéria com diferentes aglomerados instáveis de Fatores Naturais, ou, se "pegar", isto é, se lançar raízes, terá absorvido um atmã de laranjeira.

A laranjeira faz parte dessa orquestra maravilhosa responsável pela música divina que toca as criaturas para Deus, e, como todas as demais criaturas, evolui. O atmã de uma laranjeira absorve mais Fatores Naturais até que, atingido um número suficiente, torne-se um atmã mais evoluído, um ser mais divino que uma laranjeira. Esse ser imediatamente superior a uma laranjeira, não observável em nosso planeta, o é em outros mundos, fazendo parte da escalada cósmica em que nós, seres humanos, estamos inseridos.

Quem somos nós, humanos, nessa escalada evolucionista em que estamos juntamente com a laranjeira? Conta-se nas histórias taoístas que Chuang Tzu, filósofo da China antiga, sonhou que era uma borboleta. Quando acordou, ficou em dúvida se ele era de fato Chuang Tzu ou se era uma borboleta que sonhava ser Chuang Tzu. E a vida, caro leitor, a da laranjeira, a da borboleta, a nossa, nada mais é que um sonho.

Antes de prosseguirmos, de falarmos sobre como pensamentos, comportamento, atos e obras influem no enriquecimento dos atmãs humanos, abordaremos brevemente em quatro capítulos alguns pontos chancelados pela ciência, para que possam ser mais proximamente confrontados com os argumentos colocados até aqui no Postulado dos Fatores Naturais.

No Postulado dos Fatores Naturais, ciência e Deus não são excludentes entre si; os conhecimentos humanos são acumulativos e, progressivamente, se revelam em harmonia com o divino. A compreensão crescente das criaturas faz que vá desaparecendo a distinção entre mundo material e espiritual.

CAPÍTULO XVI

O UNIVERSO

A Bíblia nos diz que o mundo foi criado em seis dias, há 6 mil anos. Segundo os bibliólatras, não estamos sabendo interpretá-la, já que a ciência nos revela com bastante precisão, por meio do estudo de degradação radioativa, a idade da Terra como de 4.500.000 anos aproximadamente, e a Astronomia não deixa dúvidas de que, antes da existência da Terra, uma infinidade de astros já existia nas mais variadas idades de surgimento. Na Filosofia hindu, a idade do universo é medida em ciclos temporais, os *yuga* – cujas durações são bem mais condizentes com os conhecimentos atuais do que a fantasia bíblica –, e a Mitologia refere-se a um dia da vida de Brahma como o equivalente a muitos milhões de anos. A idade do nosso planeta ainda continua à mercê de explicações de caráter religioso, quando os avanços da Cosmologia e da Física permitem conferir cada vez mais validade à teoria da Grande Explosão (*big bang*), segundo a qual tudo começou – o universo, inclusive o tempo – há cerca de 13,5 bilhões de anos. A Terra se formou nove bilhões de anos depois do surgimento do universo e foi-se preparando para o advento da vida durante mais de 1 bilhão de anos.

Vivemos num planeta, tido como tal porque se trata de um astro desprovido de luz própria, que gravita acomodado na terceira órbita de uma estrela: o Sol. Essa estrela "tão pertinho de nós" está distante 150 milhões de quilômetros da Terra. Como o nosso planeta, existem mais oito girando em torno do Sol, dentre eles Vênus e Marte, que são nossos vizinhos, e não passará muito tempo sem que os visitemos: está próximo o dia em que o homem, tripulando já projetadas astronaves, desembarcará nesses planetas.

A Terra e os outros planetas, satélites e asteroides gravitando em torno do Sol constituem o sistema solar, o qual está inserido num conjunto de sistemas semelhantes que pode ser observado no céu durante as noites estreladas, uma imensidão de astros que constitui uma galáxia. Por que avistamos esses astros como uma miríade de estrelas sob a forma de caminho leitoso, chamamos essa galáxia de Via Láctea. Então, o sistema solar pertence à Via Láctea, que possui dezenas de bilhões de estrelas que podem ser muitas vezes maiores e mais brilhantes do que o Sol que nos ilumina e fornece a energia necessária à vida no globo terrestre. Estima-se que haja pelo menos 10 bilhões de planetas na Via Láctea. Entretanto essa nossa galáxia não está sozinha: existem bilhões de galáxias no espaço cósmico, cada uma com bilhões de planetas. Mas consideremos, para facilitar a nossa compreensão, apenas 1 bilhão de planetas em cada galáxia, e somente 1 bilhão de galáxias. Esses números – inferiores aos números aceitos pela maioria dos astrônomos – nos darão 1 bilhão de planetas multiplicado por 1 bilhão de galáxias e um produto resultante tão imenso que começa a escapar ao nosso raciocínio concreto, de nós que não somos especialistas em Astronomia: 1.000.000.000.000.000.000 (10^{18}) de planetas no Universo, um deles o nosso. (O matemático John Allen Paulos nos surpreende inteligentemente com a diferença entre o milhão e o bilhão: 1 milhão de segundos é cerca de 11 dias; 1 bilhão de segundos é quase 32 anos.)

Esses valores quantitativos descomunais, costumo driblá-los fazendo analogias, por exemplo, com uma criança levando um baldinho cheio de areia na praia. Dez grãos de areia no baldinho seriam o sistema solar, e um dos grãos, a Terra. O resto da areia no interior do balde seria a Via Láctea. Fora do balde, a areia continua a se estender pela praia até uma montanha. A criança olha para o ponto onde a areia termina no escuro das encostas e se pergunta: "Haverá mais praia além da montanha?". Há, sim, é a resposta, mais praias depois da montanha, e zilhões de grãos de areia simbolizando um cosmo infinito (ou o multiverso, conceito de muitos cosmos da moderna Cosmologia). A parte do cosmo que conhecemos é uma partícula dentro do infinito, mas mesmo assim, costuma-se acreditar que somente o nosso planeta seja habitado, na sua insignificante camada biosférica, e que os outros bilhões de planetas não tiveram esse privilégio. Os seres humanos, dispostos na superfície de um grão de areia, continuam considerando a Terra o centro do cosmo e eles próprios os únicos e diletos filhos de Deus. A arrogância teísta reduziu Deus a uma pequenez tal que a louvação, às vezes, se revela um insulto. É espantoso que se acredite ainda hoje que Deus tivesse de se fazer representar por um Filho em algum ponto do universo, como o fez no planeta Terra, numa região da Palestina. Somente a vaidade, uma profunda vaidade, nos faz supor que as estrelas brilham no céu apenas para nós, para inspiração dos nossos poetas e deleite dos casais enamorados.

Conhecemos alguma coisa sobre os planetas que fazem parte do sistema solar e sabemos que não poderíamos viver neles, ou porque a temperatura neles é muita alta, ou porque são muito frios, ou porque não possuem atmosfera gasosa, enfim, porque não apresentam as condições múltiplas e combinadas presentes na superfície do nosso globo, às quais a vida terrena foi-se ajustando gradativamente ao longo de milhões de anos. São conhecidos mais de trezentos planetas dos bilhões que existem, e os poucos destes que já puderam ser estudados não apresentam condições para o surgimento da vida. Mas, claro, da vida como a concebemos, porque, quando falamos a respeito de vida, imaginamos formas de vida semelhantes às da Terra. Nada sabemos sobre qualquer outro tipo de ser "vivo" que, hipoteticamente, possa existir num ambiente desprovido de água em estado líquido, por exemplo. Seja como for, dada a infinidade de planetas, as possibilidades estatísticas da existência de vida (como a entendemos) em outros pontos do cosmo são imensamente maiores do que as de ganhar um grande prêmio na loteria.

Um peixe de rio, de água doce, que analisasse quimicamente a água salgada chegaria à conclusão de que é impossível a existência de vida no mar. Nós mesmos não aceitaríamos a ideia de que seres pudessem permanecer vivos respirando submersos na água, se não soubéssemos da existência das inúmeras espécies de animais da hidrosfera, se não víssemos os peixes resplandecentes de vitalidade nos nossos aquários. A nossa natural incredulidade decorre do fato de que estamos condicionados a tudo ver de forma relativa, em que o ponto de referência somos nós mesmos. Só concebemos as coisas vistas de um ângulo absolutamente antropomórfico.

O que pensaria do mundo uma formiga? Se fosse dada a um peixe que vive nas profundezas do oceano a faculdade de pensar, o que ele imaginaria do mundo? E o que pensariam do mundo as bactérias que podem estar aos milhões numa única escama do peixe? Na Mitologia japonesa, os deuses criaram as ilhas do Japão, "depois" o resto do mundo. O povo de Israel se intitulou "o povo escolhido de Deus" no mundo. Segundo crença de escravos africanos trazidos para a América, o mundo foi criado na Nigéria. Para os muçulmanos, Meca é o centro do mundo. E muitos de nós ainda vemos a Terra como o planeta mais importante do mundo. Tudo isso é não enxergar mais do que ao redor do próprio umbigo. O ser humano não é a medida de todas as coisas. O Postulado dos

Fatores Naturais jamais será entendido por aqueles que não pensarem Fatores Naturais como essência cósmica, que enxergarem Fatores Naturais simplesmente como algo semelhante aos gases atmosféricos que envolvem o globo terrestre.

E se existirem, dentre alguns dos outros bilhões de planetas, "outras Terras", planetas semelhantes ao nosso, com água, com os mesmos gases atmosféricos e a mesma força de gravidade, com temperatura idêntica, com a mesma combinação de movimentos em torno de um Sol permitindo a fotossíntese produtora da matéria orgânica? Seria então justo supor que nessas "outras Terras" haja mares com suas algas, solos com seus fungos e espécies vegetais e animais submetidas ao conceito de uma evolução darwiniana. A conclusão racional é a de que não devemos duvidar de que possa existir vida em outros pontos do universo.

O Postulado dos Fatores Naturais admite a *existência* eterna – que não é o mesmo que vida eterna –, sustentando que existem seres inteligentes, não necessariamente iguais a nós, em outras partes do mundo. O homem confirmará isso quando conseguir obter contato com esses seres extraterrestres.

A grande dificuldade de comunicação interplanetária reside nas descomunais distâncias, que são medidas em anos-luz. A luz viaja à velocidade de 300 mil quilômetros por segundo, o que faz um ano-luz equivaler a trilhões de quilômetros. As naves atuais são colocadas no espaço a cerca de 30 mil quilômetros por hora e podem atingir, posteriormente, velocidades em torno de 1 milhão de quilômetros por hora, o que em termos de ano-luz é nada, assim como se quiséssemos comparar o deslocamento de um jabuti à velocidade de um caça supersônico. É claro que não podemos nos comunicar por meio da luz a grandes distâncias, mas podemos usar ondas de rádio e torcer para que algum alienígena capte os nossos sinais. Uma mensagem a algum planeta da Via Láctea, galáxia à qual pertencemos, leva muitos anos para chegar lá, e outro espaço de tempo igual seria necessário para se obter uma resposta. Uma comunicação com Andrômeda, a galáxia mais próxima da nossa, demoraria milhares de anos para se concretizar. Se seres alienígenas nos enviaram alguma mensagem há um século, ela está a caminho e será recebida somente por descendentes nossos, pois estamos falando de alguns milhares de anos-luz ou de trilhões de quilômetros. Pelo sim ou pelo não, estamos com enormes radiotelescópios instalados em vários pontos, à espera de sinais de extraterrestres. Muita gente acredita na presença de OVNIs na Terra, ou seja, que os contatos do espaço exterior já estão ocorrendo.

Os projetos SETI (*Search for Extraterrestrial Intelligence*) são empreendimentos científicos realizados pela NASA e por outras instituições de pesquisas em vários países. Buscam sinais de rádio emitidos por qualquer tipo de inteligência utilizando o radiotelescópio (os sinais de rádio são a forma mais rápida de transmissão de informação) e aprimorando tecnologias que tornem mais promissoras as possibilidades da detecção de vida alienígena. Esse empenho científico na procura de culturas extraterrenas – ciência conhecida como Exobiologia – pode parecer despropositado, mas obviamente, não seria empregado tanto dinheiro e o trabalho de renomados pesquisadores em tais programas se não houvesse uma concreta expectativa de que, mesmo em longo prazo, haverão de surgir resultados que, certamente, poderão mudar o enfoque das atuais ideias teístas.

Qualquer expressão extasiada de um astronauta ("A Terra é azul!") ao ver o nosso planeta a partir de uma nave no espaço teria sido mais apropriada para definir a Terra se ele dissesse "um glóbulo azul". O primeiro homem a pisar na Lua ("É um pequeno passo para o homem, mas um grande salto para a humanidade") certamente não pensou na Terra como um planeta em particular, mas na humanidade que vive nessa minúscula e frágil esfera astral, pairando no espaço como tantas outras em situações semelhantes por aí afora. Existem bilhões daquilo que chamamos mundo, surgindo e desaparecendo. Tiveram origem semelhante e já passaram, estão passando ou passarão pela fase pela qual passa o planeta em que habitamos. Uma simples explosão de um astro mais próximo poderia fazer na Terra oceanos mudarem de lugar, continentes se fraturarem, erupções de massas ígneas cobrirem o solo e muitas outras "pequeninas coisas", que não iriam abalar a harmonia do universo, pois são eventos cósmicos naturais corriqueiros. Uma catástrofe planetária semelhante à que extinguiu os dinossauros poderá ocorrer se um gigantesco asteroide colidir com a Terra. E daí? Se a vida apagar-se na Terra ou se este planeta desaparecer, será o fim do mundo? Que paradoxal pretensão humana crer num Deus que é eterno e acreditar que o mundo criado por Ele não o é!

De acordo com evidências geológicas, o nosso *habitat* terreno, com a sua exuberante diversidade de vidas, levou mais de 4 bilhões de anos para produzir-se. Por conseguinte, é de se supor que, ao fim de alguns milhões de anos, os atuais tipos de vida terrenos ou se transformarão radicalmente para adaptar-se, ou serão varridos da Terra. Para que não exageremos a importância desses fenômenos apocalípticos, devemos raciocinar em termos de universo e ver a Terra como um grão de areia na imensidão de um deserto. Achar que, desaparecendo o nosso planeta, desaparecerá a vida é semelhante a pensar que um grão de areia retirado do deserto fará uma grande diferença. Ademais, convém sempre lembrar, deve haver formas inteligentes apenas imagináveis, entre elas as que nada têm a ver com o paradigma biológico estabelecido em nosso planeta. Haverá também de ter formas de vida extraterrena, formas adaptadas a ambientes nos quais o homem considera inconcebível a sobrevivência. Se não pensarmos assim, estaremos pensando que o cosmo tornar-se-á uma imensidão estéril, quando o Sol, envelhecido, não permitir a vida na Terra, por não emitir o calor suficiente e a luz indispensável à realização da fotossíntese. Dados científicos revelam que todas as estrelas (o Sol é uma estrela de quinta grandeza), um dia, deixam de emitir energia luminosa. Mas por que energia luminosa haveria de ser indispensável à vida? O que são ótimas condições ambientais para viver? Nas regiões abissais dos oceanos, na escuridão de profundezas superiores a 3 mil metros, vivem seres submetidos a pressões insuportáveis para a maioria dos animais que conhecemos. Esses seres das profundezas não admitiriam que uma águia pudesse voar saudável acima das montanhas, e um camelo, vagar sob o sol escaldante do deserto. Pois não pensemos como criaturas abissais. Os atmãs sempre poderão se conjugar com um meio material organizado, não necessariamente terreno. Um hipotético desaparecimento do planeta Terra não afetaria os atmãs. Eles continuariam a conjugar-se em outros lugares em que os seres ainda não transcenderam a necessidade de corpo físico. Seria, para o universo, um desaparecimento assim como o da Ilha de Krakatoa, na Indonésia, que em 1883, foi varrida por uma erupção vulcânica, matando os seus 35 mil habitantes e todas as formas de vida animal e vegetal na ilha.

CAPÍTULO XVII

A ORIGEM DA VIDA NA TERRA

Como se desenvolveu um organismo vivo a partir de constituintes inorgânicos na superfície da Terra? Quando o globo terrestre surgiu, com certeza não havia nele vida. Se havia somente átomos e moléculas que constituíam gases, e se os seres vivos são constituídos desses mesmos átomos e moléculas, é legítimo admitir que, num dado momento, as combinações atômicas aleatórias que formavam moléculas resultaram em algumas mais complexas e organizadas, depois numa célula capaz de se duplicar, ou seja, no primeiro ser vivo. A evolução darwiniana se dá após o início da vida, mas como a vida começou?

É um tanto incômodo admitir que a matéria inerte possa ter evoluído para a vida; isso abala a nossa racionalidade. Mas se houve um momento geológico em que, no planeta Terra – esse minúsculo e relativamente insignificante astro sem luz própria do sistema solar –, um evento químico deu origem à vida, por que eventos semelhantes não poderiam ter ocorrido e estar ocorrendo em muitos da infinidade de outros planetas que permeiam o cosmo? Tudo existe em função de um processo evolutivo, e a matéria bruta não pode estar à margem dessa evolução, pois se os seres vivos evoluem pela explicação darwiniana, eles têm de ter se originado de alguma coisa que evoluiu, portanto, a partir da matéria inerte. Ou isso, ou então a aceitação do fixismo, segundo o qual as espécies são imutáveis desde a sua criação por Deus. Todos os noventa elementos químicos de que dispomos já existiam aqui em nosso planeta desde o seu início, embora não na composição peculiar em que eles se encontram nos seres vivos, que têm em sua constituição sempre um arranjo especial de carbono, hidrogênio, oxigênio e nitrogênio, principalmente. Sabemos que os seres vivos se perpetuam pela biogênese, pela reprodução de seres de sua própria espécie (A teoria da abiogênese, uma ideia antiga de que os seres vivos podiam surgir espontaneamente, foi invalidada pela ciência.) Mas como surgiu o primeiro ser vivo, essa estrutura especial de elementos que constitui uma organização celular com propriedades metabólicas, de reação, de crescimento, de reprodução, de hereditariedade? Nenhuma tentativa de resposta para essa questão é digna de credibilidade se não parte da realidade de que essas propriedades evidentes nas plantas e nos animais estão virtualmente presentes na matéria bruta.

Os cristais não se comportam como os outros minerais, porque não são amorfos, possuem formas geométricas fixas e absolutamente simétricas, já que são formados pela associação de partículas dispostas conforme um modelo espacial próprio. Essas partículas ligadas entre si podem ser íons, átomos ou moléculas, mas elas sempre estão unidas obedecendo a uma forma geométrica regular, uma individualidade bem mais acentuada do que em outras matérias brutas. Possuindo os cristais a capacidade de se reconstituir e restabelecer a forma geométrica original, há quem veja nesses minerais um esboço de vida, os limites entre o ser inorgânico e o organizado. Pode ser que esteja nos cristais um exemplo do despertar para a vida.

Os vírus não têm capacidade metabólica, mas dão um jeito de se multiplicar no interior de uma célula viva; só podem se multiplicar com o auxílio do mecanismo macromolecular contido nas células de um hospedeiro. Ao contrário dos seres tidos como vivos, os vírus não crescem. Embora se multipliquem, não chegam a ser uma célula completa. São os vírus seres vivos ou não vivos? Os príons, seres ainda mais simples que os vírus, são considerados não vivos, entretanto têm poder suficiente para nos causarem doenças infecciosas graves. O homem tem na taxonomia uma admirável classificação dos seres vivos, mas, talvez por bloqueios de ordem religiosa arraigados, não se encorajou ainda a tentar definir "vida" dentro de um novo contexto.

Além das situações em que se pode ficar indeciso sobre se devemos chamar o objeto de estudo de vivo ou não, há outras em que é temerário afirmar que um determinado ser vivo é desprovido de qualquer consciência. A nova ciência sociobiológica está encontrando vestígios da moral humana em primatas. O gorila é livre de melancolia? É tristeza o que sente uma vaca da qual se aparta o filho bezerrinho? Quem, observando um cão dormindo, não tem a impressão de que ele, em dados momentos, sonha? Sim, os animais têm emoção.

Os vegetais possuem a geotropia que faz suas raízes serem orientadas para fixação e busca de água e nutrientes. As folhas das plantas podem reagir a estímulos, por exemplo, quando elas alteram sua posição para aproveitar melhor a energia solar. Espécies conhecidas como dormideiras ou sensitivas defendem-se fechando suas folhas quando alguém as toca. Existem plantas carnívoras capazes de capturar, digerir e absorver pequenos animais.

São tidos como seres sencientes aqueles que têm vida com sentimentos, que sentem, que têm sensações. A classificação de seres sencientes deve ser interrompida em que nível de consciência? O homem é um ser senciente, a girafa, a palmeira, a lagartixa, o mosquito... Até onde deve ir essa abrangência? Por que temos de parar com ela na ameba ou no vírus?

Um passo fundamental para o surgimento da vida tem de ter sido a transformação de substâncias inorgânicas em orgânicas. Soa-nos irracional? Pois é isso o que acontece todos os dias na natureza pela fotossíntese, um processo pelo qual os organismos clorofilados (plantas verdes e algumas bactérias) usam a energia solar para absorver moléculas de dióxido de carbono da atmosfera e combinam os átomos de carbono com água para produzir compostos orgânicos (açúcares e amido). Muitos componentes celulares podem ser sintetizados em laboratório, inclusive aminoácidos.

Aminoácido é o nome genérico de pequenas moléculas orgânicas que se associam para formar uma macromolécula, a proteína, principal componente dos organismos vivos. Apenas cerca de vinte tipos de aminoácidos participam da construção das proteínas – esses aminoácidos são os mesmos em todos os organismos –, unidos em sequências específicas e variadas de modo que resultem em muitos diferentes tipos de proteína, de acordo com instruções codificadas pelo ácido desoxirribonucleico – o popular DNA, que contém as informações genéticas. As proteínas são de diferentes tipos numa mesma espécie e muito desiguais de uma espécie para outra, distinguidas pelas diferentes sequências dos aminoácidos. (A sequência de aminoácidos na hemoglobina – pigmento que dá a cor púrpura ao sangue e intervém na respiração – dos grandes macacos é quase impossível de ser distinguida da hemoglobina humana.) Moléculas de aminoácidos podem ser sintetizadas mediante descargas elétricas em laboratório sob condições prébióticas – aquelas condições de tempestades elétricas esterilizantes que duraram bilhões de anos na Terra primitiva –, e certamente continuam a ser sintetizadas em outros locais do espaço cósmico. Com o acelerador de partículas LHC (um tubo subterrâneo de 27 quilômetros de extensão), em fase final de construção na Suíça, pelo qual se pretende descobrir a origem da matéria, será possível recriar as condições que existiam no universo primitivo e, talvez, por analogia, elucidar a origem do cosmo e obter revelações sobre o que ocorre em outras dimensões, o que estremeceria o *status quo* de certas questões religiosas.

A vida na Terra surgiu quando compostos inorgânicos se combinaram originando moléculas orgânicas muito simples (aminoácidos, açúcares, bases nitrogenadas, ácidos graxos), as quais também foram se combinando e produziram moléculas mais complexas (proteínas, lipídeos, ácidos nucleicos). Quando uma molécula complexa adquiriu estrutura capaz de realizar metabolismo e autoduplicação, tornou-se um ser unicelular, um ser vivo. Célula é a menor unidade estrutural do ser vivo e pode também constituir-se num ser vivo unicelular com vida independente. Metazoários são os animais pluricelulares, assim como o homem, cujo corpo pode possuir trilhões de células. Protozoários são os microrganismos constituídos de apenas uma célula, por exemplo, as bactérias. Existem seres unicelulares (eucariontes) que, embora vivos, não são exatamente nem um animal nem um vegetal; apresentam características tanto de um reino como de outro.

Os primeiros seres vivos – obviamente, protozoários – teriam de se alimentar, mas o planeta não dispunha de matéria orgânica que lhes servisse de alimento; por isso se acredita que eles eram autotróficos, isto é, capazes de produzir, eles mesmos, substâncias orgânicas para se nutrirem. Os seres autotróficos atuais são alguns tipos de bactérias, as algas e as plantas; enquanto os seres heterotróficos, aqueles que têm de obter alimento do meio externo na forma de moléculas orgânicas, somos nós, os humanos, além dos fungos, de muitos protozoários e de todos os animais. O processo físico-químico denominado fotossíntese resulta na formação de matéria orgânica a partir de água e gás carbônico da atmosfera, usando energia solar. Os vegetais obtêm alimentos por meio da fotossíntese, e quase todas as espécies animais se alimentam de vegetais. Os animais carnívoros, também dependem indiretamente dos vegetais, porque as suas presas são vegetarianas. Nós, seres humanos, comemos todos eles: vegetais, animais herbívoros e animais carnívoros. As plantas alimentam-se sem sair do lugar à cata de comida; os animais têm de ir à luta para sobreviver, comendo plantas ou caçando suas presas; o homem adquiriu uma tecnologia tal que lhe permite, quando bem lhe aprouver, abrir a geladeira e comer tanto vegetais quanto animais e seus produtos.

Os seres vivos primitivos – porque a luz solar ainda não podia vencer as barreiras gasosas para incidir com suficiente intensidade na superfície da Terra – obtinham energia liberada por reações químicas em matéria inorgânica da crosta terrestre, por isso são tidos como quimiolitoautotróficos (do grego *litós*, que significa rocha). Parafraseando, os primeiros seres vivos alimentavam-se de pedras, o que endossa a ideia básica do Postulado dos Fatores Naturais de que todas as criaturas, inclusive os minerais, fazem parte de um ecossistema cósmico em que tudo depende de tudo, em que tudo evolui num universo de relacionamentos mútuos, onde nenhuma criatura tem importância em si, mas apenas como componente de um todo.

As experiências laboratoriais simulando as condições supostamente existentes na Terra primitiva e que têm produzido substâncias orgânicas a partir de inorgânicas dão sustentação à teoria de que a vida surgiu a partir da matéria inanimada. A panspermia – teoria segundo a qual os seres vivos ou substâncias precursoras de vida teriam sido introduzidos na Terra provenientes de outros planetas, de outros locais do cosmo – não invalida o fato de que a vida teve de se originar da matéria inanimada, seja aqui na Terra ou em que ponto do Universo for. Polemizar em torno disso – se os primórdios biológicos em nível molecular se deram aqui mesmo na Terra ou se alguma partícula vital foi trazida através do espaço por meteoritos – só é relevante se virmos o nosso planeta como "mundo", sem a percepção de que a Terra não é mais que um cílio, uma organela do cosmo vivo. A teoria da panspermia, se considerada proposta de que a vida se encontra espalhada por todo o universo sob a forma de germes que aguardam circunstâncias favoráveis para se desenvolverem, não se contrapõe aos conceitos do Postulado dos Fatores Naturais (basta trocar "germes" por atmã).

Registros fósseis indicam que, há centenas de milhões de anos, já existiam minúsculos invertebrados marinhos, e que os peixes foram os primeiros vertebrados a surgir. Vertebrados marinhos que desenvolveram pulmões rudimentares passaram a se arrastar na lama e a respirar fora da água, tornando-se os primeiros anfíbios, precursores dos répteis. De modo semelhante, minúsculas algas marinhas foram aprendendo a viver nas orlas lodosas, preparando o cenário para o surgimento das primeiras plantas terrestres. E tudo continuou evoluindo sem parar até eu e você, caro leitor, aparecermos. Não é de se admirar que, na Bíblia, "o Senhor Deus formou o homem do limo da terra."

O aparente hiato entre minerais e formas orgânicas microscópicas é contraditado pelo fato de que os fenômenos físicos e químicos que ocorrem no reino mineral são semelhantes aos que ocorrem nos seres vivos, isto é, não há verdadeiramente um fosso intransponível entre a química da matéria inerte e a da matéria viva. As diferenças entre um mineral cristalizado e alguns tipos de vírus são quase imperceptíveis (Os adenovírus, grupo de vírus composto por DNA, podem ser descritos como um minúsculo cristal.). Vegetais e animais são compostos dos mesmos elementos que compõem os minerais; tudo é feito da mesma matéria-prima. Na constituição do nosso corpo, dos animais e das plantas, nenhum elemento participa que não seja encontrado nos minerais.

Todas as moléculas que constituíam o corpo de um dinossauro no Jurássico, as que faziam parte da cruz em que Jesus foi crucificado e as que integravam as estruturas do navio Titanic permanecem no universo, e é possível que algumas dessas moléculas possam fazer parte do meu fígado ou de um fio do meu cabelo.

CAPÍTULO XVIII

EVOLUÇÃO E DARWINISMO

Deus disse: "Produza a terra plantas, ervas que contenham semente e árvores frutíferas que deem fruto segundo a sua espécie e o fruto contenha a sua semente" (...). E Deus disse: "Pululem as águas de uma multidão de seres vivos, e voem as aves sobre a terra, debaixo do firmamento dos céus" (...). E Deus disse: "Produza a terra seres vivos segundo a sua espécie: animais domésticos, répteis e animais selvagens, segundo a sua espécie" (...). E então Deus disse: "Façamos o homem à nossa imagem e semelhança. Que ele reine sobre os peixes do mar, sobre as aves dos céus, sobre os animais domésticos e sobre toda a terra, e sobre todos os répteis que se arrastam sobre a terra." (Gênesis 1, 16.20.24.26)

Darwin disse (1859): "Os seres vivos não surgiram prontos na forma que os conhecemos. Todas as espécies originaram-se de uma única forma básica de vida que apareceu há bilhões de anos".

"E agora?" – perguntou-se muita gente há 150 anos, tendo de optar entre o Deus bíblico do Gênesis e *A origem das espécies*, o livro de Charles Darwin. Entre o criacionismo, a teoria da origem dos seres por criação divina, e a evolução espontânea, o processo de surgimento de novas espécies de seres vivos a partir de espécies preexistentes.

Em Gênesis (1,27), "Deus criou o homem à sua imagem; criou-o à imagem de Deus, criou o homem e a mulher". Deus criou Adão (à Sua imagem) e Eva, e os abençoou. Alguma coisa não deu certo, pois Deus teve de corrigir o erro com o dilúvio, para começar tudo de novo: "O Senhor arrependeu-se de ter criado o homem na terra, e teve o coração ferido de íntima dor. E disse: 'Exterminarei da superfície da terra o homem que criei, e com ele os animais, os répteis e as aves dos céus, porque eu me arrependo de os haver criado'" (Gênesis 6,6-7).

O livro *A origem das espécies*, de Charles Darwin, demonstrando com fundamentos científicos que o ser humano é consequência da evolução biológica, confrontou o relato da criação divina do homem e provocou uma reação exaltada do mundo religioso – o relato no Gênesis é aceito pelo Judaísmo, pelo Cristianismo e pelo Islamismo. Em 1996, o papa João Paulo II afirmou que "novas evidências levaram ao reconhecimento de que a teoria de Darwin é mais do que uma hipótese". (Alguns anos antes, ele já houvera divulgado um pedido de desculpas, por meio de um texto um tanto enviesado, pelas perseguições movidas pela Igreja contra Galileu).

Não se trata apenas de especulação científica: a Paleantropologia nos mostra que descendemos de primatas, e que esses nossos parentes apareceram há 4 milhões de anos, quando o homem não existia. Naqueles tempos, não houvera ainda chegado ao ser humano o momento de aparecer como consequência de um processo gradativo de evolução, a partir de formas animais que sofriam adaptações favoráveis ao surgimento de seres que desempenhassem papel cada vez mais importante no palco planetário. Um primata ancestral comum, ainda desconhecido, deu origem tanto aos orangotangos, chipanzés e gorilas como aos hominídeos, nossos antepassados mais próximos, que viviam há 2 milhões de anos no oeste do continente africano e desapareceram. Uma análise de curto prazo pode fazer isso soar-nos extraordinário, mas está se referindo a milhões de anos decorridos, assim como se pode prever que, daqui a alguns milhões de anos, muitas das atuais espécies terão desaparecido. Espécies desaparecem todos os dias. A pesquisa de registros fósseis e a Biologia Molecular atestam que mais de 90% das espécies que já existiram na Terra desapareceram (Os dinossauros foram extintos há milhões de anos, e os mamutes, há 4 mil anos.)

Há cerca de 5 milhões de anos, de uma linha principal – que daria origem também aos chimpanzés e gorilas – separaram-se os *Australopithecus*, os primeiros hominídeos que se conhece, algo como um chimpanzé ereto; dele surgiu o *Homo habilis*, e deste, o *Homo sapiens* (humanos). O fóssil mais antigo do *Homo sapiens sapiens*, o homem atual, é o homem de Cro-Magnon, surgido na África há cerca de 100 mil anos. (Estudos modernos mostram que o chamado *Homo neanderthalensis*, que se supunha ser nosso antepassado direto, desapareceu há algumas dezenas de milhares de anos, portanto não foi um degrau na evolução que deu origem ao homem, mas um ramo paralelo que seguiu por outro sentido evolutivo.) Portanto, a espécie humana pertence ao reino animal e à ordem primata. Como os animais não surgiram metazoários, resta-nos a resignação com o fato de que fomos seres unicelulares, a exemplo do que são as bactérias. E não basta nos conformarmos apenas com essa aceitação, quando nos grita a questão: como surgiu o primeiro ser unicelular, essa unidade morfológica e fisiológica dos seres vivos, se nos seus primórdios a Terra era constituída unicamente de matéria bruta? Só pode ter sido da matéria bruta.

O conceito conhecido como *intelligent design*, de que as maravilhosas funções especializadas do organismo humano só podem ter sido o resultado do trabalho superior de um "desenhista" que foi capaz de idealizar e executar tal desenho inteligente é tido como mais uma contestação à teoria da seleção natural e evolução das espécies. Entretanto, se entendido como a explicação de um desenho elaborado por um mestre do ofício ao longo de milhões de anos, deixa de se contrapor à tese de Darwin e torna-se uma ideia compatível com a teoria científica e com o Postulado dos Fatores Naturais, desde que se admita que o desenho ainda não esteja acabado.

Na sua estada no arquipélago de Galápagos, Darwin concluiu que as espécies não têm forma fixa, pois cada ilha possuía uma fauna característica, espécies diversas originadas de um ancestral comum, resultantes de adaptações a diferentes situações ambientais permitidas pelo isolamento de cada ilha. (Poucos anos depois, Gregor J. Mendel, tido como o pai da Genética, abriu o caminho para que os cientistas viessem a descobrir como e por que isso acontece.)

Como não poderia deixar de ser, já que as adaptações morfofisiológicas ocorrem em todos os seres vivos, podemos observar que o corpo dos animais se transforma ao longo do tempo e temos muitos exemplos de mudanças notáveis nas espécies que vivem mais próximas de nós, a exemplo da imensa diversidade de beija-flores e pombos domésticos.

A vaca atual é banguela, não tem os dentes incisivos superiores e nem precisa deles para pastar, tampouco para mastigar. Ela também não possui dentes caninos, que são muito desenvolvidos nos carnívoros em geral, pois estes necessitam deles para dilacerar a carne e para ataque e defesa. A vaca nunca teve os dentes incisivos superiores ou se trata de uma nova conformação? Pela teoria da seleção natural, a vaca era diferente do que é atualmente, e diga-se de passagem, os dentes caninos ausentes na vaca ainda podem ser percebidos na idade fetal desse animal, embora desapareçam com o desenvolvimento do feto. Já o cavalo possui seis dentes incisivos superiores que lhe são muito úteis, pois ele corta o capim com os incisivos, não o arranca, como faz a vaca. Em contrapartida o cavalo está perdendo outras coisas, por exemplo, não tem a vesícula biliar, que na vaca e na maioria dos mamíferos armazena a bile, líquido segregado pelo fígado e importante na digestão das gorduras. Vaca e cavalo vêm seguindo caminhos evolutivos morfologicamente diferentes. Como serão os descendentes de ambos daqui a 1 milhão de anos?

Enquanto muitas espécies animais ainda conservam a anatomia das mãos semelhante à da mão humana, com cinco metacarpianos e cinco dedos, outras não necessitam dessa disposição anatômica, porque descobriram outros meios de apreender os alimentos. As "mãos" (e os "pés") do cavalo possuem um único dedo, o metacarpiano volumoso que tem de cada lado um rudimento de metacarpiano outrora também desenvolvido. No bovino, está bem evidente o gradual desaparecimento da mão: existe na pata dianteira um metacarpiano volumoso em que se observa o resultado da soldadura de antigos metacarpianos distintos, como são no homem e em algumas outras espécies. Ainda persiste uma disposição muito semelhante entre os ossos da mão humana, da mão dos primatas, da asa do morcego e da barbatana do golfinho. No futuro, essas poucas semelhanças entre tais espécies terão desaparecido, e não mais se perceberá que tinham essas características em comum.

A seleção natural cortou muitas asas, mas ainda temos o morcego, um mamífero que voa; temos peixes voadores; e entre as aves, há as que possuem asas para voar (andorinha), as que possuem asas sem que se saiba bem para quê (galinha) e as que possuem arremedo de asas (pinguim).

O aparelho digestivo dos mamíferos é semelhante ao do ser humano, de modo geral constituído de boca, faringe, esôfago, estômago, intestinos e glândulas anexas (pâncreas, fígado, baço). Nesse aparelho digestivo "convencional", os alimentos são digeridos pelos sucos gástricos, mas tais sucos não conseguem digerir a celulose; por isso, nós – e a maioria dos animais – lamentavelmente não podemos comer capim. A seleção natural, entretanto, inventou um órgão chamado pança (rúmen), capaz de digerir a celulose do capim. Essa pança, que a possuem os ruminantes – bovinos, caprinos, ovinos e outros –, é uma grande câmara, espécie de préestômago, que recebe o capim engolido sem mastigar. Depois de estar na pança, o capim é regurgitado para trituração na boca, e só então vai para o estômago propriamente dito, já com a celulose digerida por uma flora bacteriana que vive muito bem adaptada à pança. Tais bactérias têm o seu *habitat* ideal no organismo dos ruminantes, que não podem viver sem elas. Se o capim ingerido fosse diretamente para o estômago de uma vaca, sem passar pela flora bacteriana da pança, o animal morreria de fome, pois nessas condições, o alimento não poderia ser absorvido. O cavalo não possui pança, mas deu um jeito de digerir a celulose do capim que come, arranjando um segmento intestinal dilatado, verdadeira câmara que desempenha papel semelhante ao da pança dos ruminantes.

Certamente, apenas na duração de uma vida não é possível perceber as transformações anatômicas que o corpo humano sofre, mas temos inúmeras provas de órgãos e características que, por não haverem totalmente desaparecidos, atestam que existiam outrora bem desenvolvidos e, obviamente, com alguma serventia. Vejamos alguns exemplos.

O segmento final da nossa coluna vertebral está se atrofiando em vértebras pequenas soldadas entre si num único osso (o cóccix). Se apalparmos essa extremidade da nossa espinha vertebral e descermos os dedos até o início do sulco que separa as nádegas, poderemos sentir essas diminutas vértebras coccígeas, e prolongando-se uma linha imaginária a partir delas, temos a nossa desaparecida cauda. (Não mais precisamos de rabo para espantar mosquitos, nos pendurar em galhos ou cobrir com ele partes pudendas). Possuímos rudimentos de uma proteção adicional que tínhamos nos olhos (membrana nictitante), uma terceira pálpebra ainda presente no ângulo interno dos olhos de alguns mamíferos. E talvez tenhamos perdido um olho inteiro, o corpo pineal, que costuma ser chamado de terceiro olho, uma estrutura com vestígio de cristalino e retina ligada ao cérebro (situa-se medianamente na altura da testa, entre os olhos), e para a qual os místicos indianos têm maravilhosas explicações.

Não temos mais potentes os dentes caninos que eram necessários para dilacerar a carne, nem uma volumosa excrescência dentária conhecida como dente carniceiro, porque perdemos o gosto de caçar com a própria boca, e cada vez comemos menos carne. O mais posterior dos nossos dentes molares, conhecido popularmente como dente do juízo, nem está irrompendo em muitas pessoas; não que estejam perdendo o juízo, é que, depois que se aprendeu a cozinhar os grãos, estamos nos desfazendo de moinhos na boca (*molare*, do latim, significa "de moinho").

O apêndice cecal, um órgão com forma de dedo de luva situado no início do nosso intestino grosso, deve ter sido de muita importância, provavelmente um vestígio do ceco dos nossos ancestrais comedores de capim. Atualmente, sua única utilidade é nos levar à mesa de cirurgia, acometidos de apendicite, para que esse saquinho inútil seja retirado do nosso corpo.

Temos vários sesamóides, ossículos achatados desvinculados do esqueleto situados na espessura dos tendões, especialmente nas proximidades das articulações das mãos e dos pés, e ninguém sabe por que estão ali e para que teriam servido. O maior deles é a rótula, que podemos sentir apalpando o joelho, e que, ainda ligada ao esqueleto por cartilagem, tem uma função manifesta (diga-o

Ronaldo, o fenomenal jogador brasileiro de futebol, lesionado em plena copa mundial).

Nossas garras defensivas, outrora indispensáveis para um maior sucesso nas contendas pela sobrevivência, estão reduzidas a frágeis unhas que nos atrapalham se não forem periodicamente aparadas.

Nem parece que nós, os pelados de hoje, descendemos dos hirsutos homens das cavernas. No que me diz respeito, prefiro não ter o corpo coberto de longos pelos e nem me incomoda estar ficando careca; entretanto, protesto quanto à unha do dedinho dos meus pés, que, acho, está desaparecendo.

A impressão que se tem é de que os seres humanos estão perdendo os caracteres sexuais secundários, isto é, fenotipicamente, homem e mulher estão ficando progressivamente indiferenciados, possivelmente porque, num estágio evolutivo mais avançado, os seres originados a partir do ser humano venham a dispor de outros meios de reprodução, ou nem mais necessitem de se reproduzir.

"Os filhos deste mundo casam-se e dão-se em casamento, mas os que serão julgados dignos do século futuro e da ressurreição dos mortos não terão mulher nem marido."
(Lucas 20,34-35)

A concepção de que o homem é o resultado de uma súbita ação divina tem atrasado diversos avanços da ciência, enquanto os modernos conhecimentos científicos têm confirmado a descoberta de Darwin, e a Biologia, se tivesse permanecido estagnada na crença dos argumentos religiosos, não estaria nos brindando hoje com as células-tronco embrionárias, os alimentos transgênicos, a decifração do genoma humano e a recombinação de fragmentos de DNA em benefício de doentes que estariam condenados por heranças hereditárias adversas. Não contaríamos com os prodígios da Medicina atual e com as suas promessas concretas de melhorar ainda mais a vida dos nossos descendentes se continuássemos a rechaçar religiosamente as ideias científicas revolucionárias. Quando João Paulo II declarou que "novas evidências levam ao reconhecimento de que a teoria de Darwin é mais do que uma hipótese", implicitamente admitiu que a ciência não poderia ter esperado 150 anos por um pronunciamento do Vaticano para só então iniciar os estudos sobre hereditariedade. Aliás, a celeuma entre a ciência e a fé é uma constante na história da humanidade, e o que se tem visto é que as descobertas científicas prosseguem levando a reboque a aceitação religiosa, que, sempre tardiamente, chega a um ponto em que não tem como refutar a veracidade dos fatos, mesmo quando estes contradizem dogmas inscritos nos livros sagrados. Qualquer um de nós sabe mais sobre a natureza do que sabiam certos fundadores de religiões, e se eles soubessem tanto quanto hoje as nossas crianças sabem – o morcego é tido como ave no Levítico 11,19 –, não teriam dito muitas das bobagens que disseram e que são mantidas até os nossos dias. Há mais de 1.500 anos, quando as religiões ainda continham o monopólio das respostas, Santo Agostinho, referindo-se ao Gênesis, já advertira sobre os riscos de se ter todas as passagens das Escrituras inabaláveis e alertara que progressos futuros do conhecimento humano poderiam afetar certas posições que a Igreja tinha imprudentemente fixadas e dadas como a palavra de Deus. Esse grande filósofo do Cristianismo não foi ouvido: as religiões fizeram Deus passar a ser ameaçado pela ciência, e – o inimaginável mesmo pelo sábio teólogo da Igreja latina – a ciência está tomando para si a missão de revelar Deus. O insondado não é insondável, e os conhecimentos científicos a serem conquistados pelo homem nos próximos milênios farão os agnósticos satisfeitos; assim como farão padres, pastores, imames e demais intérpretes de livros sagrados perderem o emprego.

A inexorabilidade da seleção natural a que estamos submetidos vem contemporaneamente sofrendo influência de outro modo de seleção que, embora obedeça às mesmas leis da hereditariedade, não privilegia necessariamente os mais aptos. A Bioengenharia, capaz de mapear genes, marcá-los, criar seres mutantes transgênicos e alterar o material genético humano, mais rapidamente produz transformações morfofisiológicas, mas, é claro, não acelera a progressão moral, essencial e que só pode acontecer por meio de sucessivas experiências existenciais que alargam a sabedoria.

A decifração do genoma humano – a nossa constituição genética, 24 cromossomos com mais de 1 bilhão de arranjos no código do DNA – de nada acrescenta à compreensão do espiritual, porque o atmã não tem genoma. As modificações promovidas pela seleção – natural ou artificial –, as alterações morfológicas, a especialização fisiológica e a promoção de uma maior longevidade não são finalidades em si, pois em quaisquer circunstâncias em que o ser humano viva, é a vivência que proporciona o seu crescimento moral.

A ciência médica tem se mostrado cada vez mais pródiga em fazer os menos aptos também sobreviverem, o que os faz, geralmente, transmitirem caracteres indesejáveis aos seus descendentes. A supressão médica dos sintomas provocados por defeitos genéticos (várias doenças poderiam aqui ser citadas) não só preserva o indivíduo defeituoso como o capacita a produzir filhos com o mesmo defeito. Certos recursos da Medicina impedem que o indivíduo seja eliminado precocemente pela seleção natural, mas ele não transmite esse mesmo benefício à sua descendência. Por exemplo, se estou escrevendo este livro, é porque não morri de febre amarela, não que a seleção natural me tenha tornado geneticamente resistente ao vírus da febre amarela; sou imune a essa doença porque simplesmente dirigi-me a um posto médico e pedi que me vacinassem contra ela. Portanto, não houve em meu organismo uma mudança benéfica suscetível de ser transmitida aos meus filhos. Eles que aproveitem os avanços da Saúde Pública em vacinogenia e tratem de tomar os mesmos cuidados que eu tive com o meu corpo.

Independentemente de saber se a LEI permite ao atmã-FH conjugar-se onde deseja – em Lisboa, no Saara, na Groenlândia, na Terra ou em outra morada cósmica -, com certeza ele necessita de um organismo humano ou equivalente que possa permitir a manifestação das suas faculdades já adquiridas. Entretanto, o meio ambiente ou as limitações de um corpo não impedem experiências proveitosas para o crescimento espiritual, porque, se assim não fosse, doentes mentais e deficientes físicos não desfrutariam plenamente das possibilidades evolutivas que a LEI concede. Ter todos os órgãos aptos e ativos não é necessariamente uma vantagem no esforço de crescimento. Seja de que modo for, somos todos participantes da trama evolucionista, mesmo desiguais em função do maior ou menor aproveitamento das nossas próprias experiências, mesmo vivendo em diferentes condições físicas.

O corpo físico é utilizado pelo atmã para o alcance de novos patamares de moralidade. A interferência médica em nosso organismo traz evidentes vantagens, mas não no ganho de Fatores Naturais, exceto pelo fato de que, se tivermos vida mais longa, teremos mais oportunidades de crescer espiritualmente, caso saibamos aproveitar essas oportunidades expandidas. Viver doente ou saudável só faz diferença para as realizações do nosso corpo físico, e às vezes não tanta. Dostoievski sofria de epilepsia, van Gogh era maníaco-depressivo, as grandes obras de Beethoven foram compostas quando ele já apresentava acentuados sintomas de surdez, o Aleijadinho esculpia quando já perdera alguns dedos e os movimentos nos que lhe restavam. Stephen Hawking sofre de uma doença degenerativa que o mantém imobilizado numa cadeira de rodas, sem sequer poder falar (comunica-se por meio de um microcomputador). Isso não o impede de escrever livros e prosseguir nas suas pesquisas sobre Cosmologia e gravidade quântica. È considerado o mais brilhante físico teórico desde Einstein. Tem-se de viver vidas em quaisquer circunstâncias, e morrer não é um fim, é uma interrupção temporária do nosso crescimento espiritual. O homem contemporâneo não é o apogeu da escala evolutiva: ele continua evoluindo, como as demais espécies, para alcançar uma forma superior de existência – para tornar-se um ser-FI –, em que é dispensável um corpo material, porque não mais terá de passar por experiências num corpo físico. Totalmente incorpóreos, a despeito de não possuírem órgãos sensoriais, os seres supra-humanos são capazes de contemplar, sentir e julgar belezas que nem sequer podemos imaginar. O vínculo que o homem tem com o corpo físico – necessário para captação de Fatores Naturais – é um obstáculo ao pleno progresso, mas temos de passar por essa dimensão biológica para alçar-nos a novas alturas. Não devemos esperar que a morte nos libere definitivamente dessa dependência, pois renasceremos em outro corpo para que possamos prosseguir na evolução até atingirmos o estágio de imaterialidade. Enquanto formos humanos, a libertação dos grilhões do corpo não resulta em nenhum passo para nos livrar da ignorância espiritual, porque esta é inerente ao estágio evolutivo do indivíduo, e o crescimento moral só é possível ao atmã humano vivendo as emoções permitidas por experiências no mundo material. As metamorfoses que ocorrem no corpo físico não se traduzem por progresso propriamente dito: são apenas adaptações às mudanças no cosmo (as mudanças não se restringem ao meio ambiente planetário), cujas características dinâmicas dão apoio à evolução moral, à verdadeira evolução determinada pela LEI.

As criaturas não têm de passar necessariamente pela forma humana, porque inúmeras são as bifurcações evolutivas, infinitos os caminhos e os mundos onde cada ser pode estar. Houve um ancestral comum do qual descendem todos os seres vivos da Terra. Se espécies deram origem, por mutação e seleção natural, a novas espécies, o que aconteceu com os seres que se diversificaram e desapareceram da cadeia evolutiva? Segundo a teoria da seleção natural, as vantagens orgânicas adquiridas por uns resultaram em dominância tão considerável sobre outros, a ponto de eliminarem os dominados da face da Terra, fazendo desaparecer dos registros bioquímicos todos os traços de tais formas de vida. Formas de vida que evoluíram paralelamente aos ancestrais dos seres vivos atuais e desapareceram continuam evoluindo, segundo o postulado dos Fatores Naturais, em outras dimensões cósmicas: os chamados elos perdidos poderão ser encontrados em outros mundos. Atmãs liberados de corpos físicos não são particularidades da Terra, estão disseminados por todo o universo, assim como se encontra por todo o universo a matéria-prima para as necessárias conjugações do atmã, bastando que os elementos materiais tomem a forma orgânica adequada para permitir a atração do atmã correspondente. A resposta esboçada no Postulado dos Fatores Naturais para a questão das ramificações evolutivas que não culminaram no ser humano está na conceituação de atmã e na possibilidade de conjugação não somente na Terra, mas em outros pontos do universo. A aceitação dessa possibilidade permite acreditar que seres direcionados para ramificações diferentes dos que seguiram a que deu origem ao homem podem ter atingido, em outros mundos, um patamar evolutivo igual ou superior ao dos seres humanos. Haveria, então, seres inteligentes extraterrestres diferenciados morfologicamente dos humanos, porém a estes moralmente equivalentes ou superiores.

 O infinito número de bifurcações que ocorreram durante a evolução biológica na Terra foi produzindo infinitas formas de vida. São particularmente notáveis os dois caminhos diferentes que seguiram as células em um dado momento primitivo. Umas, semelhantes a uma gota de óleo – como ainda é hoje a ameba –, podiam contrair-se e alongar-se, ensaiando os primeiros movimentos de locomoção, e resultaram nos animais. Outras, priorizando a autoproteção, criaram um envoltório rígido que, entretanto, as condenaram à imobilidade: foram as precursoras dos vegetais. As primeiras foram aprimorando os movimentos, aprendendo a se esticar, a rolar, a usar cílios vibráteis e a se deslocar na direção dos alimentos ou para ambientes que lhes eram mais propícios. As segundas tiveram de se contentar em permanecer plantadas no solo, e são os vegetais atuais, cujas células se caracterizam por possuir uma membrana esquelética rígida feita de celulose. Essa bifurcação no processo evolucionista determinou o que seria vegetal e o que seria animal, mas tais alterações morfológicas separatistas continuaram e continuam acontecendo, tanto no reino vegetal como no animal. Seguindo o ramo dos animais, inúmeras outras bifurcações foram ocorrendo e, dependendo do caminho evolutivo seguido, a criatura no planeta Terra hoje pode ser um mosquito, um polvo, um leão ou a que está lendo este livro.

CAPÍTULO XIX

VIDA, MORTE, EXISTÊNCIA E PROGRESSÃO

Definir vida tem sido um problema para a comunidade científica. A ciência sabe muito sobre como um organismo funciona, mesmo em nível molecular, mas questões como "O que é vida?" parecem ultrapassar a nossa capacidade de conhecimento, pelo menos por enquanto. O darwinismo tem de se aplicar de alguma maneira ao mundo inanimado, pois antes do advento da vida, só existia o mundo material, e não admitir que a vida tenha se originado da matéria inanimada implica admitir o criacionismo.

Algumas doutrinas religiosas têm como ponto fundamental a pluralidade das vidas, e a rigor, admitem um mundo astral em que a vida adquire uma condição superfísica quando do abandono do corpo somático. Uma divergência frequente entre essas crenças é sobre a possibilidade ou não de haver comunicação entre a consciência física e esse nível de consciência astral. Para o Postulado dos Fatores Naturais a, comunicação entre diferentes dimensões é presuntivamente possível, e o problema não tem exatamente o enfoque costumeiro, porque nesse postulado, existência inteligente não se baseia simplesmente na Química do carbono; conclama-se ao reconhecimento da natureza consciente em função de atmã, em que vida é matéria animada com atmã. O que no Postulado dos

Fatores Naturais chamamos de vida é uma forma de manifestação da existência, que é eterna. Uma pedra existe, e a sua existência se manifesta – podemos ver a pedra, senti-la –, mas de forma diferente da manifestação de vida, porque a pedra não possui atmã. Prefiro não me preocupar com "vida após a morte", acho que basta "viver" antes da morte. A vida é um devaneio pelo qual as criaturas passam diversas vezes para promover o seu crescimento moral; no caso do ser humano, para progredir segundo a própria vontade. Madre Teresa de Calcutá não teria a reputação de santidade que lhe valeu o Prêmio Nobel da Paz se tivesse nascido bilionária em Mônaco, se fosse uma indígena na selva amazônica ou se, desde uma infância em Los Angeles, o acúmulo de circunstâncias favoráveis a tivesse conduzido a tornar-se uma atriz de Hollywood. Fosse como fosse, teria vivido e tido as mesmas oportunidades de progresso moral que teve como religiosa. Isso é justiça. Ela só não teria tido essas oportunidades se houvesse morrido de sarampo aos cinco anos de idade, o que seria uma injustiça, se não admitirmos a possibilidade de novas vidas para o mesmo indivíduo. Pelé, o jogador de futebol, poderia ter sequelas de uma hipotética poliomielite adquirida na infância. Jamais teria sido considerado o maior atleta do século, mas nem por isso seria impedido de realizar-se como ser humano e fazer progressos morais na sua passagem por experiências de vida. Se tivesse morrido precocemente, Pelé também não seria privado de crescer moralmente nas repetidas oportunidades de vida que a LEI confere.

O que é morte? Certa vez, eu observava um besouro tentando sair do meu quarto. Ele voava e batia muitas vezes de encontro à vidraça da janela entreaberta, e quando "bateu" onde não havia vidro, passou para o lado de fora e ganhou a liberdade para a noite fresca, entre as árvores. Eis uma analogia perfeita com a morte, pensei: o besouro morreu para mim. Com certeza, ele agora poderá estar sofrendo algumas consequências pelas pancadas na vidraça, assim como eu, ao passar para o outro lado do espelho, não serei mais visto pelos olhos humanos e, possivelmente, poderei refletir sobre as consequências das cabeçadas que andei dando por aqui. Temo que o sentimento de culpa por não ter sido mais virtuoso venha a ser minha companhia dolorosa quando isso acontecer.

Biologicamente, vida é o resultado de uma organização especial de células que permite a realização de funções tais como o metabolismo, o movimento, a reprodução e a reação a estímulos. Os seres vivos são como relógios, que funcionam se estiverem devidamente montados e alimentados por algum tipo de energia. Se triturarmos um relógio e colocarmos numa balança os pedaços, veremos que eles mantêm o mesmo peso do relógio intacto, porque tudo o que fazia parte do relógio continua presente nos fragmentos. Mas não teremos mais o relógio. Se rasgarmos um livro em mil pedaços, continuaremos a ter o mesmo papel e as mesmas letras impressas, mas já não teremos o livro. Assim como nenhuma das partes possui as propriedades do todo, os dicionários contêm todas as palavras usadas pelo poeta Drummond de Andrade, mas nenhum dicionário contém poesia. Se colocarmos um pássaro numa redoma de vidro e a mantivermos hermeticamente fechada até que ele morra asfixiado, o pássaro inteiro continuará ali, podemos comprovar isso pesando-o numa balança de precisão. Entretanto, o cadáver do pássaro não é o pássaro, falta alguma coisa imponderável que escapuliu, embora a redoma estivesse muito bem-lacrada. As leis da Física e da Química, tampouco a as da Biologia, embora se apliquem ao organismo desse pássaro encerrado na redoma, não explicam convenientemente o que aconteceu com ele. Tudo são partes, unidades inseridas em totalidades organizadas. Assim o homem, como o pássaro, não pode ser explicado pelos seus componentes orgânicos, sequer por aspectos psicológicos. Somente uma visão inteiramente holística permite conceber Fatores Naturais em tudo, e atmã como a essência de todos os seres vivos.

A admissibilidade da pluralidade dos mundos nunca será consensual enquanto prevalecer a ideia estabelecida de que "mundo" tem de ser um planeta, quando não se leva em conta a infinitude do espaço sideral e que "vida" não tem, necessariamente, de apresentar-se sob as condições biológicas que conhecemos. Quando se especula se haveria vida extraterrestre, logo o nosso pensamento racional intervém negando, porque não pode existir vida na ausência de oxigênio, onde não há água nem fotossíntese. Preparamo-nos para ir a outros planetas, e de antemão afirmamos que não pode haver vida na ausência de gravidade, pois nessa condição, um organismo vertebrado, por exemplo, seria de tal modo afetado que seus ossos se desintegrariam. Validar tal assertiva é sustentar que os seres inteligentes necessitam de ossos, enquanto no Postulado dos Fatores Naturais defendemos que o atmã necessita de "matéria", o que não é a mesma coisa. Acrescente-se que a matéria grosseira que conhecemos é uma necessidade dos humanos e dos os seres inferiores a ele: a partir do estágio-FI, ela é prescindível.

No início, a Terra não passava de fogo; depois, de poeira e gases. Como se originaram as moléculas mais complexas que deram origem às primeiras células, as unidades morfológicas e fisiológicas dos seres vivos? Que é um mineral e onde estão os limites entre o que é um vegetal e um animal, sabendo-se que os fenômenos físicos e químicos que ocorrem no reino mineral são semelhantes aos que ocorrem nos seres vivos, e que na constituição do corpo humano, dos animais e das plantas, nenhum elemento participa que não seja encontrado nos minerais? Existem pouco mais de noventa elementos na tabela periódica e são apenas eles que participam do que quer que seja: mineral, vegetal, animal ou corpo humano.

Por que temos de achar que a vida humana é especial, diferente das outras formas de vida? A linha demarcatória entre o ser humano e as criaturas que o precederam imediatamente não está bem precisa, porque essas criaturas, como muitas outras, desapareceram, e vestígios delas não são fáceis de encontrar. Sem esses "elos perdidos", fica difícil montar o quebra-cabeça da evolução até o homem, mas sabe-se que, há 25 milhões de anos, surgiram os primeiros símios e macacos, e destes se desenvolveu uma linha evolutiva resultando nos hominídeos, de algum dos quais descendemos. A descoberta, na África Central, da estrutura esquelética de um primata que viveu há 7 milhões de anos provavelmente assinale o mais antigo precursor do homem, ou seja, um nosso antepassado já separado dos outros primatas. É razoável supor que os hominídeos sofreram ramificações em grupos, espécies e subespécies, e que surgimos a partir de um desses ramos, e não que todos esses hominídeos sejam nossos ancestrais. O Homem de Neandertal, cujos fósseis demonstram ter vivido há cerca de 250 mil anos, é já considerado um ser pensante, entretanto não descendemos dele; ele se desviou do ramo que resultaria no ser humano atual.

Quando digo que o ser humano é uma consequência da evolução animal, não estou afirmando que os animais tornam-se humanos; quero dizer que, aperfeiçoando-se, os animais atingirão novos patamares evolutivos, absorverão mais Fatores Naturais, tantos quantos o homem já absorveu, e consequentemente, tornar-se-ão moralmente tão adiantados quanto o homem, seja lá em que mundo for. (Alguma coisa assim como os ETs idealizados pelo cinema.) Se um cataclismo fizer desaparecer os seres humanos e a maioria dos animais, a evolução continuará no planeta, seja a partir da bactéria ou da barata. Admitimos que uma aranha construa a teia como sempre a construíram as suas antepassadas, mas temos de acreditar que, num dado momento cósmico, ela deixará de ser aranha. Se isso não acontece na Terra, podemos pensar que aqui a vida das aranhas está articulada à vida de outros seres terráqueos. A forma de vida de muitas bactérias mantém-se imutável há milhões de anos, mas isso não significa que esses seres não evoluam em outros mundos. Desaparecendo o nosso planeta, o processo evolutivo continuará em outros lugares. Se a Terra desaparecer, com todos os seres que a habitam, não haverá mudança alguma nessa marcha cósmica inexorável em cumprimento do propósito evolucionista. Há, portanto, um finalismo, mas que não é ir para o céu ou para o inferno; compreende uma infinita sucessão de metas a serem atingidas por todos os seres – não só pelo homem – até um fim determinado. Assim, temos um destino, mas a sucessão de fatos que nos levam a ele não está estipulada, depende de acontecimentos aleatórios que estão sujeitos a constantes mudanças, principalmente pela força da nossa vontade.

A evolução orgânica das espécies não tem importância senão com a finalidade de prover de melhores instrumentos os seres para captação de Fatores Naturais. Não são as alterações morfológicas, a especialização fisiológica, o aumento do volume cerebral e a maior capacidade de sobreviver finalidades em si. A par da seleção natural, os seres vão-se tornando mais capazes de absorver Fatores Naturais, e somente à medida que essa absorção gradativamente ocorre é que eles progridem verdadeiramente. Intelectualidade não é sabedoria, é instrução, conhecimentos compartimentados. Nem sequer é sabedoria a inteligência como capacidade de resolver situações problemáticas. Da autêntica sabedoria, da inteligência espiritual não mensurável por quocientes é que estamos especulativamente tratando neste livro.

O Eu, elevado por Santo Agostinho, é no Postulado dos Fatores Naturais uma essência individualizada que, de incipiente, foi medrando, evoluindo por absorção de Fatores Naturais, até completar-se em atmã humano, tornar-se um ser-FH. Esses Fatores Naturais, em maior ou menor quantidade, os possuem todos os seres vivos, também os seres inorgânicos e, mais que tudo, os seres invisíveis ou entidades extrafísicas admitidas pela própria Teologia. Mas não nos confundamos quando estamos falando de nós mesmos: nós, humanos, somos seres que estão enriquecendo o atmã com Fatores Naturais ao longo da existência, para tornarem-se ser-FI. À semelhança dos demais seres animados, o ser humano possui uma individualidade que é conservada após a morte, mas o atmã-FH permite exprimir conscientemente o que nos vegetais e animais é consciência sem poder de expressão. A diferença entre os demais seres vivos e o ser humano é apenas que este tem plena consciência da própria existência, como indivíduo, e percebe que continuará sendo ele próprio, mesmo quando absorver o Fator-I, que é um Fator Natural a ser ainda conquistado.

Os seres, tudo quanto existe, quer isoladamente (uma pedra, uma planta, um inseto, um animal vertebrado, o homem), quer coletivamente (espécies, organismos sociais, constelações estelares, galáxias) podem desaparecer. Entretanto, desaparecer, morrer, sumir, não poder mais ser detectado pelos sentidos são palavras ou expressões que devemos empregar para indicar que o ser transformou-se, completou-se para dar lugar a uma nova forma ou a novo fenômeno. Os seres sempre existem efetivamente, ou como aglomerados instáveis de Fatores Naturais, ou como atmãs livres, ou como atmãs conjugados com a matéria; ou como atmãs superiores desobrigados de vínculos materiais.

O silogismo de Descartes *Cogito, ergo sum* (penso, logo existo) cria-nos um dilema: a pedra pensa ou, então, não existe. A dedução de Descartes não cabe no Postulado dos Fatores Naturais, porque o filósofo grego refere-se à condição específica do homem, como se este fosse uma criatura à parte. Para nós tudo existe como criaturas, portanto a pedra é uma criatura que existe e não pensa, e eu existia quando ainda não pensava. A minha vida atual começou na concepção, numa única célula resultante da união de um espermatozoide e um óvulo, mas eu já existia antes da ocorrência desse fenômeno. A união de um espermatozoide (anterozoide, nos animais), o gameta masculino – uma espécie de meia célula – com um óvulo (oosfera, nos vegetais), o gameta feminino – também uma célula pela metade – resulta numa célula inteira. Essa célula que foi completada com as duas metades – célula-ovo ou zigoto – já é um indivíduo. Você, caro leitor, foi um dia essa única célula, ali já estava o seu atmã, ali a sua identidade já estava definida, você existia e não pensava.

O axioma "todos os seres nascem, evoluem, atingem o apogeu e morrem" também não se coaduna com a proposta deste livro, se "morrer" significar deixar de existir. Nascimento não é a passagem de um estado de não existência ao de existência, mas uma nova manifestação de algo que já existia. Para prosseguir na busca da superação, o atmã que existia desmaterializado se conjuga com um organismo, as vidas se conectam pela conjugação. Em nosso postulado, todos os seres vivos renascem e renascem, evoluindo sempre. Involução é apenas aparência. A morte não é aniquilamento, é a transformação que permite continuar em novas circunstâncias o avanço na direção da Inteligência Suprema. Apogeu deve ser entendido como um fim no sentido de "finalidade", um ponto no infinito inscrito numa Lei, inacessível à compreensão humana, onde então, sim, o ser deixa de existir como indivíduo, perdendo-se em Deus.

Cada Fator Natural se combina com energia para gerar partículas primordiais com massa; daí em diante, a matéria vai absorvendo Fatores Naturais e ficando gradativamente mais complexa, ao mesmo tempo que mais sutil, tornando-se quintessenciada. A energia foi criada uma única vez e não pode ser destruída, apenas combinada com Fatores Naturais para ser matéria. Na natureza, realmente nada se cria, nada se destrói, tudo se transforma, mas esse princípio de Lavoisier, da conservação da massa, que rege toda a Química clássica, não explica como surgiu a massa. Porque não se retoma o fio da meada, não se chega à compreensão do que verdadeiramente é a matéria, e muito menos, do que é vida.

Como já foi explicado, o Fator-V, um Fator Natural terminante, enfeixa definitivamente os Fatores Naturais no aglomerado que era instável, tornando-o estável, engendrando o atmã mais simples de um ser com vida. Demos também nome a dois outros Fatores Naturais terminantes, inspirados nos termos "humano" e "iluminado", respectivamente Fator-H e Fator-I. O Fator-H é o que, absorvido, engendra o atmã humano. A absorção do Fator-I, o objetivo existencial do ser humano, significa uma etapa da existência a partir da qual ele está definitivamente desobrigado de vida. Escusamo-nos de criar um nome para a condição em que se encontram os seres-FI, mas pode-se conjeturar tratar-se de um atmã cuja natureza é a da que as religiões convencionaram chamar de santo ou de espírito puro.

Os circos nos exibem animais que aprenderam muita coisa como resultado de treinamento, mas vemos que existem limites impossíveis de serem ultrapassados por eles, porque não estão ainda organicamente prontos para assimilar outro tipo de atmã. Alguns anos de treinamento não bastam para substituir os milhares de anos necessários para a absorção de Fatores Naturais suficientes para a elevação do atmã a um patamar imediatamente superior. Não é diferente do que acontece com os seres humanos, em que o acoplamento do Fator-I terminante origina o atmã-FI e alarga a visão para as realidades que, no estágio-FH, são preteridas pelas paixões terrenas.

Como a absorção de atmã está subordinada ao desenvolvimento específico de um organismo, tem de haver uma base material correspondentemente adequada para que o atmã possa manifestar-se. A natureza realmente não dá saltos: se, por exemplo, uma célula-ovo que originará um cavalo pudesse absorver um atmã humano, como iria arranjar-se esse cavalo inteligente sem mãos dotadas de movimentos complexos, desses apêndices formidáveis que possui o homem? Como iria o cavalo tocar piano?

Entretanto, defendemos que ao cavalo também foi concedida a possibilidade de evoluir. Que todos estamos crescendo no caminho divino. Que somos uma comunidade cósmica criadora do próprio crescimento. Que nós nos tornaremos o Criador. Que eu e você seremos Deus. Foi o que São João teria querido dizer no Apocalipse: "Deus é Alfa e Ômega de todas as coisas"; e Theilhard de Chardin, com o seu "ponto ômega", para o qual nos estamos dirigindo a fim de atingir a máxima potencialidade.

CAPÍTULO XX

REFLEXÕES DECORRENTES DO POSTULADO DOS FATORES NATURAIS

O Universo original não continha matéria como a conhecemos, apenas energia. A interação de Fatores Naturais com energia desencadeou a formação de partículas, ondas elementares e, sucessivamente, átomos e moléculas, envolvendo fenômenos físico-químicos ao acaso, mas previstos conforme a Lei. No caso do planeta Terra, quando o sistema solar se formou, já se faziam presentes todos os elementos químicos básicos que viriam a constituir os seres vivos da atualidade. A mistura desses elementos sobre a Terra primitiva (sopa pré-biótica) no transcorrer de milhões de anos, quando uma temperatura menos elevada e um ajuste da composição química da atmosfera terrestre sobrevieram, resultou em formas simples de vida. A sucessão de reações químicas produziu substâncias que, animadas, passaram a ser regidas por leis bioquímicas, mantendo vivos microrganismos, fazendo-os trocar promiscuamente seus genes, fornecendo condições de simbiose, controlando o funcionamento dos simbiontes.

Até aqui, no que se refere aos aspectos biológicos, entre o Postulado dos Fatores Naturais e os conhecimentos científicos atuais as discrepâncias não são relevantes, exceto a de que o conceito de

Fatores Naturais implique uma potencialidade contínua da matéria inanimada para tornar-se viva. Mas o fundamental no Postulado dos Fatores Naturais é que se trata de uma proposta não religiosa de amor e solidariedade universal.

    O Postulado dos Fatores Naturais não é um fundamento para formulação de uma seita, porque não comporta comunidade fechada; tampouco diverge de algum sistema religioso já existente, especificamente considerado. Não viabiliza especulação de cunho místico, porque, mesmo sujeito a aprimoramentos por pensadores isentos, é por demais simples – não implica entendimentos filosóficos herméticos – e imune a distorções acumuláveis por tradições ao longo dos tempos. Não aguçando a curiosidade esotérica, não comporta cultos e não predispõe à institucionalização de liturgias ou a ritos de iniciação. Não é uma ideia ateísta, porque não nega a existência de Deus, pelo contrário, concebe um Deus cósmico partícipe não só dos seres humanos, mas de todas as criaturas. Subtrai Deus da esfera das religiões, contrariando o que foi definido por elas em matéria de fé e de prática de culto externo. É uma moção mais esperançosa de confiança no futuro do homem, conferindo-lhe a individualidade com progressão contínua, afastando dele o medo da fixação definitiva da sorte. Não sendo fruto da inspiração de um profeta, pela sua própria natureza não permite o surgimento de comunidades doutrinárias isoladas. Sobretudo, encerra uma mensagem de paz ao explicar por que os seres humanos não podem ser iguais uns aos outros, estimulando a tolerância pela aceitação das diferenças e pela compreensão de que a cada um de nós não é possível pensar de modo idêntico. Pois se os nossos atmãs não são iguais e somos todos obrigados a escolher, não tem cabimento discriminar quem faz uma particular escolha.

    O Postulado dos Fatores Naturais não é ecumênico, não visa à conciliação de religiões. Encoraja a supressão das religiões instituídas, desabonando a pretensão que elas têm de conhecimento particular de Deus. Defende que compreender plenamente a divindade só é possível pela razão, mas que o ser humano não está apto a entender as questões metafísicas que tratam de realidades cognoscíveis apenas por seres supra-humanos. Repudia as ideias antropocêntricas e, diferentemente da maioria das crenças, sustenta que o ser humano é de natureza impermanente, transforma-se pela conquista de elevações espirituais, tendo como objetivo atingir o estágio ser-FI – ou estado de Espírito Superior, como ensina o Espiritismo kardecista. Essa condição de ser-FI com progressividade também é análoga a um caminho para Brahma, deus supremo dos hindus, ou a um estado de beatitude e libertação, que, alcançado, permite ao ser humano conhecer o seu verdadeiro eu (o seu atmã).

Fatores Naturais e energia não são da Terra, fazem parte do cosmo. A matéria, formada pela combinação de Fatores Naturais com energia, também se encontra em todo o Universo e não é inerte, como costumamos pensar. Está permanentemente apta a absorver Fatores Naturais, numa ânsia maquinal de adquirir vida, num desejo virtual, já que o afluxo de Fatores Naturais aos seres inorgânicos não se dá por vontade própria, mas semelhante ao fruto, que vai inexoravelmente amadurecendo com o tempo. A ideia de que todos os seres possuam Fatores Naturais não é nenhuma originalidade. Os celtas, civilização da Europa ocidental da Antiguidade, haveriam de concordar hoje com a existência dos Fatores Naturais presentes em todas as coisas, e dos atmãs formados desses Fatores, pois acreditavam que tudo no mundo possuía vida – desde rios, montanhas e astros até as ideias: tudo para os celtas era sagrado. O animismo, sistema de crenças que também atribui aos objetos inanimados e fenômenos naturais um princípio vital (ou alma), é muito semelhante ao proposto no postulado dos Fatores Naturais, resguardado que no postulado há uma diferença fundamental entre os aglomerados instáveis de Fatores Naturais presentes nas coisas inanimadas e o atmã, que anima os seres vivos. O Postulado dos Fatores Naturais poderia ser considerado, ainda, um amálgama da doutrina panteísta (Deus é a soma de tudo quanto existe); do Monismo (tudo o que existe só possui uma realidade fundamental); e da doutrina espírita de Allan Kardec (individualidade da alma e a sua progressão). Mas o atmã do Postulado dos Fatores Naturais se diferencia da alma individual eterna, que não é alterada pela inclusão de frações de Deus; e da alma antropocêntrica, que foi criada por Deus para propiciar a vida humana. O atmã é objeto de uma construção permanente. O meu atmã do momento é uma consequência dos Fatores Naturais absorvidos em experiências de vidas passadas e dos que continuo absorvendo agora, portanto, impermanente. Sou o produto da soma dos meus pensamentos e atos anteriores, e é a partir dessa base moral que continuo livremente moldando o meu atmã segundo a minha vontade.

Em cada estágio evolutivo dos seres vivos, há limites de compreensão que não podem ser ultrapassados, assim como a borboleta só pode voar após as fases sucessivas de ovo, larva, crisálida e inseto adulto. Ninguém no estágio-FH – esse limiar de busca consciente de elevação – tem o domínio da verdade, e no estágio-FI há apenas uma maior aproximação dela. E os seres humanos são criaturas de adiantamentos desiguais, por isso muitas pessoas são dotadas de certas percepções extrassensoriais que outras não possuem. Podemos reconhecer, embora não amiúde, seres humanos possuidores de excepcionais qualidades morais nos mais altos níveis de ser-FH, prestes a absorverem o Fator-I, a transcenderem a condição humana. A partir da absorção do Fator-I, tornar-se-ão seres cujo atmã não mais se conjugará com a matéria, a sua existência não mais necessitará de vida, não voltarão à Terra, pelo menos não sob alguma forma percebida pelos nossos sentidos. Essas pessoas que vivem entre nós e que dizemos serem "verdadeiras santas" provavelmente sejam aquelas que estavam quase prontas para absorver o Fator-I, mas que tiveram de complementar as suas virtudes, passando por mais algumas experiências neste planeta, ainda aprisionadas a um corpo. Exauridos os méritos acumuláveis pelas boas ações praticadas em vida, inteirado o atmã-FH, libertam-se, após a morte, do ciclo dos renascimentos e ascendem a outra dimensão para prosseguir a sua evolução já num estado livre das necessidades humanas.

Urge que nos convençamos de que, para alcançar novos estágios morais, não dependemos de muletas religiosas. As boas ações não dependem de fé religiosa, dessa fé que não impede maldades. Consta que o cangaceiro Lampião era um grande devoto de santos e costumava persignar-se quando das suas atrocidades. Os fanáticos islâmicos que explodem bombas em lugares públicos matando pessoas que nem sequer conhecem adoram Deus mais do que ninguém.

Há adormecidos em muitos de nós sentimentos perversos, até homicidas (não matamos candidamente todos os dias inocentes animais?), mas não está demonstrado que são os ateus os capazes das maiores crueldades. À medida que vamos absorvendo Fatores Naturais – e isso não se dá porque caímos de joelhos em igrejas –, aprendemos a interiorizar a agressividade e a reprimir sentimentos inferiores. Os renitentes, todavia – sem que percamos a compaixão, porque nos opomos às suas ações, não a eles –, mesmo por uma questão de sobrevivência deles e nossa, temos de segregar do nosso convívio, até que aprendam a não ceder aos seus demônios íntimos, até que estejam num patamar evolutivo compatível com a harmonia que tem de prevalecer nas sociedades humanas.

Mas a maioria de nós está deveras longe do estágio-FI. De modo geral o nosso juízo está ainda de tal modo obnubilado que rotulamos os animais domésticos: ou são de estimação, ou são destinados ao abate. Vertemos lágrimas sobre a sepultura do nosso cão (embora, em algumas culturas, a carne de cão seja considerada muito saborosa) e em seguida vamos para casa comer o bife proveniente de um dos milhares de bovinos que, diariamente, de olhares lânguidos e suplicantes, formam nos matadouros a fila para o açougue, com destino às nossas mesas. Ensinamos às crianças a piedade para com os passarinhos e abatemos todos os dias milhões de frangos, para regalo em inocentes ágapes. O galeto ou frango de corte – conhecido também como frango-de-leite –, por que a carne tenra nos é mais apetitosa, é abatido aos 28 dias de idade para ser assado. Quanto às raças de postura, têm menos sorte as aves que nascem machos: são sacrificadas ao nascerem, na sexagem. Sexador é o técnico que separa os pintos de um dia de vida: para um lado, fêmeas destinadas à produção de ovos; para outro lado, machos, porque não poriam ovos. Por haverem tido a desventura de nascerem machos, os pintos de um dia de raças poedeiras são mortos aos milhares, geralmente incinerados ou esmagados como matéria-prima para ração. Avicultura é a "arte" de criar aves, assim como é arte a bovinocultura, a suinocultura...

No reino animal, os indivíduos são presas ou predadores – à vezes, as duas coisas –, e a natureza os provê de artifícios anatômicos e fisiológicos apropriados para matar e, assim, subsistir pela dependência alimentar uns dos outros. O ser humano nada mais é que um mamífero predador em estágio evolutivo pouco acima dos outros animais dessa mesma classe, dotado, como eles, de meios naturais de sobrevivência que são muito mais eficazes para aprisionar e matar. Fazemos reproduzirem-se em cativeiro as nossas presas para que possamos devorá-las ao nosso bel-prazer, sem escassez, sem que precisemos nos lançar a árduas caçadas. Não somos muito mais piedosos que os animais, tanto que eles, mesmo as mais temíveis feras, embora desprovidos da razão, não praticam certas crueldades de que somos capazes. Há animais extremamente sociáveis, e todos possuem, em maior ou menor grau, a faculdade de se comunicar, de elementos de linguagem bastante sofisticados, e até vislumbres de amor e compaixão. Obviamente, somos os seres terrenos moralmente mais evoluídos, mas há animais extremamente bons, incapazes de praticar maldades, dignos de serem tomados como exemplos pelos seres humanos, a despeito da religiosidade do homem e da sua fé em Deus.

O QUE DEVEMOS FAZER?

É a pergunta que nos cabe, já que estamos aqui com uma finalidade e somos livres para acionar as nossas possibilidades. A realidade do processo evolutivo das espécies é hoje praticamente consensual, e o problema filosófico da evolução espiritual reside numa palavra: propósito. É óbvio concluir que os processos digestivos têm como propósito o suprimento de nutrientes, que o coração tem como propósito bombear o sangue, que este tem como propósito conduzir às células oxigênio e substâncias nutritivas para gerar energia e manter as células vivas. Mas qual é o propósito de manter as células vivas? Sabemos que o Sol serve para aquecer a Terra e proporcionar energia luminosa para a reação de fotossíntese, que os seres vivos não sobreviveriam sem a matéria orgânica que é produzida com energia solar. Mas para que esses seres têm de viver? Só há um modo de descobrir: vivendo.

A vida nos é indispensável porque, somente vivendo e convivendo com os demais seres da natureza, vai-se entendendo para crescer, e se entende melhor à medida que se cresce. Por isso, todos os tratados sobre Deus não são suficientes para nos fazer entender Deus, já que nós, seres-FH, temos ainda um longo caminho a percorrer para chegar aonde possamos não só entendê-Lo, mas, finalmente, ser Ele.

Os atos não se restringem àquilo que se faz, são igualmente o que se deixou de fazer. Além de possuir instinto, inerente também aos animais, o ser humano atingiu um estágio evolutivo em que as ações são determinadas principalmente pela razão, de modo que os nossos atos são sempre escolhas conscientes. Quando optamos por alguma coisa, simultaneamente renunciamos a outra(s). Quando deixamos de fazer algo, esse ato virtual é consequência de uma decisão livremente tomada e dele resultarão mudanças significativas para nós e tudo o que nos cerca.

Um motorista de ônibus urbano deixa de recolher passageiros e passa ao largo em alta velocidade, alheio às pessoas que ficaram acenando na parada. Ele tinha pressa em chegar ao ponto final. Na viagem seguinte, ele poderá evitar a má ação e apanhar solicitamente os passageiros no ponto em que, anteriormente, o ônibus não parou. Melhor assim, que ele se tenha reeducado, ótimo que tenha sempre chances de corrigir-se. No entanto, as novas oportunidades se dão em novos contextos, em circunstâncias diferentes. Esse motorista não terá desfeito o mal praticado, porque os passageiros já não serão os mesmos; aquele que ele deixou para trás angustiado olhando para o relógio não estará mais lá; a velhinha doente que ficou na chuva esperando pelo próximo ônibus não estará mais lá. O motorista continuará repetindo semelhantes faltas se não refletir sobre os instrumentos que nos são entregues para fazer o bem, que, além de um corpo humano, podem ser também riqueza, poder político ou uma carteira de habilitação para dirigir ônibus. Não temos simplesmente de fazer um percurso e chegar com pontualidade ao fim da linha; necessitamos de boa vontade como combustível; não poderemos avançar se não formos depositários dos Fatores Naturais, que cumpre se recolha pelo caminho.

Enquanto não entendermos o real significado de cada viagem, as vidas que tivemos não terão sido suficientes. Do mesmo modo que as más ações não nos condenam a expiações, ações meritórias não produzem uma súbita redenção. Temos de ser bons e justos sem pretender, por isso, receber após a morte o prêmio da redenção. As emanações de amor é que vão carreando Fatores Naturais para o nosso atmã, completando-o, divinizando-o. O amor não é colocado em nossas mãos para ser subestimado pelo individualismo das nossas ações; a centelha de amor que arde em nosso interior deve crescer até os píncaros da santidade. Se somos incumbidos, cumpramos a nossa missão; se nossa intenção encerra o amor, descubramos de que modo se deve amar e confiemos nos resultados das nossas ações amorosas. O amor sempre haverá de nos recompensar, e se ao tentarmos ser bons, fracassarmos, nada nos impede de continuar tentando; as nossas tentativas infrutíferas nos fazem aceitar melhor os erros dos nossos semelhantes e aprender que perdoar é um poderoso recurso de captação de Fatores Naturais.

A liberdade para avançar escolhendo os próprios rumos é-nos concedida pela LEI, como imperativo absoluto, sem alternativa, assim como o ciclista tem de fazer a bicicleta avançar para mantê-la em equilíbrio e ganhar terreno. Todos têm de progredir, cabendo a cada um escolher se a evolução se dará resignadamente, com a alegria de progredir, ou se a dor se fará necessária para impelir-nos. Se alguém é responsável pelos açoites que nos inflige a vida, perdoemos e façamos das vergastadas proveitosas experiências captadoras de Fatores Naturais. Se os açoites recaírem sobre os nossos inimigos, que não seja pelas nossas ações, nem sequer em decorrência dos nossos pensamentos, de um nosso estado mental. É necessário que sejamos senhores dos nossos pensamentos. As nossas ações virtuosas nos trazem progresso, nos fazem evoluir, mas é importante o controle das emoções internas, das nossas intenções, do que fazemos com a mente.

Somos responsáveis pelo mundo, porque os nossos pensamentos tudo podem, e os nossos atos, mesmo os inconscientes, influenciam tudo à nossa volta. A consciência é a base do cosmo, mas não entendida como intelecto, restrita a faculdades mentais, a cérebro. Os seres unicelulares possuem consciência, cada célula, animal ou vegetal, tem uma consciência. Todas as coisas têm consciência porque, tudo tendo algum quinhão de Deus, nada existe totalmente desprovido de consciência.

As percepções que temos de vidas anteriores estabelecem um padrão de propensões que influi nas nossas intenções e em nossos atos. Se possuímos talentos naturais, devemos estar atentos ao uso que fazemos deles, sem hesitarmos em aproveitar as oportunidades que nos aparecem de servir ao mundo em que vivemos. O mundo é o que cultivamos em nossa mente, depende da nossa atitude mental, e o que acontece no meio que nos cerca influi em nossas ações mentais. Os nossos pensamentos, transformando-se ou não em sentimentos e atos, afetam tudo, e tudo acaba nos afetando.

Além da satisfação das necessidades vitais, temos de ter alegria de viver. O nosso corpo pode e deve entregar-se aos prazeres sensoriais, que são imprescindíveis experiências para o nosso crescimento, contanto que não nos arrastem ao abismo dos vícios. As experiências prazerosas são compensadoras, exceto o vício, aquilo que fazemos por impulso emocional descontrolado, sem que possamos impedir. A cultura do consumo desenfreado é o vício pela busca imediata dos prazeres, o comportamento consequente da ideia de que, para sermos felizes, é necessário possuir muito. O consumo de drogas que possam obnubilar o nosso juízo, a luxúria, a gula e até o trabalho obsessivo são exemplos de vício. A tese central de Bertrand Russel, em *Elogio ao ócio*, de que o trabalho não é o objetivo da vida endossa o Postulado dos Fatores Naturais, que, sem desconsiderar o necessário labor de cada um para atender as próprias necessidades materiais, o que nos cabe é o de enriquecimento do próprio atmã. Tudo o que se faz com amor, quando se faz o que se ama, mesmo que nos leve à exaustão, não é trabalho. Mesmo pequenas extravagâncias no princípio podem tornar-se necessidades difíceis de serem suprimidas mais tarde. O gosto imoderado por qualquer coisa é vício, não pode ser associado ao conceito de prazer. Não há coisa boa e coisa ruim, há prazer e vício. O bom pode ser mau, e o mau pode ser bom, dependendo das circunstâncias e do controle que temos dos nossos desejos. O prazer não é a finalidade da vida, como querem os hedonistas, mas há prazeres genuínos que carreiam para o atmã Fatores Naturais, enquanto o abandono aos excessos bloqueia o aporte desses Fatores. A natureza nos concede o sentimento da dor para nos alertar sobre o que devemos evitar, mas nem sempre os órgãos sensoriais nos mostram claramente os desvios que atrasam o nosso crescimento e que, muitas vezes, são consequências do desejo de atingir metas elevadas demais para a maioria de nós. É improdutivo querer abraçar objetivos demasiadamente longe das nossas mãos, deixando para trás os que estão ao nosso alcance, mesmo sabendo que alimentamos um projeto espiritual de atingir a iluminação. Cabe-nos a busca de um moderado prazer de viver, e não valorizar somente as prazerosas consequências imediatas dos nossos atos. O excesso é sempre um defeito. É necessário possuir independência diante dos desejos, neutralizar os efeitos nocivos da riqueza, do poder e da glória, reconhecer as pseudonecessidades e esquivar-se de prazeres viciosos que correspondam a dores futuras. Para isso, temos de acreditar em nossa força interior, de sermos suficientemente fortes para saber dizer "não" sempre que necessário.

"*Tudo me é permitido, mas nem tudo convém. Tudo me é permitido, mas eu não me deixarei dominar por coisa alguma*" (I Coríntios 6,12)

Não há "bem" conceituado como algo que confere um caráter moral, ou "mal" como algo que nos empurra para abismos infernais. Bem é prazer, mal é a ausência das ações prazerosas que nos fazem crescer. O mal é como a fumaça proveniente de um incêndio: intoxica-nos a todos, independentemente de quem tenha provocado o incêndio. As más ações não definem a nossa sorte, e as boas também não, estas apenas nos fazem aproximar-nos mais de Deus. O mártir e o seu algoz não irão, respectivamente, para o céu e para o inferno; nem serão nivelados num nada pela morte; ambos são partes de Deus e a ambos é dado o ensejo de progressiva purificação espiritual, cabendo a cada um escolher os melhores caminhos. Temos Deus racionalizado e não devemos nos privar das coisas mundanas boas que a Sua LEI nos permite sejam criadas segundo a nossa capacidade e desfrutadas para sermos felizes. A interpretação do que seja felicidade não está subordinada a níveis intelectuais ou de posses materiais, pois que qualquer aborígine das selvas amazônicas ou das isoladas ilhas árticas pode gozar de uma paz de espírito igual ou superior à gozada pelo homem urbano erudito ou rico. Morar num palácio não é nenhum privilégio; um modesto camponês tem as mesmas possibilidades de crescer que um príncipe. Qualquer privilégio caracterizaria uma injustiça que não se coaduna com o que concebemos como o espírito da LEI, por isso as múltiplas vidas permitidas tanto aos bons como aos maus, em variadas circunstâncias, são formas perfeitas de justiça.

Às vezes se confunde o que se costuma chamar de ressurreição, com o que se costuma chamar de reencarnação, esta tratada no Postulado dos Fatores Naturais como conjugação, pelos motivos já explicados, enquanto aquela não se coaduna com o postulado, tampouco com a natureza biológica.

Ressurreição é o ato de ressuscitar: o corpo morto volta à vida. É o que os cristãos creem ter acontecido com Lázaro, ressuscitado por Jesus Cristo – um espetacular milagre que fez reavivar o cadáver putrefato quatro dias após a morte. O próprio Jesus teria ressuscitado; a Páscoa é a festa cristã comemorativa da ressurreição de Cristo, que reviveu ao terceiro dia após a morte na cruz. Ressurreição é tida também num contexto de "Ressurreição Geral", dogma de fé em várias crenças, que se constitui na volta à vida, no fim dos tempos, de todos os mortos. Na Teologia cristã, a Ressurreição é aguardada como o início da Era Messiânica, o surgir de uma nova vida, eterna e livre das mazelas terrenas, que acontecerá com a segunda vinda de Jesus Cristo.

Reencarnação é um fenômeno aceito por várias tradições místicas, em que o espírito encarna, incorpora-se a um novo corpo. O Catolicismo tem o seu episódio de encarnação, mistério pelo qual Deus se fez homem, quando a segunda pessoa da Trindade torna-se humana em Jesus Cristo por meio do útero de Maria.

Uma visão que distingue claramente Ressurreição de reencarnação é que a primeira vai ocorrer uma única vez, no Juízo Final, quando o Messias chegar; enquanto a segunda está em curso. Há, também, uma visão personalista dos adeptos de certas crenças: a Ressurreição será somente para eles, que merecem ser salvos, porque praticam a religião que é a verdadeira.

A maioria das pessoas concorda que a morte não representa o fim, e muitas creem na reencarnação. O que varia conforme as crenças é o motivo pelo qual ocorrem as reencarnações. Em geral se acredita que uma vida não seja suficiente para a alma cumprir a sua missão, e ela tem de voltar para levá-la a cabo tantas vezes quanto necessário for, até que a missão seja inteiramente cumprida. Para o

Espiritismo kardecista, não se trata propriamente do cumprimento de uma missão, mas da necessidade de passar por experiências diversas – daí se justifica o sofrimento -, sem as quais o espírito não se purifica. Deveras, essas doutrinas reencarnacionistas me parecem mais lógicas e piedosas quanto ao sofrimento, pois há mais senso de justiça nelas do que na ideia de que o primeiro ser humano foi criado perfeito, à semelhança de Deus, para em seguida errar e ter todos os seus descendentes imperfeitos, que se tornam culpados e sofredores por causa dessa imperfeição. A Bíblia nos induz a pensar que, com pecado ou sem pecado, temos de sofrer:

> *Os seus discípulos indagaram dele: "Mestre, quem pecou, este homem ou seus pais, para que nascesse cego?" Jesus respondeu: "Nem este pecou, nem seus pais, mas é necessário que nele se manifestem as obras de Deus." (João 9, 2-3)*
>
> *Esta é a justiça de Deus pela fé em Jesus Cristo, para todos os fiéis (sem distinção); com efeito, todos pecaram e todos estão privados da glória de Deus. (Romanos 3,22-23)*

O Postulado dos Fatores Naturais defende a "conjugação" (termo mais apropriado que encarnação, pelos motivos já expostos), isenta de culpas adquiridas nas vidas precedentes; que não se tem dívidas para com Deus; e que os nossos méritos podem nos fazer mais felizes agora, sem que se tenha de esperar pela morte ou pela volta de algum messias.

A morte ocorre porque o atmã deixa o corpo quando este fenece. O momento da liberação do atmã no ser humano é a morte cerebral, não entendida como degeneração de células nervosas, mas como qualquer condição em que o cérebro deixa irreversivelmente de permitir pensamentos. Necessitando o atmã-FH de um corpo físico para manifestar-se, obviamente um corpo humano desprovido definitivamente do poder de pensar é inútil.

Pessoas estão morrendo em todas as partes do mundo neste exato momento: idosos, jovens e crianças. A principal diferença entre algumas crenças e o que é defendido no Postulado dos Fatores Naturais é que neste a morte é apenas uma interrupção temporária na captação de Fatores Naturais. Não deve ser motivo de medo, sequer de angústia ou de expectativa em razão de temores infernais. Após todas as vidas pelas quais tivermos de passar, seremos portadores de uma grande quantidade de atributos da divindade, o que é indescritível, em nada se assemelhando ao Céu descrito por religiões. Morte não é castigo, está nos desígnios da Lei, portanto Deus não poderia ficar pesaroso quando alguém morre. É contraditório o que nos induz a pensar os Salmos (115,6), mesmo porque o Deus bíblico mata impiedosamente pessoas em particular e populações inteiras.

"É penoso para o Senhor
Ver morrer os seus fiéis."

Aliás, os Salmos contradizem também a passagem bíblica em que o próprio Jesus nos mostrou que morrer é da natureza das criaturas de Deus:

"Com efeito, se por um homem veio a morte, por um homem vem a ressurreição dos mortos. Assim como em Adão todos morrem, assim em Cristo todos reviverão." (I Coríntios 15: 21,22)

Os atmãs-FH desmaterializados, libertos do corpo humano pela morte, podem ser considerados "espíritos", mas espíritos que não foram criados diretamente, são consequência do desenvolvimento de criaturas mais simples. Nesse sentido, o Postulado dos Fatores Naturais não colide com a Codificação Espírita de Allan Kardec. Senão vejamos as duas questões a seguir e suas respectivas respostas colocadas em *O livro dos espíritos*:

80. A criação dos Espíritos é permanente ou verificou-se apenas na origem dos tempos?
– É permanente, o que quer dizer que Deus jamais cessou de criar.

81. Os Espíritos se formam espontaneamente ou procedem um dos outros?
– Deus os criou, como todas as criaturas, pela sua vontade; mas repito ainda uma vez que a sua origem é um mistério.

A concordância dessas revelações tidas como mediúnicas com o Postulado dos Fatores Naturais é evidente, exceto que não há um mistério para a origem dos espíritos. O que no Espiritismo se convencionou chamar de espírito é um atmã-FH, uma essência evoluída a partir de atmãs menos completos, assim como os "Espíritos Superiores" do Espiritismo são aqui considerados atmãs-FI, que evoluíram a partir de atmãs-FH.

O ser humano do Postulado dos Fatores Naturais não nasce essencialmente bom, para ser corrompido; não nasce mau, com a missão de livrar-se de um tal "pecado original"; não nasce pronto e acabado. Somos feitos de fraquezas e qualidades, cada um trazendo no atmã variados Fatores Naturais absorvidos nas vidas precedentes. O ser humano não foi humano desde o começo, cada um foi outros seres antes de se tornar o que é. Temos vínculos com as outras espécies, um totemismo marcado por relação social de parentesco e de respeito, mas sem qualquer obrigação religiosa ou de manifestações específicas para com nossos parentes animais, além do sentimento de solidariedade. Você não é um ser à parte, identifica-se com um conjunto de coisas que mudam rapidamente: uma partícula do solo, uma planta, um animal. Você não é a pessoa isolada que percebe ser, porque ela nunca é a mesma, assim como tudo que deixa de ser o mesmo. Por isso, não devemos confundir amor com apego. Amar é compreender a natureza da evolução coletiva que diviniza, é somar esforços para crescermos juntos. Apegar-se traz os tormentos da perda, a sensação de que o que nos pertencia desapareceu. Tudo aquilo a que nos apegamos não vai durar. Aquilo que é deixará de ser o que é pelas sucessivas transformações decorrentes da adição de Fatores Naturais.

A concepção de *conjugação* anula qualquer sentimento de preconceito racial e estimula a humildade, pois para o atmã, que necessita da matéria organizada para dar continuidade ao seu progresso, o corpo físico nada mais é do que um instrumento de crescimento moral, com qualquer aspecto que esse corpo possa ter, em qualquer local que possa estar. Todo sentimento preconceituoso perde o significado diante da natureza intrínseca em que está inserido o corpo material. Assim, aspecto físico, riqueza, fama e poder são transitórios, porque são os exercícios mentais, e não diretamente os resultados das ações corporais os instrumentos de captação de Fatores Naturais. Não se há de distinguir o homem pela etnia; somos absolutamente iguais no que concerne às nossas origens e ao nosso destino, porquanto somos partes de um mesmo Todo, criaturas orientadas para progredir com o objetivo de um mesmo fim. Ilude-se aquele que clama por um sistema de teorias filosóficas, econômicas e políticas que estabeleça o conceito igualitário social absoluto, porquanto somos heterogêneos em função de pontos distintos em que nos encontramos na escala evolutiva e nas nossas tendências. Estamos neste mundo em diferentes situações, com responsabilidades individuais e capacidades de conceituação diferenciadas em função de termos experimentado desiguais provações anteriores. Há que se ter essa consciência dos limites de cada um em particular. Munamo-nos de tolerância, de compaixão, do sentimento de solidariedade, para sermos guiados coletivamente, quer sejamos atmãs prosperamente crescendo, quer sejamos atmãs provisoriamente estagnados por falta de vontade pessoal.

Diante dos atuais conhecimentos de Genética e do conceito de evolução biológica, a ciência fez o racismo perder qualquer sentido, mas há ainda que se combater os preconceitos de outras naturezas com uma ideia mística unificadora – um Esperanto de fé –, mesmo que isso abale os alicerces das crenças religiosas em que a fé alheia não é vista com bons olhos, desagregadoras que são elas em seu todo ou nos seus principais aspectos ideológicos. Há muitas pessoas que conduzem a sua vida ética sem religião, imbuídas de compaixão e da mais perfeita solidariedade, ao contrário de outras, que se comportam com insensibilidade e segregacionismo por motivos de fé num Deus particularizado em livros sagrados. A muitos pode ser útil uma referência religiosa, mas é principalmente a Filosofia que nos tem ajudado na busca de um código de valores morais, e não as religiões, com seus dogmas e fantasiosos simulacros da verdade. Ao se tornar humano, o ser passa a ter percepção da sua divinização em função de um atmã mais completamente montado e pode evoluir segundo seu próprio ânimo, sem esperar que religiões tenham sucesso em elevar a sua compreensão do que ele deve se tornar.

Toda evolução se dá por agregação de Fatores Naturais decorrente de forças individuais, mas o sentimento coletivo aumenta as possibilidades de crescimento do indivíduo. Tudo o que existe, desde as partículas subatômicas, o homem, as galáxias, forma um todo integrado que evolui para um estado de completa espiritualidade. O espírito do Universo flui com o propósito de elevar as criaturas ao Criador por meio de um processo alimentado pelo amor. É o amor que faz fluir em forte correnteza os Fatores Naturais para o nosso atmã, alçando-nos à compreensão da existência de um Deus diferente daquele que é interpretado pelos desvarios religiosos. As conjugações do atmã com a matéria são uma sucessão de oportunidades concedidas pela justiça divina, e embora tais oportunidades possam ser muito ou pouco aproveitadas, o atmã progride sempre, jamais quedando prisioneiro em algum recanto infernal. Há que se vencer a soberba que faz pensar que Deus tem um plano particular para cada um de nós. No seio cósmico, somente temos importância como uma coisa que deve ser superada, algo em transição para melhor.

Porque não somos iguais uns aos outros e as necessidades e incertezas de cada um variam conforme o conjunto de bens morais adquiridos individualmente, é imprescindível que nos ajudemos mutuamente. Cada um de nós, com estados mentais únicos, é apenas uma parte componente não só da espécie como do todo cósmico. Ajudar para ser ajudado, fazer incessantemente o bem para o progresso geral é a razão da nossa estada na Terra. Entender que o empenho individual possibilita o progresso do todo em que estamos incluídos pode ser a descoberta do segredo da nossa vida. O médium Francisco Xavier escreveu que "a melhora de tudo para todos começa na melhora de cada um" e que "cada pessoa renasce na soma do que já fez." (Nas palavras de Tiago de Melo, "tudo que de mim se perde acrescenta-se ao que sou.")

É possível receber auxílio vindo de outras dimensões cósmicas? Presumo que sim, os seres-FI se interessam por nós. É de se esperar que esses seres de outras dimensões também tenham de valer-se da cooperação para continuar crescendo, assim como nós crescemos quando cooperamos. Dentro desse contexto, esses tidos como anjos e santos pelas religiões poderiam nos ajudar, assim como um familiar ou um amigo nos ajuda. Porém, utilizar-se desses seres como intermediários entre nós e Deus é diminuir a compaixão de Deus. Não é possível que se necessite de pistolão que interceda junto do Pai em favor de alguns de seus filhos. Os espíritas kardecistas acreditam que há uma relação de cooperação entre os espíritos desencarnados e nós, mas que, como entre os desencarnados encontram-se maus espíritos, podemos também sofrer maldades. O Postulado dos Fatores Naturais estabelece nitidamente a diferença entre atmãs-FH desmaterializados e seres-FI; estes últimos, obviamente, exerceriam sobre nós somente influência benéfica.

Os vegetais necessitam de matéria-prima inorgânica para sobreviver, e os animais, dos vegetais. O homem, além desses, depende, sobretudo, do próprio homem, e provavelmente, dos atmãs superiores. Por isso é de se crer que haja uma simbiose entre seres-FH e seres-FI, em que ambos obtenham benefícios mútuos, assim como a abelha precisa de néctar e a flor precisa de ajuda para a polinização. Se estivermos certos, carecerá acrescentar ao Postulado dos Fatores Naturais que um dos modos de que os seres-FI dispõem para prosseguir no enriquecimento do seu atmã é a assistência aos seres humanos, orientando-os quanto aos melhores caminhos. Os reinos vivos estão cheios desses relacionamentos mutualistas: os ruminantes e os microrganismos de seu sistema digestivo, os cupins e os protozoários, o pássaro-palito e os crocodilos, as algas e os fungos nos liquens, as orquídeas e as bromélias nos troncos das árvores. Plantas da família das leguminosas (feijão, grão-de-bico, acácia, pau-brasil etc.) aproveitam o nitrogênio que é captado da atmosfera por bactérias, e estas, que "moram" em nódulos nas raízes, sobrevivem graças ao oxigênio que lhes é disponibilizado pela planta. Há uma simbiose implícita na troca de exigências entre todos os seres vivos, bem notável naqueles ditos sociais, como as abelhas, as formigas e os cupins, em cujas colônias cada indivíduo cumpre uma função específica para que o grupo seja beneficiado. No caso do homem moderno, a troca de experiências é enriquecida com livros e computadores funcionando como memórias coletivas em que se podem disseminar conhecimentos com muito mais abrangência do que com a memória individual. Mas é imprescindível que os avanços tecnológicos não venham vedar nossos olhos para uma maior dimensão espiritual e não nos façam subestimar as ideias kardecistas sobre mutualismo entre seres de diferentes planos cósmicos. Se os seres-FI podem nos ajudar, temos de saber o que fazer para merecer essa ajuda.

As plantas, aparentemente insensíveis à sorte de tudo o que as cercam, não deixam de rasgar as próprias entranhas na reprodução por cissiparidade e na produção do rebento que perpetuará a sua espécie. Os animais amam e protegem com o risco da própria vida os seus filhotes, enquanto estes não se bastam. O homem estende o amor paterno e materno aos filhos, mesmo quando estes se tornam independentes da proteção dos pais. Os seres humanos mais enriquecidos de Fatores Naturais amam todas as pessoas como se fossem seus filhos ou seus irmãos. Os seres-FI, presumo, vivem uma fase evolutiva que não permite distinguir o amor aos filhos do amor fraterno, nem o amor fraterno do amor aos inimigos: eles amam solidariamente, bem mais próximos de Deus que estão, não só nós, mas todas as criaturas

Temos de ser alimentados pelo sentimento de solidariedade universal, porque sentimento fraterno (*fraternus* = de irmão) é restritivo, dá ideia de proximidade física, de consanguinidade. Há que se pensar numa família maior para substituir as estruturas familiares convencionais que, aliás, estão entrando em colapso na medida em que estamos perdendo os nossos filhos, primeiramente para as escolas, depois para os sistemas que supervalorizam o sucesso financeiro e em seguida para as drogas e outros vícios. Não sou apologista da desestruturação familiar, tento ser realista, acompanhando as mudanças na vida social moderna. O que pensar do celibato religioso, ou quando o leigo – às vezes os grandes ídolos das nossas crianças – opta por constituir família de modo tão heterodoxo, em que as uniões conjugais contrariam os princípios tradicionalmente aceitos e os filhos são, muitas vezes, separados uns dos outros e privados da proximidade dos pais? Talvez a resposta possa estar na poesia de Khalil Gibran:

> *"Teus filhos não são teus filhos,*
> *São os filhos e as filhas*
> *Da ânsia da vida por si mesma.*
> *Vêm através de ti, mas não de ti (...)"*

O Criador não se ocupa conosco ocasionalmente ao sabor do capricho. Mas não estamos abandonados à nossa própria sorte, porque a Lei encerra suprema justiça, abrange tudo o que é necessário para o nosso bem e útil às criaturas. O trabalho para evoluir, sim, é-nos exigido, e a resignação é-nos imposta, não que tenhamos de nos acomodar, de deixar a vida nos levar à deriva, é que temos de aceitar os infortúnios, nada mais que efeitos do mau uso da Lei. A magnanimidade da Lei blindou as plantas, ainda tão pobres de Fatores Naturais, contra os sofrimentos a que estão sujeitos os animais, estes já com atmãs mais enriquecidos. Conferiu ao homem o livre-arbítrio que permite a ele entrar em sintonia com a Lei para proteger-se contra a dor. A Lei é única para tudo e encerra um único propósito, que é permitir a evolução de todas as criaturas, sendo o homem nada mais que uma dessas criaturas inseridas na cadeia que vai das menores partículas materiais ao Atmã Supremo. Temos de labutar para o nosso crescimento espiritual, remando com a força que possuímos no barco que nos leva à travessia, sem esperar que divindades façam abrir o mar à nossa frente para nos dar passagem a alguma "terra prometida". Não será nos templos que haveremos de buscar o que necessitamos, mesmo que, a par das consequências nefastas das crenças irracionais, os locais tidos como sagrados sejam propícios à reflexão e apresentem alguns aspectos sociais positivos, quando unem as pessoas e lhes dão conforto. Pertencer a uma Igreja pode ser inspirador e tão agradável quanto pertencer a um bom clube recreativo, mas não é necessariamente ali que se vai encontrar algum tipo de resposta. Certo grau de ascetismo nos ajuda na defesa contra os excessos, mas o estado contemplativo não pode ser entendido como ausência literal de ação. Não é simplesmente a meditação e as orações que haverão de diminuir a distância que nos separa dos seres-FI. Fazer as pessoas acreditar que cumprir obrigações religiosas é suficiente constitui-se numa maldade. A prática do bem é que tem a força impulsionadora de que necessitamos, e o amor faz-nos ir descobrindo o divino dentro de nós. A prática do bem faz abrir caminhos de crescimento compartilhado, não nos iludamos com um Caminho taoísta que pode ser alcançado apenas por meio da meditação e da prática de exercícios físicos e respiratórios, a não ser que esse Tao seja traduzido por um estado de consciência que permita uma melhor compreensão da necessidade de seguir a trilha do amor absoluto. A prática da meditação pode levar a experiências transformadoras, mas, por exemplo, o debate monástico do Budismo que não comporta o questionamento crítico constitui-se no apego condenado pelo próprio Budismo.

O individualismo é uma consequência natural do processo evolutivo, um processo não igualitário estabelecendo uma hierarquia dos seres, em que cada um tem o seu lugar e nenhum está dispensado de realizar a sua obra em coexistência pacífica, conforme as próprias possibilidades. A semântica da palavra "egoísmo" tem de ser redimida. Egoísmo somente não será uma atitude construtiva se for traduzido pelo desejo de um bem próprio que não considera o bem alheio; se for o sentimento de humanidade dissociado dos seres vivos não humanos e do meio ambiente natural. Assim, até a instituição de família, de tribo, de raça, de nação, de religião e de ideologia política será coisa egoística destrutiva, se fomentar anseios separatistas. Não devemos permitir o conflito entre egoísmo e altruísmo, a visão de egoísmo como negação da solidariedade, como ação orientada apenas para o interesse particular passando sobre os direitos alheios. O interesse próprio está de acordo com a Lei. Egoísmo é amor quando orientado para um bem pessoal que gera o bem comum, quando atende a interesses recíprocos, quando não favorece a parte em detrimento do todo. Somos, por natureza, inclinados ao egoísmo, a tomar o nosso atmã como centro de interesses; assim, o egoísmo leva-nos a amar tudo em benefício do próprio atmã, e ama o próximo quem ama a si mesmo. Esse paradoxo é resumido na Filosofia taoísta: "Pare de se apegar à sua personalidade e veja todos os seres como vê a si mesmo." Ajudar ajuda-nos, a cooperação é um modo egoístico sábio de receber benefícios divinos. "Se queres ser amado, ama", dizia Sêneca, o filósofo latino do ideário estoico da autossuficiência do indivíduo e da igualdade e solidariedade entre os homens.

Chamo de egoísmo sábio a justa preocupação do indivíduo com a captação, para si, de Fatores Naturais, consciente de que o seu crescimento o torna útil às demais criaturas. Não temos de viver a dor dos outros e esquecer as nossas próprias dores, basta que sejamos justos. O egocentrismo é uma prova de amor que temos para com nós mesmos, a consciência adquirida de que, sem nos elevar, não podemos estender a mão em ajuda aos que ainda não cresceram tanto quanto nós.

"Nós, que somos fortes, devemos suportar as fraquezas dos que são fracos, e não agir a nosso modo." (Romanos 15,1)

Amar a si próprio é amar tudo num desejo de Unidade, é respeitar a Vontade de Deus que está em tudo sob a forma de Fatores Naturais. No estágio-FH, não conseguimos amar nossos inimigos, "dar a outra face", sendo compreensível que estimemos prioritariamente nossas famílias, nossos amigos e aqueles que nos são mais próximos. O fortalecimento desse restrito núcleo de convivência sem dúvida fortalece cada um nele inserido, mas é necessário que essa força de amor possa ser canalizada em benefício do todo, transformada em benevolência para além do nosso ambiente social, rompendo fronteiras de raças, espécies, países (o fervor patriótico não é construtivo) e mundos. Mesmo que não consigamos amar os que nos ofendem, temos de responder ao ódio com a justiça, para não maleficiar a teia cósmica a que pertencemos e da qual dependemos. Odiar significa isolar o que se odeia, impedir a nossa interação com a coisa odiada, interromper o enriquecimento do próprio atmã. Em contrapartida, a omissão também não nos serve, a passividade não é uma coisa boa, é danosa. A subserviência é nociva porque não estimula o afluxo de Fatores Naturais para o atmã de quem oprime, e o oprimido é igualmente prejudicado pela sua cumplicidade com esse efeito paralisante. Cultivemos, sim, emoções que desenvolvam a compaixão, mas sem permitir que a compaixão extrema nos leve a esquecer-nos de nós mesmos. Saber ser condescendente sem servilismo, tolerante sem permissividade, terno com firmeza, é expressão de sabedoria, talvez a visão do caminho do meio do Budismo.

Defender os "nossos direitos" deve merecer uma interpretação bastante complacente, porque na vida planetária, seja em que instância for, os nossos direitos são sempre circunstanciais, nossa liberdade é cerceada quando esbarra na liberdade de outrem. Segundo Imannuel Kant, "o direito é o conjunto de condições que permitem à liberdade de cada um acomodar-se à liberdade de todos".

As exigências sociais nos levam a estabelecer valores e a normatizá-los, a criar leis e mudá-las para uma constante necessidade de adaptação aos tempos e a culturas. Mas o que é legal nem sempre é ético; temos de, mesmo que lentamente, avançar na compreensão do que é moralmente bom, levantando o véu de uma LEI que é o que realmente nos rege, sem policiar a nossa vontade. A LEI confere a cada um de nós a faculdade absoluta de agir segundo a própria determinação, e cumpre que, sendo-nos impossível esquivar-nos dela, entremos em sintonia com ela. A diferença fundamental entre a LEI e as leis é que estas têm de ser respaldadas na força exercida pelo Estado, têm de ser fiscalizadas e podem ser burladas; enquanto a LEI não é fiscalizada porque não pode deixar de ser cumprida.

A desigualdade social entre os seres humanos não é fruto do egoísmo. Ela reflete as diferentes capacidades que cada um tem para abrir a senda do próprio progresso moral. Não devemos nos esquecer em benefício dos outros, mas sempre ter em mente que a solidariedade implica o crescimento compartilhado, que o sucesso dos outros nos ajuda a subir. O egoísmo, nesse contexto, traduz a perfeita justiça que nos propulsiona para cima, a despeito de que se alicerça sobre o sentimento do interesse pessoal. Não se realiza nada individualmente, mas é necessário estar atento para, do mesmo modo que não devemos ignorar os direitos dos outros, não permitirmos que os outros passem por cima dos nossos direitos. Entretanto, as pessoas menos ricas em Fatores Naturais não devem abandonar-se à compreensão dos outros; têm, elas próprias, de lançar mão do direito de progredir e do direito de proteger-se de possíveis opressores. Sem ódio e munidos de compaixão, temos a obrigação de defender também a nossa integridade física, porque é a vida a nossa preciosa oportunidade de progredir. Não fosse assim, não teríamos sido dotados do instinto da autoconservação que nos compele, quando atingidos numa das faces, a proteger a outra. Condenar o Caim assassino, olvidando que Abel não foi suficientemente egoísta para não se deixar matar, não está conforme o espírito da LEI.

Não há mal nenhum em desviarmos o amor ao Criador para amarmos a nós próprios, Suas criaturas. A evolução não tem de se dar num mundo teocêntrico, deve estar centrada nas criaturas, e não nAquilo que as tem criado. Egoisticamente, devo desejar para mim tudo o que me possa levar a um maior estado de perfeição e não devo renunciar estoicamente aos meus desejos de crescimento. E um dos meus desejos é o de desfrutar das minhas realizações. Querer o bem próprio é um imperativo indispensável ao progresso moral. O ser humano progride mais devagar quando não tem plena consciência do Eu individualizado como um atmã que deve prosperar para que o mundo se torne espiritualmente mais próspero.

O egoísmo sábio a que nos estamos referindo não chega a ser tão egocêntrico como o que pregam as religiões, aquele amor amesquinhado dirigido a Deus, um ato de sacrifício como modo de barganha pela salvação da própria alma. Quando estamos movidos pela realização do bem comum, estamos perseguindo o estado de associação harmoniosa que interessa ao sucesso do nosso objetivo pessoal, passamos a ter mais Deus conosco.

Fora da caridade nos iludimos com prestação de cultos a um deus caprichoso e nada produzimos para a nossa elevação, tal qual abelhas tentando produzir mel a partir de flores artificiais. E caridade não deve ser restringida a amor mútuo, entre nós, seres humanos; deve ser orgânica, porque o mundo é um organismo do qual somos células, como qualquer outra criatura o é. Por isso São Francisco dizia que devemos amor a todas as manifestações da natureza – ele enxergava a presença de Deus em tudo, desde as estrelas aos animais e às plantas.

A nossa inspiração de amor tem de estar acima da fraternidade, porque, como indivíduos, somos mais que irmãos. Solidariedade (sólido, inteiro, pleno) é que é o sentimento autêntico de caridade, aquele que extrapola a cooperação entre indivíduos da mesma espécie e contribui para o bem de todos os seres. Temos de remir os demais seres sencientes, vegetais e animais, do plano segregado instituído pela presunção humana, reconhecendo-lhes a capacidade de se aperfeiçoarem e de participarem do amor solidário. O ser-FH é uma criatura que ultrapassou o gregarismo instintivo que ocorre nas abelhas e nas formigas, por isso a nossa necessidade de interagir para crescer não está restrita à convivência com os "nossos semelhantes". Nossa interação tem de se dar com tudo, porque não vivemos num "ambiente humano", o nosso ambiente é de Fatores Naturais, portanto o das estrelas, o dos rios e dos ventos, dos desertos e das selvas, das montanhas e das águias que as sobrevoam. Agredindo a natureza, sempre estaremos nos prejudicando, porque os caminhos somente se abrem para os que cooperam, o progresso não se dá pela competição, mas pela cooperação, seja lá com quem ou com o que for. Nada é indiferente às nossas ações, somos responsáveis pela ordem do mundo. A preocupação do homem moderno com a preservação do meio ambiente é consequência da descoberta da impossibilidade de existir um mundo não solidário, mas ainda nos falta conscientização de que a solidariedade pode existir espontânea, sem formulação de leis com penalidades incorporadas a elas. A penalidade pela falta de amor incondicional já está inserida na LEI: suspensão do fluxo de Fatores Naturais para o atmã. Destruir é dificultar o acesso aos Fatores Naturais, não é uma ofensa a algum tipo de divindade. No estágio-FH em que estamos, temos de saber o que é pecado sem precisar de nenhum mandamento, apenas deixar que se apodere de nós a sensação agradável de expandir o amor que temos e jamais permitir que aflorem sentimentos de revolta, de culpa, de mau humor, de autocensura, de arrependimento por ter dito aquelas palavras. Ah! Aquele apertozinho no coração... Nesses momentos sombrios é que a ideia de recolher-se contemplativo num templo deve ser vigorosamente substituída pela vontade de ir à luta, pelo chamamento interno que nos impele ao lume que ilumina os espíritos. Insulamentos, credos e sacramentos não são suficientes se não acompanhados por obras e atos concretos de compaixão.

"Nem todo aquele que me diz, 'Senhor, Senhor', entrará no reino dos céus." (Mateus 7,21).

Um simples gesto de amor pode ser mais recompensador que um megaprojeto humano. Não temos de nos fixar num grande objetivo, como muitos fazem e sentem-se decepcionados com os resultados. O amor incondicional basta, sempre extrapola o ambiente que nos está próximo e beneficia não só nossos semelhantes, amigos e inimigos, mas todas as criaturas, animais e vegetais, que se distinguem do ser humano apenas pela diferente quantidade de Fatores Naturais neles incorporados. E a doação de amor não implica reciprocidade; amar nos torna mais felizes, e a nossa felicidade é compartilhada com o mundo. A adição de Fatores Naturais nos torna mais leves, levitamos fazendo subir conosco tudo aquilo que amamos.

Nascemos e renascemos. Para quê?

Simbolizemos por infinitas linhas pontilhadas a trajetória de uma vida, como se os pontos fossem *locus*, cada um deles representando uma experiência de vida. Seria ilusório avançar retamente por sobre apenas uma das linhas ou saltar *locus* para chegar mais depressa, porque o importante não é percorrer o caminho rapidamente, mas o modo como o percurso é feito. Fazer o percurso incompleto, ou fazê-lo a passos muito largos, isto é, sem aproveitar as riquezas experienciais contidas em cada *locus*, implica a necessidade de ter de voltar para repassá-los em outras vidas. Devagar, correndo, saltando, de muitas maneiras se pode ir pelo caminho, mas a melhor é percorrê-lo pacientemente com amor e alegria. A viagem tem mais "graça" quando se olha os lírios dos campos.

Nas configurações a seguir, representa-se o progresso espiritual realizado por três diferentes indivíduos. Na primeira figura, vê-se que a progressão do indivíduo "a" foi interrompida, supondo-se que pela morte; e que o indivíduo "b" está passando pela vida sem aproveitar muitas experiências que lhe seriam enriquecedoras.

Na segunda figura, o indivíduo "c" pode ter colhido preciosas joias morais pelo caminho, tornando a sua trajetória mais fecunda que a dos dois indivíduos anteriores, portanto aproximando-se mais das condições necessárias para elevar-se na escala evolutiva, já que passou por um grande número oportunidades possíveis de fazer expandir o seu atmã.

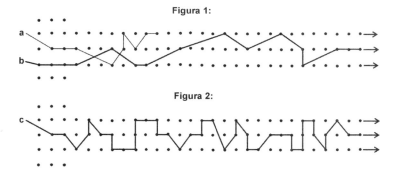

Porque a LEI é absolutamente justa, serão concedidas tantas oportunidades de retomada da jornada quantas forem necessárias, para que "a" e "b" possam passar pelos mesmos *locus* por que passou "c", e para que os três possam passar por outros *locus* mais, se necessário.

Por esses exemplos dados, fica explícito que a progressão no caminho da vida por indivíduos diferentes não significa necessariamente para eles um mesmo progresso moral. Assim, o rápido avanço do indivíduo "b" não traduz maiores ganhos em moralidade. Quanto ao indivíduo "c", da sua trajetória podemos inferir que houve grandes progressos morais, isso supondo que ele tenha realmente tirado proveito das inúmeras e variadas emoções a que foi submetido, porque se adquirem experiências de vida não propriamente com o que nos acontece (*locus*), mas com o que fazemos com aquilo que nos acontece. Poderíamos também deduzir que, para absorver Fatores Naturais bastantes para atingir novos estados progressivos, não é indispensável passar por todos os *locus*, bastaria acumular ganhos mínimos de bônus espirituais suficientes, assim como é necessário certo número de pontos para um aluno passar de ano na escola, em que o desempenho não muito bom em Português pode ser compensado com notas brilhantes em Matemática. Por essa representação gráfica, alguns dos *locus* simbolizam experiências amargas idênticas a certos remédios, doídas como uma injeção curadora. No entanto, pode-se deduzir que a morte precoce não é vantajosa: equivaleria a uma moratória, ou a um trancamento da matrícula de um estudante na metade do curso. Por isso é que, não só no ser humano, mas em todos os seres sencientes, a estrutura biológica apresenta um grande poder de autoconservação, uma formidável ânsia de viver. Embora morrer não seja um episódio negativo em si, o encurtamento da vida priva de passar por mais experiências enriquecedoras, e o atmã terá de esperar por uma nova conjugação com a matéria. Por conseguinte, abreviar a vida voluntariamente não traz nenhuma vantagem.

É claro que o avanço não se dá por uma linha reta, mas por uma escadinha cheia de vaivéns. Há aparentes retrocessos, mas ao longo de uma escala de tempo maior, a progressividade se mantém. Para passar por tantas experiências, um único período de vida é insuficiente, daí as muitas oportunidades vivenciais, mais ou menos longas, mais ou menos intensas, em lugares iguais ou diferentes. Sobre o porquê, então, de a vida não ser mais duradoura – por exemplo, cada um de nós vivendo mil anos -, muito se poderia conjeturar. Por que a interrupção da vida humana após algumas poucas décadas? Quem sabe se não é porque o atmã-FH necessita de alguns puxões de orelha periódicos a serem dados pelos seres-FI? Se realmente isso acontece, se corremos o risco de passar por penosos sentimentos de deméritos após a morte, não há de ser diante do Deus rabugento das religiões, mas diante de nós mesmos, na presença de seres mais iluminados e compadecidos de nós. E o que é mais lamentável, provavelmente não possamos nessas ocasiões reparar nossos erros, porque não estamos ainda aptos a operar no mundo etéreo dos seres-FI. Só nos resta voltar. Entendemos, aprendemos e crescemos por um processo empírico, vivenciando experiências. Adquirimos habilidades nesta vida por meio de um aprendizado que se soma às nossas habilidades inatas – bem evidentes em crianças prodígios – consequência de aprendizados anteriores à vida atual. Mas não se trata de hereditariedade. Nem mesmo as melhores escolas de música conseguem formar um Mozart – que tocava bem piano aos três anos de idade –, e esse compositor austríaco não poderia ter deixado descendentes gênios da música, porque não existe gene da música, como não há gene da literatura ou da bondade. Quem quiser compor como Mozart, escrever como Camões ou ser bom como Jesus, que trate de aprender vivendo, mesmo que devagar, mesmo que para isso necessite de muitas vidas.

Os defensores do dogma dos renascimentos costumam citar trechos dos Evangelhos do tipo "ninguém conhecerá o Reino do Céu, sem nascer de novo" ou "é indispensável que o homem nasça e renasça, para conhecer a luz do reino." Seja como for, para os que creem na reencarnação o mundo parece menos assustador. Crer noutras dimensões, noutros mundos que oportunizem novas etapas evolutivas da existência é menos chocante do que acreditar num fim infernal.

"Na casa de meu Pai há muitas moradas. Não fora assim eu vos teria dito; pois vou preparar-vos um lugar." (João 14,2)

Julgamos razoável supor a existência desses outros lugares e novas situações para que o atmã se prepare para continuar a sua trajetória na conquista de uma consciência cósmica plena. Esses lugares, além do tempo e do espaço, apenas imagináveis, podem ser tão inconcebíveis para nós como era há poucos séculos a possibilidade do homem ir fincar uma bandeirola na superfície do "deus" lua. As teorias da Física contemporânea permitem-nos conceber com racionalidade coisas de outras dimensões que soariam alucinantes para um homem, mesmo que sábio, do século XIX. Quando ideio essas outras partes do mundo, vejo lindos quadros em que os matizes não se resumem nas cores do espectro solar; incluem-se nele as belezas de uma extensa faixa do espectro eletromagnético não captada pela vista humana. Sinto que a felicidade é colorida e um imenso desejo de ir para lá, mas temo que, ao encontrar aqueles com os quais eu não fui suficientemente bom aqui na Terra, eu venha a deparar-me comigo mesmo sofrendo a dor do arrependimento.

A reflexão sobre nossas experiências anteriores nos faz compreender melhor o que nos acontece hoje, por isso o passado é de certa forma responsável pelo nosso presente, embora possamos a qualquer momento mudar o que nos está acontecendo. Se possuímos uma bicicleta, é porque a adquirimos no passado; entretanto, não são as pedaladas que demos ontem que haverão de nos impulsionar na bicicleta hoje. Se sabemos nos equilibrar na bicicleta, devemos a experiências do passado, às quedas que sofremos durante o aprendizado. Se somos bons ciclistas, é porque aprendemos a contornar os obstáculos, superar os aclives, aproveitar os declives, seguir pela melhor trilha. Se desenvolvemos a musculatura das pernas, podemos pedalar mais vigorosamente. Mas o que nos leva adiante são as pedaladas que damos hoje, o esforço que fazemos neste momento, agora.

Devemos usufruir o presente, mas esse *carpe diem* não pode nos motivar em função de que amanhã morreremos. Morremos, mas não deixamos de existir. Temos de refletir sobre o que é salvar o presente. As oportunidades do presente devem ser aproveitadas, e se perdemos as do passado, não há o que fazer a respeito disso. Arrependimentos e remorsos não são construtivos, são perda de tempo no presente. Não devemos nos oprimir com sentimentos de culpa por não termos percebido que aquele momento do passado não foi vivido com sabedoria. O que passou, passou, perdemos a ocasião de captar Fatores Naturais, só isso. Outras oportunidades continuam vindo, e a sabedoria consiste em preparar-se para aproveitá-las. Os nossos erros servem para isso, para nos ensinar a criar novas oportunidades e tirar proveito delas, sobretudo acreditando na eficácia das pequenas ações caridosas, que podem ser algo como simplesmente soprar a ferida de um pássaro. Os pecados? Deixemo-los para os que se deleitam com a vocação masoquista e o medo da perdição eterna, sem perceberem que até a Bíblia descomplica esse assunto: "(...) pecado é a transgressão da lei" (I João 3,4).

Porque não existe um roteiro predeterminado para cada um de nós, não podemos voar pela vida com piloto automático ligado, não há planos de voo. A nossa vontade é que nos conduz. Não somos marionetes nas mãos de algum deus, sem nada podermos fazer para alterar o curso das nossas vidas. Possuímos a faculdade de percepção das melhores escolhas, e diante de nós descortinam-se a todo momento mil opções de caminhos que se nos abrem pela sucessão de incidentes aleatórios. A partir de cada ponto alcançado não há retorno, mas não quedamos estagnados, sempre haverá novas trilhas para que possamos seguir em frente. Somos obrigados a escolher, e o não escolher é também uma escolha. Podemos sempre alterar os rumos das nossas vidas por meio de atos ou mesmo pelos mais leves pensamentos, sem esperar que alguma divindade do bem ou do mal mude esses rumos sem o nosso consentimento. Não somos títeres, somos livremente os artífices do nosso destino. Enriquecendo-nos pelo amor, chegaremos, segundo o livre-arbítrio de que somos dotados, aonde determina uma LEI que permite serem os nossos caminhos traçados pelas nossas próprias decisões.

Não há um carma definido como noção de destino, embora o que cultivamos em vidas passadas influa em nossa capacidade de captar Fatores Naturais. Os hinduístas abraçam essa ideia: "*karma* é a soma das influências negativas e positivas geradas pelas nossas ações, que se propaga ao longo dos renascimentos". Não devemos atribuir os nossos sofrimentos a dívidas cármicas, tampouco nos deixar tomar de revolta pensando que há um Deus responsável pelas nossas dores. As criaturas não estão abandonadas a si mesmas, a LEI visa a prevenir os sofrimentos a que a vida possa nos acometer e nos permite enriquecer o atmã para nos colocarmos acima de qualquer sofrimento. Somos nós mesmos responsáveis pelos nossos infortúnios, não porque temos de resgatar culpas, mas porque o Deus equânime encontra-se em nós ainda desmantelado, estamos tentando recompô-Lo, tornar-nos mais divinos, mais isentos de dor.

Frequentemente não nos conformamos com os nossos desgostos, mas o que é uma vida de sofrimentos quando comparada ao bilhão de anos que é a idade do nosso atmã? Proporcionalmente ao tempo da existência de cada um de nós, uma vida, seja ela feliz ou sofrida, nada mais é que um estalar de dedos na eternidade da existência. O Postulado dos Fatores Naturais não apologiza o sofrimento; combate a crença de que o sofrimento aqui na Terra é recompensado no Céu; defende que o sofrimento deve ser evitado. Não temos necessariamente de passar pela dor, seja física ou emocional, tanto que sempre dispusemos da solidariedade humana, e modernamente dispomos de analgésicos, sedativos, anestésicos, tranquilizantes, médicos e psicólogos. O que se sustenta é que os sofrimentos inevitáveis podem trazer valiosas compreensões, por outros meios mais difíceis de serem obtidas. Horácio, um expositor poético das virtudes, já dizia que a adversidade desperta em nós capacidades que em circunstâncias favoráveis teriam ficado adormecidas.

A sensação de "ser um com Deus" não decorre de um súbito episódio místico, acontece pelo adensamento dos Fatores Naturais no atmã em consequência das nossas práticas do bem ao longo das vidas. Não é o êxtase e as experiências místicas da interpretação religiosa que nos fazem crescer, exceto quando servem de convencimento da necessidade da nossa progressiva integração com Deus. Não é necessário ir a Jerusalém, a Meca ou ao Nepal para uma busca interior, para encontrar uma divindade que está em nós. O sentido da vida não se encontra escondido em algum lugar. A frustração decorrente do impedimento de algum nosso desejo não deve nos fazer recorrer a lugares sagrados engendrados por religiões. Maior que santos intermediários entre a vontade de Deus e os desejos dos homens deve ser a nossa convicção de que, muitas vezes, o desejo realizado pode bloquear o livre ingresso de Fatores Naturais no atmã indolente ávido de benesses. Nem sempre a dor é algo negativo, nem sempre o prazer é real. Olhada no momento em que as situações ruins são vividas, a resignação nos parece ilógica, mas vista depois, de um ponto distante do passado, pode ser percebida como aceitação de uma coisa boa que nos aconteceu. Quantas vezes nos sucede que, ao ter de contornar um obstáculo no caminho, acabemos por descobrir um caminho melhor?

Não há uma entidade que irá nos recompensar ou nos castigar se fizermos uma coisa ou outra. Dependemos das boas ações mentais para a recompensa do crescimento, e quando deixamos de crescer, nos punimos. Segundo a nossa vontade, nós mesmos nos premiamos ou nos apenamos. Nenhum atmã recebe outro tipo de punição, nem quando conjugado, nem quando desmaterializado. Temos de ser operosos sem temer castigos nem esperar receber prêmios especiais dos céus. Recebemos o que conquistamos para criar o nosso futuro, temos de manter o nosso atmã navegante para Deus, como as águas oxigenadas pela turbulência buscam o oceano, e nos empenhar para que ele não se turve estagnado nos pantanais da vida. Com certeza, não vai ser a permanência contemplativa à espera da redenção que haverá de nos conduzir mais depressa ao nosso destino cósmico. Não nos serve o ideal budista de ser monge, pois isso implica que deveríamos ser todos monges. Não é no isolamento que haveremos de aprender, como eremitas se esquivando dos deveres de compaixão para com os outros, ignorando que precisamos dos outros para enriquecimento do próprio atmã.

Os padrões religiosos nos fazem pensar que o ser humano é imutável, que foi criado à imagem de Deus e assim permanecerá. Entretanto, a Paleantropologia comprova, somos bastante diferentes do homem pré-histórico, o qual era muito diferente do homem primitivo. Não somos iguais aos nossos antepassados e não somos iguais uns aos outros. Nós, humanos, independentemente de que sejamos céticos, bispos, imãs, mulás, rabinos, indígenas, ocidentais, orientais ou o que quer que seja, distinguimo-nos uns dos outros não por etnias, títulos ou condição social, mas porque dentro do gênero humano há patamares evolutivos distintos que se referem ao Eu individual com suas qualidades subjetivas.

O homem, em cujo estado evolutivo a aquisição de Fatores Naturais se dá por méritos conscienciais, não possui os atmãs idênticos entre si. Assim como nos distinguimos pelas impressões digitais, cada ser humano localiza-se em pontos diferentes da trajetória para ser-FI, por isso, eu e o leitor deste livro possuímos atmãs de conformações diferentes, não somos iguais. Não eram iguais entre si Zaratustra, Buda, Confúcio, Sócrates, Jesus, Gandhi, cada um diferenciado por seu riquíssimo atmã composto de Fatores Naturais em quantidades desiguais e dispostos diferentemente. Esses marcantes personagens históricos teriam sido medíocres se a nobreza de espírito predominasse neles suficientemente para que, com o intuito de serem iguais aos seus semelhantes, houvessem sacrificado os próprios sonhos. Todos os esforços para criar uma situação de igualdade se mostram inúteis, porque logo revelam as diferenciações que existem entre os que se supunham iguais. Todo o trabalho no sentido da igualdade é artificial e desperdiçado pela tendência de retorno ao estado de desigualdade. Temos de marchar todos na cadência da natureza ao rufar de um mesmo tambor, o que não impede que, sem perder o ritmo, uns possam dar passos mais largos que outros.

Sou diferente das outras pessoas e serei diferente do que sou hoje, pois um atmã mais rico capacitar-me-á a novas compreensões. As impressões são mutantes, o meu modo de ver mudará, porque cada passo evolutivo implica reações diferentes aos estímulos e conduta consonante. Daí o significado essencial de tolerância, a compreensão de que cada um se conduz no seu estágio evolutivo particular conforme o que pôde colher no campo da espiritualidade.

O homem que deseja ser justo deve buscar inspiração nas suas próprias conquistas espirituais, e não em *República*, de Platão; em *Utopia*, de Thomas Morus; em *A cidade do Sol*, de Campanella; em *A ilha*, de Aldous Huxley. Nem no governo ideal taoísta ou na utopia igualitária do ideal comunista. Aproxima-se mais do espírito da LEI Allan Kardec, com a sua assertiva de que "é impossível padronizar comportamentos, igualar ansiedades, nivelar os indivíduos quanto às suas necessidades e aspirações". Somos semelhantes, não iguais. Nossas características comportamentais dependem dos Fatores Naturais conquistados pelo atmã e do uso que fazemos do livre-arbítrio para captação de mais desses Fatores no ambiente em que estamos colocados. Somos iguais perante a Lei, com os mesmos direitos, mas diferentes nas nossas potencialidades. A nossa legítima aspiração por um mundo mais justo e igualitário esbarra nas nossas próprias diferenças em riquezas de Fatores Naturais, por isso, sendo impossível uma sociedade humana sem classes, não podemos desejar senão que umas não sejam privilegiadas em detrimento de outras, que a utilização dos recursos materiais do planeta seja menos desproporcional.

Desfrutar de bens materiais não é pecado. Votos de pobreza não tornam mais espirituais as pessoas. Ricos que não fazem mau uso do dinheiro podem ser virtuosos e espiritualizados. Ensinaram-nos que o dinheiro corrompe; que quanto mais pobre, mais humilde; a dizer não à prosperidade. É possível que alguns povos sejam mais pobres do que outros diante de uma cultura de desapego ao dinheiro que lhes foi imposta.

Há que se ter cuidado na interpretação de certas advertências bíblicas:

Aquele que ama o dinheiro nunca se fartará, e aquele que ama a riqueza não tira dela proveito. (Eclesiastes 5,9)

Nada há mais iníquo do que o amor ao dinheiro... (Eclesiástico 10,10)

Desponta o sol com ardor, seca a erva, cai a sua flor e perde a beleza do seu aspecto. Assim murcha também o rico em suas empresas. (Tiago 1,11)

Vós, ricos, chorai e gemei por causa das desgraças que sobre vós virão. (Tiago 5,1)

Eu vos repito: é mais fácil um camelo passar pelo fundo de uma agulha do que um rico entrar no reino de Deus. (Mateus 19,24)

É claro que somos também geneticamente desiguais. As proteínas do meu corpo não são idênticas às de outrem, daí as rejeições nos transplantes de órgãos. O contorno dos meus lábios é diferente do seu. As minhas impressões digitais não são iguais às suas. Posso perceber coisas que outros não percebem, e vice-versa, porque o nosso grau de progressão espiritual não é o mesmo. Possuímos igualmente os cinco sentidos, mas não temos o mesmo grau de percepção extrassensorial. Não podemos pensar igual se estamos submetidos a tantas condições de desigualdades, tais como idade, estado de saúde, classe social, meio cultural e, especialmente, experiências vividas. Gêmeos univitelinos são iguais em relação aos seus genes, mas possuem personalidades distintas, porque montam atmãs diferentes. Os atmãs se mantêm diferentes, mesmo entre xifópagos (irmãos siameses), a despeito da poderosa inter-relação de um mesmo genótipo com um mesmo meio ambiente. Embora tais condições de igualdade entre xifópagos sejam reais, as experiências por que eles passam não são idênticas.

Somos um atmã, não um genótipo. Não podemos permitir que genes ou o meio ambiente em que vivemos decidam os nossos caminhos. Do meio ambiente depende a nossa sobrevivência física, o lugar em que vivemos influi em nosso caráter, mas nós fazemos o meio ambiente, mesmo com pequeninos traços, que criam letras, que criam palavras, que criam frases, que criam discursos, que criam novos pensamentos, que resultam em ações que transformam. Tracejemos com o coração, mesmo que caminhos tortuosos, mesmo que eles não coincidam com códigos religiosos.

E quanto às diferenças intelectuais? Não podemos assimilar tudo, e em nossas tentativas, há que se precaver para que uns poucos argumentos não dominem o nosso espírito. Somos persuadidos de que o homem que lê vale mais, mas ler o quê? Lemos jornais e revistas, as publicações técnicas que nos mantêm atualizados na nossa profissão, o estatuto do clube, o regimento do condomínio, o manual do proprietário de veículo, o código de trânsito, as mensagens em nosso computador, a bula do medicamento e, evidentemente, livros. Mas que livros? Os grandes clássicos? Os livros sagrados? O do romance policial de violência, o da história de ternura, o de autoajuda, o de Filosofia, o erótico-pornográfico, o tratado sobre criação de peixes, o epopeico da guerra, o da biografia de quem fez desencadear a guerra?

Livros são fontes de cultura, mas as assertivas do escritor não se destinam a mudar o que pensamos, apenas abrem janelas para que o pensamento do leitor se expanda. É claro que as nossas ações podem ser motivadas pelo que lemos (pela propaganda), mas o conhecimento é obtido, sobretudo, pela razão aplicada em cada experiência vivida. Se não fosse assim, o apedeuta permaneceria com a sua evolução estacionária, o ser humano não teria evoluído moralmente desde os tempos pré-históricos, quando nem sequer havia a escrita. Seria tolice acreditar que os índios das Américas só passaram a fazer progressos morais após o contato com os europeus. Há correntes filosóficas que excluem até mesmo a razão no processo de crescimento moral. David Hume acha que a moralidade não depende da fé ou da razão, baseia-se na experiência e no hábito.

Pergunte a um engenheiro eletrônico o que é válvula ileocecal e vai ver que ele terá dificuldade em responder, porque o seu pensamento sairá à cata de válvulas, enveredando por amplificação, detecção ou modulação de sinais elétricos. Entretanto válvula ileocecal é apenas um acidente anatômico que nós e o engenheiro possuímos no intestino, como existem em nosso corpo as válvulas mitral, tricúspide e pulmonar. Esse engenheiro, hipoteticamente um excelente profissional, não conhece a anatomia do próprio corpo e possivelmente também não entenda de queijos e vinhos como um *gourmet* entende. O desejo de aprender é inerente à nossa natureza, então o ser humano, porque intui que precisa buscar o fim último das coisas, lança-se freneticamente ao fortalecimento do intelecto, mais e mais, à medida que descobre quão pouco sabe. Até mesmo os tidos como grandes sábios desconhecem coisas que são do perfeito conhecimento de pessoas incultas. Os saberes de uma autoridade numa determinada área do conhecimento humano merecem o nosso crédito, mas isso não quer dizer que ela saiba mais do que nós, que não cometa erros até mesmo grosseiros. (Aristóteles afirmava categoricamente que os nervos tinham a sua origem no coração.) O engenheiro, além de Eletrônica, conhece muitas coisas que o *gourmet* não conhece; o *gourmet*, além de iguarias, conhece muitas coisas que o engenheiro não conhece. E quantas coisas há que um silvícola conhece que o engenheiro e o *gourmet* desconhecem? A intelectualidade, às vezes, nos leva ao sentimento de arrogância, a crer que exista uma predominância da nossa qualidade pessoal. Uma conhecida história é a do matemático que, enquanto era conduzido numa canoa pela travessia do rio, zombava do canoeiro que não sabia efetuar as mais elementares operações aritméticas. Quando a embarcação afundou e o intelectual estava se afogando, o canoeiro bradou espantado: "O doutor não sabe nadar?"

Estamos permanentemente aprendendo, a cada momento, sendo os livros meros auxiliares nesse aprendizado. O bebê está aprendendo, o adulto analfabeto está aprendendo. Geralmente nos esforçamos para dominar aqueles conhecimentos que nos trazem resultados práticos, mas de que vale uma aprendizagem que não modifica comportamentos, que não se traduz em melhores ações?

De que valem os milagres tecnológicos se não soubermos fazer uma ponte entre eles e a sabedoria dos simples? A realização do sonho de ter um computador de bolso com memória maior que a dos atuais computadores de mesa nos tornará mais felizes? Dispor de mais conhecimentos tecnológicos não aumenta o nosso conhecimento real. O sujeito é fundamentalmente desejo, filosofa-se. Sim, concordamos, mas há de ser desejo de tornar-se melhor. De que adianta desejar, deturpando o que deve ser o verdadeiro objeto da nossa satisfação? Com certeza, os nossos desejos não devem estar, por exemplo, inseridos em comportamentos voltados para posses e consumismo desenfreado para a satisfação imediata e efêmera dos prazeres. Nem para a conquista da juventude eterna, a obsessão por apagar as rugas, marcas da nossa história de vida, da qual deveríamos nos orgulhar. Nossos rostos transfigurados pela cirurgia estética nos transformam em jovens artificiais, "michael jacksons" descontentes com a admirável natureza do corpo humano. Atribui-se a Willian James a frase: "A maior revolução de nossos tempos é a descoberta de que, ao mudar as atitudes internas de suas mentes, os seres humanos podem mudar os aspectos externos de suas vidas".

O gnosticismo (os gnósticos pertenciam a uma seita particular do Cristianismo desenvolvida nos primeiros séculos da nossa era), um sistema filosófico e religioso que pretende a libertação pelo conhecimento completo da divindade, coincide com o Postulado dos Fatores Naturais. Mas é fundamental diferenciar conhecimentos que enriquecem o intelecto dos verdadeiramente reais conhecimentos, que só podem ser adquiridos na vida atual por meio de estímulos provocados pelo que já experimentamos em vidas anteriores. O que impregna o atmã de Fatores Naturais são experiências emocionais, e não necessariamente conhecimentos de Matemática, mestria no jogo de xadrez ou habilidade em andar de bicicleta; exceto pelo fato de que há oportunidades de vivência também dentro desses saberes. Conhecimentos somente são relevantes se tiverem como escopo a aproximação da realidade espiritual. Experiências reais de vidas passadas são, por exemplo, ter sido amado ou ter amado; ter sido injusto ou sofrido as dores da injustiça; ter vivido momentos sublimes ou de dor; ter experimentado uma vivência de abnegação ou de apego desmedido; ter tido uma vida em pródiga riqueza material ou em extrema pobreza. Esses saberes resultantes de experiências vividas pelo atmã conjugado ao corpo em ocasiões anteriores é que são os degraus que levam a novos patamares morais. O que se aprende sobre eletrônica ou sobre iguarias finas não tem valor em si, exceto como instrumento que propicia as verdadeiras aquisições de sabedoria em ambientes diferentes: o engenheiro eletrônico vive em circunstâncias dessemelhantes do que vive o *gourmet* ou um silvícola. Os três forçosamente passarão por experiências desiguais, que serão entremeadas com conhecimentos inconscientes, resultando em amálgama que atrai Fatores Naturais para o atmã de cada um deles.

O Postulado dos Fatores Naturais não está coincidente com o pensamento de alguns filósofos da Antiguidade, segundo os quais as ideias não nascem de experiências sensíveis. Eles defendiam que a alma conhece apenas o que lhe permitem as reminiscências, a recuperação das lembranças do que conhecia antes de reencarnar, ou seja, não adquire novos conhecimentos a partir do exterior. Pelo Postulado dos Fatores Naturais, o atmã não recupera lembranças do passado, mas usa o aprendizado latente de outras vidas, uma espécie de *software* do cérebro, como estímulo para galgar novos conhecimentos que lhe proporciona o meio ambiente que o cerca na vida atual. Ao homem cumpre buscar o que ainda não pode saber; a conjugação do atmã se dá exclusivamente para que possa usufruir das experiências de uma nova vida, para agregar conhecimentos espirituais pela absorção de mais Fatores Naturais, até que, não mais necessitando de experiências de vida, transforme-se num ser supra-humano, que continuará evoluindo. O que estimula o fluxo de Fatores Naturais para o atmã não é exatamente a recuperação de ideias inatas, é o uso que se faz das que se encontram em estado subliminar, para melhor percepção de outras ideias que surgem a partir de novas experiências vivenciais. É claro, entretanto, que desfrutamos de uma memória da vida atual que nos permite avaliar experiências por que passamos, e os próprios animais dispõem de idêntica memória, mesmo que mais imediata. Filosofias orientais reencarnacionistas admitem tendências de comportamento em função de hábitos adquiridos em vidas passadas. O já citado ph.D. em Física Quântica Goswami defende a existência de um corpo sutil, ou mônada, dotado de memória quântica (contida numa Matemática Quântica) que sobrevive à morte física e que possibilita recordações de respostas aprendidas em vidas anteriores.

A LEI não abrange uma determinada região ou um povo, tampouco foi estabelecida para a espécie humana: é universal. Está absolutamente isenta de falhas, e sendo perfeita, não se deve esperar que seja retocada aqui e acolá com o passar dos tempos. Tudo corre absolutamente em conformidade com o que está disposto perpetuamente (Einstein dizia que Deus não joga dados). É insensatez achar que o Criador tenha de promover alterações periódicas de rumo com expulsões de paraísos, fogo e dilúvio enviados dos céus, dez pragas no Egito, e com gente sendo transformada em estátua de sal. Acreditar nisso é admitir que o Criador comete erros e tem de corrigi-los. A LEI é imperturbável, ingenuidade é pretender que magia ou milagre possa antepor-se a Ela, ingenuidade que, aliás, predominava nos tempos bíblicos, quando a maioria das pessoas (inclusive profetas) sequer sabia ler e escrever. Não existem milagres, exceto se quisermos denominar de milagrosos os feitos ou ocorrências extraordinários que não se pode explicar pelas leis da Física, então, sim, os milagres acontecem a cada instante à nossa volta, e alguns de nós os podem ver com muita clareza. Porque só há o bem absoluto determinado e inscrito no propósito da Lei, não têm sentido milagres para afastar malefícios, não pode existir um dualismo maniqueísta, a luta eterna entre os princípios do bem e do mal.

As posturas morais distinguem as pessoas umas das outras, mas todas têm de curvar-se ante a Lei. Opor-se à Lei é o mesmo que opor-se à lei da gravitação universal: podemos evitar a queda livre de um corpo, mas o corpo não deixará de estar sob a ação da força gravitacional. A Lei tudo prevê, mas não tem sentido fatalista, o "destino" pode ser mudado a cada instante, por minha vontade, que influi nas vontades alheias e sofre influência delas. Pensamentos provocam sentimentos e atraem fatos. Os meus pensamentos e atos, juntamente com os pensamentos e atos dos outros, vão mudando a sucessão dos fatos à minha volta, e essas mudanças constituem a variabilidade do meu caminho, uma variabilidade que é afetada pelo que pensei e senti nas vidas precedentes. Os nossos desejos não são atendidos segundo os nossos caprichos, mas os desejos norteiam os pensamentos e atos que determinarão os caminhos que se vão abrir. Dotados que somos de livre-arbítrio, podemos traçar um caminho dentre inumeráveis rumos possíveis; porém, dependentes que somos do todo, as nossas escolhas sofrerão a interferência da escolha dos outros e interferirão na escolha deles.

A responsabilidade moral é fruto do livre-arbítrio. Se a Lei interviesse em nossa vida, seria ótimo para os indolentes, que se julgariam não responsáveis pelos próprios atos. O fatalismo também seria muito cômodo, mas, infelizmente para os fatalistas, eles não estão desobrigados da responsabilidade de arquitetar o próprio futuro. Aliás, parece que os fatalistas desconfiam de que assim seja, pois os que conheço usam colete salva-vidas quando estão num barco. Quanto aos ateus, estes não atrasam o seu crescimento pelo fato de não crer em algo divino a que se deva adoração, porque não há para ninguém a obrigação de adorar o que quer que seja. O ateísmo é apenas uma reação contrária ao singular Deus dos livros sagrados. É possível levar uma vida ética sem religião. Grandes filósofos como Marx, Nietzsche, Sartre e Camus foram ateus, nem por isso imorais.

Como o progresso individual é acelerado pelo progresso geral, interessa-nos o crescimento dos outros, proceder caridosamente e desprovidos de orgulho, sem a intenção de denegrir, sem deslizar para o vício da vaidade, da presunção que oprime e constrange. E trabalho caridoso tem de ser levado a cabo sem ressentimentos contra os possíveis resultados frustrantes. Segundo o provérbio, todos podemos facilmente conduzir o cavalo sedento até a água, mas mesmo que não se possa fazê-lo beber, levar até a água é uma ação de caridade. A boa intenção basta; não nos sintamos culpados pelas consequências das resoluções de outrem, cada um é responsável pelos próprios pensamentos, decisões e ações.

Cada atmã é uma individualidade integrada a um todo como a bactéria é um indivíduo fazendo parte da colônia, como a abelha na colmeia, como a Terra no sistema solar, o sistema solar numa galáxia e esta no universo infinito. Tudo tem relação orgânica com tudo. Cada parte deve ser entendida assim, em relação à estrutura cósmica unitária a que pertence. Todos os seres e todos os mundos são solidários. É difícil a aceitação de um ecossistema não restrito a um meio ambiente terreno, mas podemos imaginá-lo como o conjunto dos relacionamentos cósmicos que se estende desde uma simples relação simbiótica entre duas espécies até mais e mais espécies, englobando o ser humano, passando a constituir uma teia planetária e universal, como círculos concêntricos infinitos em que o mais interno é Deus, e o mais externo também é Deus. Imaginando que o círculo mais interno seja um ponto, Deus é treva; e que, à medida que os círculos se expandem, eles se iluminam, Deus é luz. Em lugares diferentes entre esses dois círculos extremos, estou eu, está você, caro leitor, e todas as demais criaturas.

Segundo a Teoria Gaia, do cientista inglês James Lovelock, seres humanos são células de um dos tecidos do imenso organismo planetário. A teoria apresenta um complexo entrelaçamento de sistemas vivos e não vivos presentes na biosfera terrestre. Para denominar a sua teoria de que o planeta Terra é um superorganismo, Lovelock inspirou-se na Mitologia grega (Gaia era a deusa que personificava a mãe Terra, uma Terra viva). Segundo essa teoria, a Terra é capaz de se autorregular, e suas criaturas são um todo fazendo do planeta, um ser vivo. O homem, os animais, as plantas, a água, o ar e as rochas são individualidades conjugadas num todo, um sistema autorregulador, vivo. A teoria se baseia nas diferenças que há entre a atmosfera terrestre e a de Marte, por exemplo, defendendo que a própria vida torna a Terra adequada à existência da vida (recordemos que a vida na Terra começou nos oceanos, com o oxigênio necessário para a vida produzido por seres vivos: as algas). Assim, para que haja vida em outros planetas, eles teriam de possuir as mesmas características – líquidas e/ou gasosas – que possibilitam a vida na Terra, para que a vida participasse no meio ambiente das condições homeostáticas e dinâmicas necessárias para a regulação do sistema orgânico planetário em estado de equilíbrio.

No Postulado dos Fatores Naturais, o conceito de Lovelock não fica restrito à Terra, extrapola os limites planetários. O superorganismo considerado é o universo, e não um ou outro planeta. Marte é "unha". Da mesma forma que possuímos no organismo humano cérebro e coração, possuímos também unhas e cabelos. No Postulado dos Fatores Naturais, superorganismo é o universo, um ser vivo, que possui, como os seres vivos considerados individualmente, diferentes tecidos e órgãos. O fato de que os vegetais possuem celulose na sua constituição não os torna menos vivos. O fato de que muitos animais e o homem possuem no corpo tecidos córneos, unhas, pelos e esmalte não os torna menos vivos. O fato de Marte possuir uma atmosfera tênue de gás carbônico não o exclui como partícipe de um ser vivo maior.

É essencial sentirmos que a vida das plantas e dos animais é um apêndice da nossa, exigindo de nós cuidados como os temos com a nossa mão direita ou o nosso coração. É claro que o sangue circulando nas minhas veias ou a lágrima que verte dos meus olhos não são Eu. Mas fazem parte de mim. Esses fluidos do meu corpo – além de outros etéreos que não percebo – fazem parte de mim, assim como uma árvore ou um animal são partes de mim. O que sabemos existir e o que existe e não sabemos estão inseridos num todo com o mesmo propósito. O rochedo que se desgasta batido pelo mar e pelo açoite dos ventos tem tudo a ver com a montanha e o solo que permite a germinação da semente. E a semente tem tudo a ver com a planta que permite a vida animal e a nossa vida. Tudo são engrenagens interdependentes de uma máquina maravilhosa que atende a um fim de perfeição inimaginável. O zelo que dedicamos ao nosso corpo é especial, mas faz-se necessário reconheçermos também como extensão de nós mesmos a luz, o ar, a argila, a bactéria, o castanheiro, o sabiá, aquela pessoa que está ao nosso lado ou aquela outra que está em algum lugar do outro hemisfério, quem sabe neste momento amamentando um bebê no palácio, quem sabe neste momento retirando da terra cavada raízes para saciar a fome, quem sabe neste momento esvaindo-se em sangue na batalha.

Devemos viver solidariamente a partir de uma visão de que fazemos parte de um mesmo organismo, quer vivendo numa favela do Rio de Janeiro, quer num apartamento de luxo em Paris, ou ainda, num iglu das terras árticas da Groenlândia. Mas a consciência de que só podemos evoluir ajudando-nos uns aos outros é incompleta se não vivemos em harmonia com a natureza cósmica, que inclui, além do homem, os demais seres vivos, os seres inanimados e os seres supra-humanos. Temos exemplos dessa realidade quando os animais expelem gás carbônico durante o processo respiratório, contribuindo com esse gás para a síntese do açúcar; e quando das decomposições por bactérias resultam sais minerais, produtos que também participam da realização da fotossíntese pelos vegetais. Portanto, nós e os animais vivemos simbioticamente com os vegetais, com as bactérias e com os minerais. E mesmo que equivocadamente nos referíssemos apenas aos seres humanos como exclusivos partícipes da vida solidária, não teríamos como avaliar quem é concretamente mais importante no esforço que o homem faz para uma convivência genuinamente mutualística: os cientistas, os filósofos, os donos das riquezas que circulam na Wall Street, os sacerdotes e seus rituais no interior de templos, os indianos que se postam em reflexão às margens do Ganges?

Só podemos entender a natureza das coisas quando inseridas num contexto. Uma coisa só é ela quando intacta e estando no seu meio. Fracionada ou num meio diferente, é outra coisa. Um beija-flor privado de vida não é um beija-flor, mas alguma outra coisa; uma flor incinerada não é mais uma flor; uma pedra pulverizada não é mais pedra; uma sombra deslocada é outra sombra. Mas tudo tem Fatores Naturais, e estes sendo partes da Vontade de Deus, Deus não está, porque tem todas as partes, dissociado das suas partes.

É possível perceber o inteiro sem conhecer as partes, cujos atributos fragmentários fogem às qualidades e atributos do inteiro.

Mas segundo o Postulado dos Fatores Naturais, não basta apenas perceber o Todo, há que nos sentirmos como Suas partes. E a visão das partes não pode impedir a visão holística. A observância da minúcia não pode ser uma prática que venda limitando a visão da árvore em detrimento da percepção da floresta, mas nem por isso nos deve passar despercebida a beleza de uma folha. Pode-se tomar o particular, o indivíduo, mas como partida para o universal. Partes não devem ser vistas senão como unidades naturais evoluindo no processo de integração, de complexidade crescente. Por isso, nenhum ato é insignificante; as nossas pequenas ações, conscientes ou inconscientes, alteram tudo em cadeia. Já se disse poeticamente que cada vez que pisamos numa flor aqui na Terra, estremece uma estrela no céu.

O organismo – o conjunto dos órgãos dos seres vivos – implica faculdades que não existem nas suas partes isoladamente. O meu coração e o meu cérebro não têm as qualidades que eu tenho, mas sem o concurso desses órgãos as minhas qualidades não se manifestariam. Só posso ser nutrido se puder digerir os alimentos, e a digestão só é possível com a participação de vários órgãos e dos sucos digestivos que transformam os alimentos para que possam ser absorvidos e manter a vida. Extrapolando os limites do nosso corpo, vemos que as coisas continuam assim: tudo se identifica e interliga-se por estreita solidariedade.

Se estamos num mundo sensível e fazemos parte dele, desse organismo cósmico tudo faz parte. Subestimar o que quer que seja tem resultados que não posso ignorar, assim como não posso ignorar células malignas que canceram o meu fígado, porque ele é parte do meu corpo. Se sentimos dificuldades em ter amplamente essa percepção é porque ainda julgamos o homem uma criação especial de Deus, alimentamos preconceitos cartesianos, inventamos sistemas sociais e políticos segregacionistas e definimos fronteiras para separar estados-nações, em vez de trabalharmos sistemas filosóficos que pregam a fusão universal para alimentar o espírito. *Diabolus* é aquele que separa. Nós, que temos partes de Deus, nos empenhamos para ser Deus completo, e não para ser diabo. Não podemos separar o ser humano de outros seres. Não podemos separar mente de matéria. Não podemos separar o Criador da criatura.

Edgar Morin convoca-nos para uma "nova ética solidária de religação com os homens, com os outros seres viventes e com o universo". Entendo que "com o universo" implica religação com os nossos semelhantes e com os demais seres vivos, mas também com os seres inanimados – que não são, ainda, mas serão seres viventes. Só é possível rigorosamente nos sentirmos a nós mesmos quando percebemos a nossa conexão não só com todas as coisas da Terra, mas também com as que não estão limitadas ao planeta em que vivemos.

Cada ser – vivo ou inanimado -, cada um de nós é uma peça desse relógio biológico, dessa máquina a que chamamos universo. As peças que constituem as engrenagens a mover essa máquina viva são tanto uma partícula do átomo, como o pó, a rocha, a alga, a figueira, o verme, o homem. Países, continentes, planetas, estrelas não podem ser percebidos como compartimentos. O nosso modelo de soberania territorial não deveria funcionar como causa de segregação, quando o resultado das eleições governamentais no Irã nos afeta; a epidemia de AIDS surgida na África acaba nos atingindo; a crise econômica nos Estados Unidos desestabiliza a nossa economia; a pretensão da Coreia do Norte em ter uma bomba atômica nos aterroriza; um acidente nuclear em Chernobyl diz respeito à saúde coletiva além-fronteiras. O desmatamento da Amazônia não diz respeito apenas aos que vivem nela. Os brasileiros mais preocupados com a nossa soberania têm andado desconfiados, porque, cada vez mais, se ouve falar que as nossas selvas são "o pulmão do mundo". Pois já é hora de começarmos a nos livrar desses pruridos patrióticos e do xenofobismo, quando 50 milhões de muçulmanos vivem na Europa, judeus e afro-asiáticos vivem nos EUA; indianos, na Inglaterra; italianos e portugueses, no Brasil; gaúchos, na Amazônia; nordestinos, em São Paulo. Tivemos os filósofos da Grécia, os renascentistas da Itália, os marxistas-leninistas da Rússia. Tivemos Confúcio na China, Jesus na Galileia, Alexandre III o Grande na Macedônia, Napoleão na França, Hitler na Alemanha. Cabe-nos refletir sobre o que fizeram, não importa "onde" fizeram.

Para fundamentar a proposta de solidariedade que se faz neste livro, devemos ultrapassar os limites da biosfera do nosso pequenino planeta, vê-lo como fâneo de um incomensurável ser vivo e nós como órgãos dele. Quando odiamos, estamos odiando algo ou alguém que se encontra visceralmente ligado a nós, assim como sucederia numa briga entre irmãos xifópagos (siameses). Nossos sentimentos negativos extrapolam o nosso corpo e o nosso *habitat* e se estendem causando danos através do espaço infinito.

Todos têm de tudo fazer para atenuar as dificuldades de todos. Tal como numa pirâmide humana, dessas que vemos nos espetáculos circenses, não é bom para nós agravar as feridas daqueles sobre os ombros dos quais apoiamos os nossos pés para olhar mais do alto. Abrandar o sofrimento, seja do ser que for, só nos traz benefícios. A nos orientar a proceder assim, parece que temos esculpido em nosso consciente um pacto de ajuda mútua, que fica bem evidente na solidariedade entre gerações – apesar dos conflitos produzidos pela diferença de idade –, quando os idosos, que têm um passado, encontram-se no presente com os jovens, que têm um futuro.

Amar é abraçar para tornar-se um, e nada mais virtuoso que estreitar num amplexo também os inimigos. Não é fácil amar um inimigo, porque o amor que possamos devotar a ele não carreia em seu bojo idêntica ternura que se tem para com um filho, por exemplo. Mas não é difícil, pelo menos, fazer o bem a alguém de quem não gostamos. Importa ter sempre em mente que só o amor nos eleva; que o amor nos traz benefício; que o amor é uma nossa necessidade, uma forma belíssima de egoísmo. Quando duas pessoas se tocam com amor, se abraçam, se beijam, atraem para si uma "enxurrada" de Fatores Naturais, pois os atmãs entretecidos abrem as comportas que sustêm esses Fatores na natureza.

Toda vez que repelimos quem ou o que quer que seja, pelo motivo que seja, estamos negando a condição de igualdade em que nos encontramos com as nossas diferenças. Os animais não existem apenas para nosso sustento e deleite; eles cumprem uma missão que também nos diz respeito, e amá-los é exercitar a caridade; tratá-los bem desenvolve em nós o espírito de fraternidade; compreendê-los nas suas necessidades ajuda-nos a interpretar as nossas próprias. Com certeza, não haveria de existir uma omissão na Lei que deixasse de compensar os animais pela inferioridade deles, impedidos que estão para obrar com capacidade além da que lhes possibilita o instinto, se não possuem órgãos adequados para uma manifestação inteligente, se ainda não têm a matéria suficientemente organizada para lhes permitirem captar atmãs mais complexos. A nossa pobreza de espírito faz que livros escolares ainda ensinem as diferenças existentes entre animais úteis e animais nocivos, como se houvesse algum que não fosse útil. É difícil amar o tubarão assassino, a serpente traiçoeira e o inseto repelente, mas não odiemos nada que, como nós, são criaturas partícipes do todo de que fazemos parte. Vivamos em harmonia com animais e plantas, e entre nós, aceitemos indulgentemente o convívio com a totalidade dos nossos semelhantes, embora atentos para não nos tornarmos nem cordeiros perante os fortes, nem leões ante os fracos. Não nos iludamos com a exortação bíblica (Mateus 5,39-41): "Eu porém vos digo: Não resistais ao mau. Se alguém te ferir a face direita, oferece-lhe também a outra. Se alguém te citar em justiça para tirar-te a túnica, cede-lhe também a capa. Se alguém vem obrigar-te a andar mil passos com ele, anda dois mil".

Não desfrutamos ainda da bem-aventurança prometida nos Evangelhos, mas podemos melhorar isso deixando de pedir um mundo melhor para nós e passando a ser melhores para o mundo. A ordem cósmica é perfeita tal como é, e a nossa caminhada deve prosseguir usufruindo o que ela nos concede, melhorando-nos e melhorando tudo pelo caminho. Todas as obras do mundo são o resultado de realização individual, de cada um no seu lugar, no lugar que ocupa no todo. Tudo o que transmitimos retorna para nós amplificado. Que cada um faça a sua parte, convicto de que faz o melhor, não necessariamente o melhor possível, mas o melhor que pode, sem esperar por feitos dos outros, como na fábula da andorinha que voava repetidamente do rio para o incêndio da floresta, levando no bico gotas de água que ela julgava extintoras do fogo.

Estamos nos aperfeiçoando; tenhamos a virtude da paciência, é necessário aguardar o efeito das nossas boas ações. Sirvamo-nos dos exemplos das plantas e dos animais, que esperam resignadamente a sua vez por um atmã mais completo. Quando dizemos, num ímpeto de patriotismo, que algumas gerações dos nossos antepassados contribuíram para fazer "deste país" o progresso que ele é hoje, nem nos damos conta da infinidade de gerações que contribuíram para fazer de nós o que somos hoje. Para esse entendimento, faz-se necessário que expandamos a nossa percepção para um passado não limitado apenas a séculos e milênios.

Tudo evolui: os seres inorgânicos, os vegetais, os animais, o homem bruto e o civilizado. A cada passo do progresso espiritual vamos deixando de esperar um "dia do juízo" e nos capacitando a ser o juiz de nós próprios. Não há uma entidade que castiga o homem por atrasar a própria evolução. A Lei não comporta castigo. Nem julgamento. A evolução se dá conforme o mérito de cada um, e não somos culpados se não somos suficientemente bons, embora as transgressões à Lei repercutam no atmã e influam em nossa vida futura, assim como a vida atual é influenciada pelos deslizes éticos de vidas passadas. Pune-se a si mesmo o ser humano que, já podendo ver com clareza as suas possibilidades de progresso, não as aproveita. Temos iguais oportunidades de seguir sem perder o rumo, e não é de se surpreender que venhamos, no outro lado do espelho – presumindo-se que os atmãs-FH desmaterializados se relacionem uns como os outros –, a assistir ao filme das nossas vidas passadas e a nos curvar em reverência ante o brilho resplandecente da autoridade moral dos simples que aqui na Terra nos serviram humildemente para satisfazerem a nossa arrogância.

Todos os seres humanos têm o mesmo atmã-FH, mas são mais divinos aqueles que se tornaram moralmente mais elevados pelo maior enriquecimento do atmã, aqueles que têm mais Deus. Esse enriquecimento que ocorre com o aproveitamento das experiências que vivemos, em função dos acontecimentos de que participamos diretamente, também ocorre com os acontecimentos que testemunhamos quando eles se dão com as coisas à nossa volta. Até os eventos que não acontecem, mas que imaginamos vivenciar, podem ser enriquecedores, por exemplo, experiências adquiridas a partir de personagens de um livro de ficção ou quando "vivemos" cenas de um filme.

A nossa busca da verdade pela Filosofia esbarra em limites, porque na fase evolutiva em que estamos, não temos a percepção plena da realidade, apenas das verdades tremulantes de cada um, subjetivas, limitadas ao mundo físico, nada mais que degraus para a absorção do Fator-I, quando nem mesmo então terminará a busca racionalista do conhecimento perfeito. A realidade vem por aproximações sucessivas, captada paralelamente com o acréscimo de Fatores Naturais ao atmã. Por enquanto, conformemo-nos com fato de que cada um de nós tem os valores e a verdade que nos incutiu o nosso meio cultural, e de que cada cultura tem seus próprios valores e a sua própria verdade, frutos de momentos históricos que passam deixando diferentes impressões.

O que propomos neste livro é que o conhecimento da verdade plena não só é possível, como também imprescindível, mas em níveis superiores ao estágio-FH. Se aparecesse aqui na Terra um ente-FI pretendendo revelar a verdadeira realidade aos seres humanos, ele teria o mesmo êxito que um professor querendo ensinar Matemática a um bando de macacos, assim como o mestre Jesus deixou embasbacada a gente da sua época e psiquicamente perturbados os seus fanáticos seguidores de hoje.

"Porque não há nada oculto, que não venha a descobrir-se; e nada escondido, que não venha a ser conhecido." (Lucas 12,2)
"Conhecereis a verdade e a verdade vos livrará." (João 8,32)

Através dos séculos, temos em vão procurado uma inteligência escondida no cérebro de animais e da espécie humana. Costumamos confundir inteligência espiritual com cerebral, à semelhança da confusão passível de ser feita de atmã com a alma explicada pelas religiões. O atmã só está vinculado a um corpo físico enquanto no estado evolutivo em que lhe é necessária a matéria para manifestar-se, porque os sentidos, a memória e a inteligência não podem prescindir de órgãos que possibilitem o exercício da moralidade. Dissecar cada neurônio, medir volumes cerebrais, comparar formatos de crânio, nada disso leva a descobertas realmente importantes. A autêntica sabedoria é uma essência transcendente. Já se demonstrou que não há diferença entre o cérebro dos einsteins e dos índios botocudos, exceto por alguma característica racial ou eventual anomalia. Já se disse que, se o cérebro humano fosse simples a ponto de podermos entendê-lo, seríamos tão idiotas que não conseguiríamos entendê-lo. E as inteligências não são iguais entre si porque cada um de nós as desenvolve segundo as próprias necessidades: os nativos das regiões isoladas da Amazônia, para sobreviver; os cientistas, para pesquisar; os filósofos, para entender abstrações lógicas. Mas não é alguma inteligência emocional que haveria de fazer que nos aproximemos da realidade; é a desenvolvida espiritualmente, a piedosa sabedoria dos simples.

Ao finalizar as nossas digressões neste capítulo, insistimos que a redenção não se dá pela dádiva de algum messias. Ela vem como quando se faz um bolo, em que os ingredientes são experiências de vida. Misturam-se a dor, as frustrações, os reveses da sorte e os momentos de ventura; bate-se bem; leva-se ao forno para assar; espera-se esfriar até estar em condições de ser comido, digerido e, então, absorvido. Nenhum de nós vai absorver o Fator-I como uma graça repentinamente caída dos céus. A dádiva está na oportunidade que a LEI nos oferece para – embora mais ou menos lentamente, conforme a perseverança de cada um – sermos inteiramente divinos. Evolução é a criatura, gradativamente, tornar-se o Criador. O propósito da LEI é a fusão de tudo – mineral, vegetal, animal, ser humano, ser Fator-I, ser Fator-n – com Deus. Então, tudo terá chegado aonde tem de estar para tornar-se o que deve ser.

"Perguntou-lhe Simão Pedro: 'Senhor, para onde vais?'
Jesus respondeu-lhe: 'Para onde vou, não podeis seguir-me agora, mas seguir-me-ás mais tarde.'" (João 13,36)

"Se Deus é por nós, quem será contra nós?" (Romanos 8,31). Se São Paulo teria querido dizer que Deus "está" em nós, consona com o Postulado dos Fatores Naturais. Há quem abandone tudo na busca de Deus. Como pretender passar a vida inteira buscando algo que está em nós? A percepção de que já temos Deus em nós talvez seja o que se costuma chamar de experiência mística. Pessoas, religiosas ou não, relatam ter vivido esse *flash* de consciência cósmica que permite uma visão sob a perspectiva de eternidade e o sentimento de "Eu tenho Deus". Isso não é o mesmo que concordar com o que pregam as doutrinas da salvação. Salvar de quê? Como querer ser salvo por Deus, se já O temos em nós? A ideia de que o homem foi criado à imagem de Deus pode ser tida como verdadeira, mas essa imagem não é Deus: será Deus. Somos criaturas desenvolvendo os atributos divinos que possuímos e que devem ser multiplicados até que atinjam o ápice da existência em que a criatura se confunde com o Criador.

A poesia refere-se assim aos períodos de êxtase de Maomé:

"Transformei-me naquele que amo
E aquele que amo se transformou em mim."

TERCEIRA PARTE

REGIME

CAPÍTULO XXI

RELIGIÃO E ESTADO

Tomás de Aquino estava convencido de que todas as instituições sociais contribuem para alcançar a Salvação do Homem, e defendia que a Igreja é a instituição mais importante. Diante desse pensamento santificado, devemos concluir que o Estado deve subordinar-se à Igreja? Hoje, a maior parte dos cidadãos esclarecidos pensa diferente, os tempos são outros. Insurge-se contra uma Igreja que não permite o aborto de um feto anencefálico.

A anencefalia é uma monstruosidade caracterizada pela ausência total ou parcial do cérebro, em que o bebê geralmente sobrevive apenas por algumas semanas, mas que, mantido com equipamentos médicos especiais, vive até por alguns meses. Para sentimentos religiosos irracionais, alguns meses a mais de sobrevida da criança anencefálica são um milagre de Deus; para os racionalistas, é uma crueldade arquitetada; para os ateus, é prova de que Deus não existe. (Para o Postulado dos Fatores Naturais, já que o portador dessa malformação congênita não pensa e não tem nenhum dos cinco sentidos – não vê, não ouve, não fala, não sente gosto nem sensação alguma, seja de prazer, seja de dor –, é uma condição em que a ausência de qualquer emoção não permite a captação de Fatores Naturais. (Esse assunto foi tratado no capítulo XX)

A impassibilidade dos médicos em casos de anencefalia ou naqueles de morte cerebral por acidentes reflete o grau de escrúpulos religiosos e da ingerência das religiões institucionalizadas no Estado. Em alguns países, o espírito cristão prevaleceu sobre o espírito da Igreja: a ortotanásia, a suspensão de procedimentos médicos torturantes em pacientes vítimas de doenças incuráveis, que não respondem a nenhum tratamento, é admitida em situações dessa natureza. A discussão sobre ortotanásia passa pela total impotência terapêutica diante de certas patologias, cujos portadores permanecem até anos a fio nas UTIs, verdadeiras catedrais do sofrimento humano, onde os sofisticados aparatos médicos são empregados para manter uma pessoa viva, mesmo à custa de indescritível martírio. Nos tempos de Tomás de Aquino, isso não se traduzia em maiores problemas, porque a natureza se encarregava de abreviar piedosamente esse vão sofrimento do doente e de seus familiares. Modernamente, entretanto, o desenvolvimento tecnológico da Medicina permite prolongar artificialmente a vida de pacientes sem expectativa de recuperação, e uma antevisão do futuro revela uma sociedade em que as pessoas serão cada vez mais "mantidas vivas" (e cadáveres, conservados por processos criogênicos). Felizmente, há médicos humanitários que, em conluio com a família do doente terminal – arriscando-se a serem processados criminalmente –, optam por suspenderem o uso de máquinas que substituem órgãos vitais. Esses profissionais piedosos apenas intensificam os esforços para amenizar a agonia do paciente enquanto a morte não sobrevém.

Devemos, entretanto, analisar sob perspectiva diversa outros casos, por exemplo, as consequências decorrentes de partos muito prematuros. A medicina moderna permite o nascimento viável de bebês de gestação inferior a seis meses, pesando menos de 600 gramas. Eles, na maioria das vezes, crescem com graves problemas de saúde associados à pré-maturidade. Terão uma vida inteira de sofrimentos físicos, mas, para sermos coerentes com o Postulado dos Fatores Naturais, temos de admitir que essa crueldade (não deixa de ser) perpetrada pela medicina neonatológica não gera vidas inúteis, pois a existência desses seres humanos sofredores não é em vão, do ponto de vista de captação de Fatores Naturais.

Na Itália, um pai lutou durante 17 anos para que a filha em estado vegetativo pudesse morrer, para que se lhe desligassem os tubos que a mantinham tecnicamente viva. Enquanto a Igreja Católica se manifestava decididamente contra a medida e os tribunais não autorizavam a suspensão desse estado de inconsciência – a pobre não tinha absolutamente nenhuma percepção do mundo que a cercava –, a família passava por indizível sofrimento, poderíamos dizer, equivalente a mais de seis mil noites de velório de um ente querido.

A fé religiosa exerce grande influência nas inspirações legislativas em todo o mundo, especialmente nos países islâmicos, e as lideranças da Igreja são, frequentemente, partícipes de questões políticas, como o papa Pio XII, acusado de omissão diante do hitlerismo, e de João Paulo II, um enfático anticomunista. Pessoas de coração pacífico podem acreditar que um sacerdote na gestão do Estado resultaria num governo mais cristão a que tanto se aspira, mas isso não ocorreria necessariamente, pelo menos não ocorreu quando eram os papas que reinavam, ou quando o implacável cardeal Richelieu dominou a política francesa por mais de dez anos.

Escravos africanos eram comprados e vendidos e milhares deles morriam enjaulados em portos de navios negreiros ou durante a travessia do Mediterrâneo nos tempos em que aquela área era controlada principalmente por muçulmanos e cristãos, respectivamente seguidores dos sublimes ensinamentos de Maomé e Jesus Cristo. Foram os devotos do Protestantismo americano que legitimaram a instituição da escravatura nos EUA.

Portugal, dos grandes navegadores, o império senhor de territórios em todos os continentes, descobridor do Brasil, deixou-se ultrapassar pelos progressistas países europeus. Talvez porque um herdeiro do trono morreu de varíola simplesmente por não ter sido vacinado por motivos de zelo religioso, ou porque o novo herdeiro, D. João, aquele príncipe regente que abandonou o povo português à própria sorte e fugiu com a sua corte para o Brasil, era um debilitado pelo poder da Igreja, e cujo "passatempo preferido eram as cerimônias de cantos gregorianos na companhia de padres e monges", segundo o livro de Laurentino Gomes (*1808: como uma rainha louca, um príncipe medroso e uma corte corrupta enganaram Napoleão e mudaram a história de Portugal e do Brasil*. São Paulo: Editora Planeta do Brasil, 2007.) Nessa obra, Portugal é citado como "um império carola, empobrecido e decadente" em que "as letras estão desterradas; nos conventos só se sabe rezar o ofício divino" e que "De todas as nações da Europa, Portugal continuaria sendo, no começo do século XIX, a mais católica, a mais conservadora e a mais avessa às ideias libertárias que produziam revoluções e transformações em outros países." Pois foi esse país – o último país europeu a acabar com a Inquisição e com o tráfico de escravos – que manteve o Brasil, uma de suas colônias, à própria sorte por trezentos anos, fechado para as contribuições do progresso mundial. Com a chegada de D. João e sua corte parasitária, o povo do Rio de Janeiro passou a contar com "200 profissionais que praticavam a Medicina" e "700 padres", conforme as citações de Laurentino Gomes em seu livro.

Um exemplo da influência da religião no Estado é o que ocorreu na então Índia Britânica. Em vez de se pretender que a Índia se tornasse uma nação livre que abarcasse hindus, muçulmanos e os outros grupos, a hostilidade entre hindus e muçulmanos resultou em milhares de mortos, e a Índia tornou-se independente dividida com a criação do Paquistão, majoritariamente muçulmano, em 1947, desmembrado do território majoritariamente hindu. Desde então, os dois países empenharam-se em guerra entre si por duas vezes, e no Paquistão persistem sangrentas rixas étnicas e religiosas entre muçulmanos da seita dos xiitas e muçulmanos sunitas. O que separou em dois países beligerantes entre si aquela gente que compartilha a mesma língua e o mesmo clima, gosta da mesma música e tem os mesmos hábitos alimentares e de vestuário? A religião.

De par com governantes beatos, havia os soberanos divinos, que perduraram até a História recente. Os *kami*, formas de divindades adoradas no Xintoísmo, podem ser qualquer coisa, inclusive seres humanos, por isso o imperador era considerado – e se considerava – um *kami*. Isso foi bom para o Japão? Depois da derrota incondicional na Segunda Guerra Mundial, o imperador foi compelido a desmentir a sua divindade.

No Islã, as leis civis devem ser as do Alcorão, que não pode ser contraditado (em alguns países islâmicos, o Alcorão é considerado a Constituição do Estado). Isso tem um tremendo peso político de resultados concretos, como a vitória da Revolução Islâmica na Pérsia, transformada em Irã. Nos países muçulmanos mais radicais, as obrigações religiosas são invariavelmente transformadas em lei. Em razão de tradição religiosa, na Arábia Saudita, por exemplo, as mulheres não podem votar, exercer a advocacia, dirigir veículos ou ir desacompanhadas a um evento público. Isso não pode ser simplesmente aceito sem profundas reflexões, mesmo reconhecendo-se que é a partir dos costumes do povo que cada governo vai se inspirando para fazer as suas leis. Cabe-nos avaliar se o mundo teocrático islâmico tem conquistado um maior progresso no campo da espiritualidade e da justiça social do que os países cristãos e os orientais não islâmicos.

O Estado laico não reconhece uma igreja oficial, separa o poder temporal do espiritual, enquanto uma "religião de Estado" representa, em si, uma situação injusta e discriminatória, porque implica a exclusão das demais religiões. Essa injustiça tende a ser abolida graças a pensamentos filosóficos como o conceito de "impermanência", em que a nossa personalidade – portanto, as sociedades – vem de um conjunto de sensações em constante mudança que a torna diferente a cada momento. Ideias filosóficas dessa natureza contrapõem-se às religiões e seus dogmas que defendem a imutabilidade da natureza humana, com seus livros sagrados estipulando como o homem deve ser e como ele deve permanecer.

A diferença básica entre um ponto de vista político-filosófico e um religioso é que o primeiro pode ser discutido e aperfeiçoado, até mesmo totalmente abandonado, enquanto o segundo nem sequer pode ser objeto de discussão. O político e o filósofo podem render-se a argumentos mais consistentes; o religioso não, porque está comprometido com os seus dogmas e com a palavra divina, que são verdadeiros e definitivos. As "verdades" dogmáticas teriam justificativa como força de lei se todas as religiões reveladas por Deus apresentassem unanimidade em relação à Palavra Divina. Como isso não acontece, como as certezas religiosas muitas vezes se contrapõem, cabe somente ao Estado estabelecer as leis que disciplinam a convivência social, aperfeiçoando-as à medida que o direito de cidadania assim o exigir, à revelia dos arcaicos e imutáveis juízos religiosos que limitam o pensar humano. Assim já pensava Hamurábi, rei da Babilônia, quando sentiu necessidade de fazer uma compilação de casos de jurisprudência, em 1.700 a.C.

CAPÍTULO XXII

GOVERNO

Thomas Paine achava (*Senso Comum*) que o governo é apenas um mal necessário: "A sociedade é produzida pelas nossas necessidades, e o governo pelas nossas fraquezas. A primeira promove nossa felicidade, de modo positivo, unindo nossas afeições. O segundo promove nossa felicidade negativamente, restringindo nossos vícios. A sociedade encoraja a união e o governo cria distinções. A primeira é uma protetora e o segundo um punidor."

Não cabe ao governo prover a felicidade do povo, mas os povos bem-governados são mais felizes. O regime político deve ser elaborado de modo que as independências econômica e doutrinário-religiosa reflitam a liberdade de todos, e que a autoridade e a legitimidade do governante não sejam postas em dúvida. Governante não é líder, é um ocasional encarregado da disciplina social e econômica do país, assim como um jogador experiente cuja vez de dar as cartas num jogo de baralho chegou, mas ele continua sujeito às mesmas regras a que estão submetidos os demais jogadores.

O governante não tem de ser filósofo, segundo a ideia de Platão, porque um "rei-filósofo", mesmo sábio, pode não ter aptidões para governar e, inclusive, ser inescrupuloso. Não pode ser um político guindado ao poder em função de utilizar-se da religião mais palatável aos seus interesses pessoais. Também não tem de aprender com Maquiavel a arte da guerra, porque guerra não é uma coisa que interessa aos governados; estes desejam apenas a garantia de uma sociedade ordenada. O conhecimento de como exercer bem o governo é fundamental, por isso o governo deve ser exercido por especialistas – não necessariamente detentores de diplomas acadêmicos – que tenham uma extensa carreira política acompanhada pelo povo, ou seja, um currículo que atesta a passagem com aprovação por vários níveis hierárquicos governamentais, revelando um comandante capaz de submeter-se a si próprio, virtuoso, mesmo que não sábio.

A forma política utilizada para a direção do Estado não pode permitir que um circunstancial herói popular ou alguém cuja fortuna foi usada para se fazer conhecido se torne governante. Muito menos que alguém tenha o direito de governar em função de um sistema de domínio hereditário. Um governo legítimo é aquele cujo controle dos governantes pela população não fica circunscrito à liberdade do ato eleitoral, pois é indispensável que o povo possa impedir a renovação do mandato dos que se mostrem ineficientes, ou dos que sobreponham aos interesses do Estado alianças fundadas em interesses particulares. Um instrumento eleitoral capaz de impedir reeleições fortalece o poder do povo, diminui o autoritarismo governamental e acaba com a submissão a partidos políticos.

Não se concebe uma governabilidade democrática sem partidos políticos. Por quê? Pura subalternidade paradigmática.

Os Estados Unidos, um exemplo de moderna democracia, gastam 4 bilhões de dólares para eleger um presidente, e quase a metade desse valor é de arrecadação obtida de doadores interessados no resultado eleitoral.

Atendo-nos ao Brasil, em que a população tem vivido momentos históricos de extremo desencanto com os políticos; em que os eleitores têm de conhecimento sobre os candidatos à eleição apenas aquilo que lhes é passado pelas propagandas milionárias; em que o sistema eleitoral permite que um nome bem-votado não seja eleito e um nome pouco votado se eleja em função de boa votação do partido; em que os candidatos supostamente fiéis a uma ideologia partidária mudam de partido após eleitos.

O Brasil tem eleições a cada dois anos. Segundo dados do Tribunal Superior Eleitoral divulgados pelo jornal *Correio Braziliense* (30-11-2006), a campanha eleitoral de 2006 no Brasil custou R$ 1,5 bilhão. Imagino que com 100 mil reais o governo pode construir uma boa casa popular, o que significa que, com o valor gasto nessa eleição, poderiam ser doadas ou vendidas a preços módicos 15 mil habitações para a população de baixa renda. O mesmo jornal (10-12-2006) revela que um terço daquele dinheiro saiu dos cofres de apenas duzentos grandes doadores: mineradoras, bancos, empreiteiras de obras, laboratórios farmacêuticos, empresas de transportes de cargas e de passageiros, fabricantes de bebidas e outros grupos que têm contratos com o setor público ou interesses a defender no Poder Executivo e no Congresso. São transcritas declarações do presidente do Tribunal Superior Eleitoral: "é preocupante que um pequeno grupo de empresas concentre a maioria das doações, porque quem financia um candidato pode querer, depois, uma retribuição em dinheiro público."

A Câmara dos Deputados e o Senado Federal possuem Comissões com funções legislativas e fiscalizadoras, que promovem debates e discussões sobre as conveniências de projetos de interesse da sociedade em geral. A Comissão de Minas e Energia trata de assuntos que interessam, sobretudo, às mineradoras; a de Finanças, de assuntos pertinentes aos bancos; a de Viação e Transportes, de assuntos relacionados às empreiteiras, e assim por diante. Essas Comissões têm o poder de aprovar ou rejeitar um projeto e tanto podem elaborar elas próprias um projeto de lei, como também impedir um projeto de autoria de algum parlamentar que não faz parte delas. Empresas que investem milhões durante a campanha em determinados candidatos nem sempre o fazem porque os apaniguados estão comprometidos com ideias de benefício geral, mas para que se estabeleça uma relação promíscua entre os parlamentares e essas financiadoras de campanha. Candidatos são financiados por empresas para se elegerem, ou porque ajudaram, ou porque ajudarão a empresa financiadora. A grande disputa entre os parlamentares por uma cadeira nas mais importantes Comissões atesta o interesse deles em projetos e emendas ao Orçamento da União que beneficiam os grandes doadores de campanhas eleitorais. Evidentemente, estão retribuindo generosidades.

Nas eleições presidenciais de 1989, o tesoureiro de campanha conhecido como PC Farias envolveu-se em esquemas de corrupção de tal forma escandalosos que resultaram no *impeachment* do presidente eleito e na morte, em circunstâncias misteriosas, do próprio tesoureiro.

O financiamento público das campanhas eleitorais e a proibição do financiamento privado delas inibiriam bastante o poder do capital no governo, mas isso é difícil de conseguir porque a maioria dos parlamentares não é a favor do financiamento público, portanto o país fica à mercê do doador de campanha, que nada mais é que um investidor interessado na multiplicação do dinheiro investido.

Nos regimes de governo do futuro, no próximo milênio, quando a globalização tiver acabado com as soberanias nacionais, nem mesmo o fervor patriótico terá sentido. As guerras perderão a razão de ser, e haverá um governo mundial, uma única bandeira, um só povo falando a mesma língua. Devemos continuar sonhando com uma república de humanidade onde todas as nações do mundo estejam reunidas num só governo, em que a genuína liberdade seja o triunfo do homem sobre a religião e o próprio Estado. Mas por enquanto, as regras sociais têm de ser impostas e disciplinadas em cada país isoladamente, os governos continuarão à mercê de chantagens de partidos políticos sequiosos de cargos, o povo à mercê da supremacia dos financiadores de campanha, e os princípios laicos de Estado seguirão ameaçados nos regimes de hoje, que nada mais são do que ditaduras que se autoimpõe a maioria religiosa.

Um esquema de maior controle dos eleitores sobre os políticos seria possível se a população pudesse impedir a reeleição dos que se mostrassem inaptos.

O modelo de eleição de governantes que vamos apresentar a seguir é baseado na forma de governo existente no Brasil e parte do princípio de que uma Constituição republicana é o melhor instrumento de pacificação política. Para maior fidelidade ao sistema político atualmente reinante nos país, não se entra na questão da necessidade ou não de duas Câmaras Altas legislativas: Senado Federal e Câmara Federal.

O modelo eleitoral que se propõe oferece as seguintes vantagens:

1) Elege um Presidente da República com a experiência de quem ocupou, aprovado pelo povo, diversos cargos eletivos.
2) Permite ao eleitor a não renovação do mandato do político considerado ineficiente.
3) Acaba com as turbulências partidárias.
4) Possibilita que se disponha de ministros sem vínculos com partidos políticos, especialistas nos assuntos das suas pastas.
5) Elimina a figura do pernicioso doador de campanha e diminui a interferência de Igrejas no processo eleitoral.
6) Torna insignificantes os custos das eleições governamentais.

CAPÍTULO XXIII

ELEIÇÃO DE REPRESENTANTES DO POVO

DAS CONDIÇÕES

a) O povo vota em dois turnos. No primeiro, para determinar quais os membros do Poder Legislativo que não repetirão o mandato; no segundo, para eleger vereadores.

b) Os candidatos à eleição para vereador devem ser indicados por entidades públicas ou privadas, associativas ou representativas, a serem definidas em Decreto Municipal.

c) A campanha eleitoral dos candidatos a vereador será inteiramente realizada com financiamento público.

d) No Distrito Federal, os deputados distritais serão eleitos nos moldes em que o são os vereadores nos municípios.

e) Todos os mandatos políticos serão de quatro anos, prorrogáveis por mais quatro anos tantas vezes quantas a reeleição do mandatário se repetir.

f) O detentor de cargo eletivo somente poderá ser investido no cargo de Ministro de Estado ou exercer outros cargos públicos que dependam de nomeação pelo Executivo se renunciar ao seu mandato.

2. DO PROCESSO ELEITORAL

As eleições ocorrerão em todo o país, na mesma época, a cada quatro anos e na seguinte ordem cronológica, para:

a) Determinar os membros do Poder Legislativo que não repetirão o mandato.
b) Completar as vagas ocorridas no Poder Legislativo.
c) Eleger prefeitos, governadores e o Presidente da República.
d) Eleger vereadores.

3. DOS ELEITORES

O POVO:

a) determina quais os vereadores, deputados estaduais, deputados federais e senadores que não repetirão o mandato;
b) elege vereadores.

OS VEREADORES:

Elegem, dentre os seus pares, deputados estaduais e o prefeito.

OS DEPUTADOS ESTADUAIS:

Elegem, dentre os seus pares, deputados federais e o governador.

OS DEPUTADOS FEDERAIS:

Elegem, dentre os seus pares, senadores.

OS SENADORES:

Elegem, dentre os seus pares, o Presidente da República.

4. DA SEQUÊNCIA DAS ELEIÇÕES

PRIMEIRO TURNO DE VOTAÇÃO DO POVO

Os eleitores comparecem às urnas para determinar quais os membros do Poder Legislativo que não repetirão o mandato. Cada eleitor deverá indicar até quatro nomes: um vereador, um deputado estadual, um deputado federal e um senador. Os nomes mais indicados não repetirão o mandato, para que possa haver renovação de 1/3 (um terço) dos legislativos. Os demais terão prorrogado o mandato por mais uma legislatura.

ELEIÇÃO DE SENADORES

Em cada Estado, os deputados federais, exceto os que não repetirão o mandato, elegerão dentre os seus pares os senadores que irão completar as vagas do Senado Federal. Cada deputado votará em dois nomes dentre os seus pares, e apurados os mais votados, estes estarão eleitos senadores. Os deputados federais mais votados não eleitos tornar-se-ão suplentes de senador.

ELEIÇÃO DE DEPUTADOS FEDERAIS

Em cada Estado, os deputados estaduais, exceto os que não repetirão o mandato, elegerão dentre os seus pares os deputados federais que irão completar as vagas da Câmara Federal. Cada deputado votará em dois nomes dentre os seus pares, e apurados os mais votados, estes estarão eleitos deputados federais. Os deputados estaduais mais votados não eleitos tornar-se-ão suplentes de deputado federal.

ELEIÇÃO DE DEPUTADOS ESTADUAIS

Em cada município, os vereadores, exceto os que não repetirão o mandato, indicarão um dos seus pares para concorrer à eleição para deputado estadual. Cada vereador votará em dois nomes dentre os seus pares, e apurado o mais votado, este será o indicado. Os vereadores indicados em todo o Estado para concorrerem à eleição de deputados comporão uma Comissão Eleitoral Estadual de Vereadores que elegerá dentre eles os deputados que irão completar as vagas da Assembleia Legislativa. Cada membro da Comissão votará em dois nomes dentre os seus pares, e apurados os mais votados, estes estarão eleitos deputados estaduais. Os vereadores mais votados não eleitos tornar-se-ão suplentes de deputado estadual.

ELEIÇÃO DO PREFEITO MUNICIPAL

Em cada município, os vereadores que permanecerão com mandato por mais quatro anos, o prefeito e o vice-prefeito comporão uma Comissão Eleitoral. Cada membro dessa Comissão votará em dois nomes dentre eles, e o primeiro e o segundo mais votados estarão eleitos, respectivamente, prefeito e vice-prefeito. Se os atuais prefeito e vice-prefeito não obtiverem votos suficientes para serem reeleitos, tornar-se-ão automaticamente vereadores.

ELEIÇÃO DO GOVERNADOR

Em cada Estado, os deputados estaduais que permanecerão com mandato por mais quatro anos, o governador e o vice-governador comporão uma Comissão Eleitoral. Cada membro dessa Comissão votará em dois nomes dentre eles, e o primeiro e o segundo mais votados estarão eleitos, respectivamente, governador e vice-governador. Se os atuais governador e vice-governador não obtiverem votos suficientes para serem reeleitos, tornar-se-ão automaticamente deputados estaduais.

ELEIÇÃO DO PRESIDENTE DA REPÚBLICA

Os senadores que permanecerão com mandato por mais quatro anos, o Presidente da República e o vice-presidente comporão uma Comissão Eleitoral. Cada membro dessa Comissão votará em dois nomes dentre eles, e o primeiro e o segundo mais votados estarão eleitos, respectivamente, Presidente da República e vice-presidente. Se os atuais Presidente da República e vice-presidente não obtiverem votos suficientes para serem reeleitos, tornar-se-ão automaticamente senadores.

SEGUNDO TURNO DE VOTAÇÃO DO POVO (ELEIÇÃO DE VEREADORES)

Recompletadas pelos suplentes as eventuais vagas no Senado e nas Assembleias Legislativas, os eleitores comparecem às urnas para eleger os candidatos a vereador que irão completar as vagas da Câmara de Vereadores. Os candidatos a vereador mais votados não eleitos tornar-se-ão suplentes de vereador.

5. DA POSSE

Por ocasião da posse dos eleitos, todos os suplentes necessários para completar vagas serão também empossados.

Impressão/Acabamento
Editora Gráficos Unidos
Fone/Fax: 11 3208-4321
E-Mail: editoragraficos@uol.com.br